Martini-Mord

Ines Schäfer

Martini-Mord

Erlanger Stadtkrimi – die Fortsetzung

FAHNER VERLAG

Impressum

Die Deutsche Bibliothek - CIP-Einheitsaufnahme

Schäfer, Ines:
Martini-Mord: Erlanger Stadtkrimi / Ines
Schäfer. - Lauf a. d. Pegnitz: Fahner, 2001
ISBN 3-924158-60-6

Satz, Repro, Druck: Fahner GmbH, Nürnberg
                                www.fahner.de
5. Auflage 2008
Erschienen im Fahner Verlag, Lauf

© 2001 by Fahner Verlag

Liebe Leserin, lieber Leser!

Nach dem Erscheinen des ersten Stadtkrimis „Der steinerne Markgraf" gab es reichlich Spekulationen darüber, wer mit den einzelnen Personen gemeint sein könnte. Diese Spekulationen waren jedoch alle falsch. Sämtliche Handelnden waren frei erfunden und Ähnlichkeiten rein zufällig. Das gilt auch für diesen Band: Lotte, Otto, Jürgen, Jutta und all die anderen existieren nur in unserer Phantasie. Wenn sie Ihnen, liebe Leserin und lieber Leser, dennoch bekannt vorkommen, dann deshalb, weil dieses Buch versucht, der Erlanger Wirklichkeit möglichst nahe zu kommen.

Auch die Geschäfte und die Vereine, die in diesem Band eine Rolle spielen, sind frei erfunden.

Nur unseren verehrten Herrn Oberbürgermeister, den gibt es wirklich. Aber der ist inzwischen ja schon Kummer gewohnt!

Und nun wünsche ich Ihnen genauso viel Spaß beim Lesen des zweiten Erlanger Stadtkrimis wie bei der Lektüre des ersten Bandes!

Ihre
Ines Schäfer

*„Stürb' ich nun ihr,
der so gern ich sterbe,
wie könnte die Liebe
mit mir sterben,
die ewig lebende
mit mir enden?"*

(Richard Wagner, Tristan und Isolde, 2. Aufzug, 2. Szene)

I

Eine rote Hand drückte den feuchten Körper, der ein einziges Zucken, Winden und Um-sich-Schlagen war, hart nach unten. Ein hölzerner Hammer sauste auf den Kopf nieder. Es knackte.

Dann stieß ein Messer in den Körper, fuhr mit nur einem blitzschnellen, großen Schnitt längs hindurch, während der Körper immer noch zuckte. Mit einer routinierten Bewegung griff die Frau nach den Eingeweiden, nahm die beiden blutigen Hälften des Karpfens, streute ein wenig Salz darüber, wendete sie in Mehl und warf sie in die dampfende Fritteuse. Das Fett zischte schäumend auf.

Die Wirtschaft wenige Kilometer vor der Stadtgrenze war dicht an dicht besetzt: Sonntagabend. Nach den Freuden des Sommers, nach Spargel, Erdbeeren und Grillgenüssen, nun also die Karpfenzeit. Unter einer Nikotinglocke summte der Raum von Stimmen. Aus der Küche zog der Geruch von Fisch und Fett über die Köpfe der Hungrigen. Draußen blühten die letzten Astern und Lampionblumen in den Gärten.

Am großen, runden Ecktisch saß Dr. Jürgen Kallfels mit seiner Familie. Auf der geblümten Tischdecke mit dem passenden Trockenblumenstrauß standen ein klobiger Aschenbecher aus gelblichem Glas mit einer Brauereiaufschrift, drei feucht beschlagene Steinkrüge voll Kellerbier, zwei Gläser mit Frankenwein, zwei Cola – und ein Glas Tee. Das gehörte Lotte Askoleit. Sie trank nie Alkohol. Fast nie.

„Tante Lotte, wenigstens zu meinem Geburtstag hättest du deine Prinzipien einmal vergessen können. Eine Halbe Bier ist vom internistischen Standpunkt aus sehr empfehlenswert. Vitamine, Mineralien, Spurenelemente. Und gut für deine Nieren. Da kommt dein Teebeutel nicht mit. Hilft wahrscheinlich sogar gegen deine Arthrose. Das sollte man mal untersuchen! Also Prost!"

Jürgen hob sein Glas und trank seiner alten Tante zu. Lotte wehrte lächelnd ab und griff nach ihrem Tee.

„Lass nur mein Lieber, ich kann auch so mit euch anstoßen."

Die Bierkrüge der drei Herren am Tisch krachten aneinander, die zwei Weingläser der beiden Damen klirrten etwas leiser, die beiden Zwillinge schlurften aus ihren Colagläsern, ohne an dem Trinkritual teilzunehmen.

„Alles Gute zum Geburtstag, mein Sohn. Bleib, wie du sein solltest!" Otto, Jürgens Vater, wischte sich den Bierschaum von den Lippen und holte Luft, um ein Geburtstagsständchen zu intonieren:

„Viel Glück und viel Se..."

Weiter kam er nicht. Margot, seine Gattin, setzte mit einem Klirren ihr Weinglas ab und unterbrach ihn abrupt.

„Nun lass doch mal deine ewige Singerei! Die Leute schauen schon. Außerdem hat der Junge erst morgen Geburtstag. Das bringt Unglück, wenn man vorher schon gratuliert."

„Was soll der Scheiß, wieso Unglück, Oma?", schaltete sich Max in das Gespräch ein und stürzte den Rest seiner Cola in einem Zug hinunter.

„Weil man das eben nicht macht. Es bringt Unglück", beharrte Oma Margot.

„Wie alt wirst du eigentlich dieses Jahr, Junge? Langsam verliert man den Überblick", wandte sich Otto wieder seinem Sohn zu.

„Jürgen wird morgen achtundvierzig und ich bin einundfünfzig, Papa", schaltete sich Siegfried, Jürgens älterer Bruder, ins Gespräch ein.

„Wieso liegt eigentlich dein Piepser auf dem Tisch? Du hast doch nicht etwa heute schon wieder Rufdienst?"

Jutta zog an ihrer Zigarette.

„Nein mein Schatz. Wirklich nicht, ich schwör's. Das ist nur die Macht der Gewohnheit. Ich hab erst morgen wieder Dienst. Deshalb feiern wir ja heute schon."

Jutta musterte ihren Mann hinter ihrer Zigarette mit einem misstrauischen Blick.

„Ich glaub's nicht – ein Abend ohne Medizin! Aber dann tu doch bitte jetzt auch diesen verdammten Piepser weg!"

„Ich will noch 'ne Cola", maulte Max.

„Ich will auch noch 'ne Cola", echote Lisbeth.

„Aber deine ist doch noch halb voll, Kind", schaltete sich Oma Margot ein.

„Max kriegt aber auch noch eine", versetzte Lisbeth und kniff ihren Zwillingsbruder in die Seite.

„Cola ist gar nicht gut. Wir haben da im Hausfrauenverein eine Informationsschrift ausliegen. Wenn man Milch und Cola vergleicht ..."

„Ach Oma, jetzt komm mir nicht noch mit der alten Geschichte von dem Stück Fleisch, das irgendwann mal jemand in eine Cola gelegt hat und dann ist es angeblich zerfallen. Ich esse sowieso kein Fleisch mehr."

Lisbeths Augen funkelten trotzig.

„Und auch keinen Fisch. Ich finde es widerlich, dass ihr euch alle Karpfen bestellt habt."

Lisbeth aß kein Fleisch mehr, seit ihr Hamster vor zwei Monaten verstorben war. Den Zusammenhang kannte keiner. Noch schlimmer wurde es, nachdem sie in der Schule Rilkes „Panther" gelesen hatten. Die Zeilen „*Sein Blick ist vom Vorübergehn der Stäbe so müd geworden, dass er nichts mehr hält. Ihm ist, als ob es tausend Stäbe gäbe und hinter tausend Stäben keine Welt*" hatten sie tief getroffen. Sie erklärte, so gehe es Millionen von Käfighühnern ja auch, und aß nun auch keine Eier mehr. Max meinte zwar, dass eine Legehenne kein Panther sei, aber Lisbeth hatte ihn mit einer Tirade übergossen, die in logisch wenig schlüssiger Form von der Brandrodung im tropischen Regenwald über die Tiertransporte nach Sizilien bis zum Abschlachten kleiner, süßer Robbenbabys reichte und damit endete, dass sie ihren Zwillingsbruder als „Fleisch fressenden Arsch-Macho" beschimpft hatte.

Heute Abend hatte sie mit zunehmendem Zorn die Speisekarte hinauf und hinunter studiert. Kämpferische Vegetarier hatten es schwer in fränkischen Wirtschaften. Die Karte bot viel Kräftigendes von der Leberknödelsuppe über eine Presssackplatte bis zum Rehbraten mit Semmelkloß, aber Fleischloses war nicht darunter. Auf Lisbeths Frage nach einem Salat hatte die Bedienung einen „Worscht-Salad" angeboten, was Lisbeths Stimmung auf dem Nullpunkt erstarren ließ. Schließlich hatte sie mit Leichenbittermiene ein Käsebrot bestellt und war mit ihrem Stuhl demonstrativ ein Stück rückwärts von der Tischgesellschaft abgerückt.

Jutta hatte sich zwar wie ihre Tochter Lisbeth eigentlich längst auf die Seite der Vegetarier geschlagen, aber heute hatte sie, wie sie sagte, einen „solchen Gluster" auf einen gebackenen Karpfen, dass sie ihre Prinzipien über Bord geworfen und auch Fisch bestellt hatte.

„Hoffentlich dauert es nicht so lange, bis das Essen kommt. Ich muss heute Abend noch Aufsätze korrigieren."

Siegfrieds Blick wanderte besorgt über die Tische der anderen wartenden Gäste bis zur Tür, die eben aufging.

Zwei junge Paare kamen gerade herein und strebten auf den letzten freien Tisch im Gastraum zu. Eine der jungen Frauen in einem orangenfarbenen Minirock und einer kurzen schwarzen Nylonweste grüßte im Vorbeigehen mit einem fröhlichen Winken zum Tisch der Familie Kallfells herüber.

Jutta schnaufte heftig auf und murmelte halblaut:

„Nicht schon wieder Patienten von dir, Jürgen. Kann man denn nicht einmal unbeobachtet in Ruhe essen gehen?"

Jürgen lächelte verbindlich zu der jungen Frau und antwortete Jutta mit gedämpfter Stimme:

„Nicht dass ich wüsste. Kann mich nicht erinnern, dass die Frau schon mal bei mir in der Klinik war. Aber wer weiß ...?"

Er zuckte gleichgültig die Schultern und wandte sich wieder seinem Kellerbier zu.

Die beiden jungen Paare hatten schon fast ihren freien Tisch erreicht, da kam Leben in Lotte Askoleit, die die ganze Zeit den Tischgesprächen schweigend gefolgt war. Ihr Gesicht bekam vor lauter Überraschung einen rosigen Schimmer, sie reckte sich hoch und winkte ein wenig zu den neuen Gästen hinüber.

„Ja e-i-j-nen schönen guten Abend, Fräulein Yvonne (wenn sie aufgeregt war, fiel sie manchmal in ihren ostpreußischen Dialekt zurück)! Ich hätte Sie ohne Kittel fast nicht erkannt, Sie müssen schon entschuldigen."

Dann fügte sie, halb verschwörerisch, noch hinzu:

„Ich muss nächste Woche unbedingt wieder zu Ihnen

kommen, ja? Passt es Ihnen am Dienstagmorgen so gegen neun Uhr? Ich bin ja immer bald auf den Beinen", fügte sie mit einem Seufzer hinzu und griff mit beiden Händen nach ihren grauen Haaren, die nur noch von wenigen dunklen Strähnchen durchzogen waren.

Die junge Frau nickte ein freundliches „Ja sicher, Frau Askoleit, das machen wir" zurück, nahm mit ihren Begleitern an dem freien Tisch mit dem Rücken zur Familie Kallfels Platz und griff nach der Speisekarte.

„Wer war'n des, Tante Lotte?"

Max starrte unverblümt zu dem anderen Tisch hinüber.

„Ach, das ist unsere Friseuse aus dem Stift. Ich hätte sie ohne ihren Frisierkittel fast nicht erkannt."

„Ooch", machte Max.

„Du gehst noch zu ihr?", fragte Jutta. „Ich dachte, da gab es mal irgend so eine schaurige Geschichte."

Lotte wand sich.

„Jaaaa, das stimmt. Ich habe mich vor einiger Zeit mal sehr über sie geärgert. Der Herzog von Edinburgh hatte Durchfall."

Die Tischrunde sah sie verständnislos an.

„Das verstehe ich jetzt nicht ganz, Tante Lotte."

Jutta zündete sich eine neue Zigarette an.

„Ach Gott, na ja, sie traktiert einen immer mit diesen Heftchen unter der Trockenhaube. Diese blaublütigen Geschichten. Prinz Poldi, Prinz Albert, Prinz Charles."

Lotte machte eine wegwerfende Handbewegung.

„Ja, und der Herzog von Edinburgh bekam Durchfall, als er mit der Königin in Südostasien war. Sie – ich meine die Friseuse – hat behauptet, der Leibarzt hätte Prinz Philipp falsch behandelt und der sei fast daran gestorben. Und überhaupt seien die meisten Ärzte Pfuscher."

Lotte griff nach der Hand von Dr. Kallfels.

„Das konnte ich doch nicht so hinnehmen, mein Guter, wo du doch auch Arzt bist – sogar Oberarzt – und ich weiß ja, was man in dem Beruf alles leisten muss."

„Aber Tante Lotte", Jürgen nahm völlig unbeeindruckt noch einen kräftigen Schluck von seinem Kellerbier, „wegen mir hättest du dich bei deiner Friseuse doch nicht in Schwierigkeiten bringen müssen."

„Na ja", fügte Lotte kleinlaut hinzu, „ich bin eine ganze Zeit lang einfach nicht mehr zu ihr gegangen. Aber immer mit dem Bus in die Stadt zu fahren zum Friseur, das war mir auf die Dauer dann doch zu anstrengend."

Sie zögerte und schluckte:

„Da habe ich ihr ein Päckchen Mon Cherie mitgebracht und mich entschuldigt."

„Derf ich amol störn ..."

Die Bedienung brachte die Beilagen für die Karpfenesser: für jeden einen Teller mit einem kleinen Häufchen Endiviensalat und einer großen Portion Kartoffelsalat.

„Ahhh", Jürgen seufzte auf, „wunderbar."

Er griff zur Gabel und deutete entschuldigend auf den Berg Kartoffelsalat:

„Es gibt weit und breit keinen Besseren. Ich weiß nicht, wie Sie das immer so hinkriegen. Bringen Sie mir doch bitte gleich noch eine Portion!"

Die Bedienung nickte und verschwand.

„Mein Gott, Jürgen, muss das denn sein?"

Jutta schaute strafend auf den Bauch ihres Mannes.

„Schatzi, sei friedlich. Kartoffeln haben kaum Kalorien. Dafür Vitamine, Mineralien ..."

„... ja, ja, ich weiß, und Spurenelemente", ergänzte Jutta und rollte die Augen.

„Ich hoffe, der Karpfen kommt auch bald, ich muss heute noch korrigieren", meldete sich Siegfried wieder zu Wort.

„Bruderherz, du hast es auch nicht leicht."

Jürgen kaute seinen Kartoffelsalat.

„Das kannst du wohl glauben. Deutsch, Geschichte, Erdkunde."

Siegfried machte eine tragische Pause und fügte dann tonlos hinzu: „Und Leistungskurs Deutsch."

Er fuhr sich durch die Haare, die er seit den Tagen seiner Studienzeit halblang über die Ohren trug. Siegfried fühlte sich so jugendlicher. Außerdem beherrschte seine Frau Gabi diesen Schnitt inzwischen sogar mit verbundenen Augen.

„Ich hätte damals Sport studieren sollen. Sport und Erdkunde. Da hast du kaum Korrekturen. Oder Sport und Latein. Sport und Englisch geht auch noch. Aber Deutsch und Geschichte ..."

Er verstummte und starrte vor sich hin. Die Tischrunde schwieg anteilnehmend. Jutta rauchte.

„Da fällt mir ein, Jungs", versuchte Otto mit munterem Ton wieder Leben in das Gespräch zu bringen, „ich habe zwei Freikarten für das Handballspiel nächste Woche. Wir spielen ja seit dieser Saison Erste Bundesliga. Das ist eine super Mannschaft, sage ich euch! Bin gespannt auf das erste Spiel!"

Siegfried wehrte sofort mit beiden Händen ab:

„Das ist wirklich reizend von dir, Papa, aber ich habe Korrekturen. Kollegstufe. Klausuren. *Brechts Episches Theater am Beispiel von Mutter Courage.*"

Er blickte matt und fügte nach einer Pause hinzu:

„Ich versteh es selbst nicht. Brecht hängt mir zum Hals raus. Dabei habe ich damals an der Uni ..."

Er schwieg.

Max glotzte. Lisbeth kaute an ihren Fingernägeln.

Dann fügte Siegfried noch mit einer resignierenden Handbewegung, an seinen Vater gewandt, hinzu:

„Außerdem interessiert mich Sport auch gar nicht."

„Aber du hast doch gerade gesagt, du wolltest ..."

Max sah seinen Onkel verständnislos an, wurde aber sogleich wieder von Otto unterbrochen.

„Und, Jürgen, hast du Lust, deinen alten Vater zu begleiten?"

Seine Stimme war unternehmungslustig wie meistens.

Jürgen kratzte die letzten Reste der ersten Portion Kartoffelsalat vom Teller.

„Im Prinzip gerne, Papa. Hab ja vor Ewigkeiten selbst mal gespielt."

Er warf einen kurzen Blick auf seinen Bauch und seufzte:

„Aber ich hab den Dienstplan nicht im Kopf. Ich sag dir Bescheid."

„Duuu hast mal Handball gespielt? Das gibt's doch gar nicht! Opa, stimmt das?"

Max gaggerte ungläubig, Lisbeth kaute noch immer an ihren Nägeln.

Jürgen setzte den Bierkrug ab:

„Hey, Kleiner, früher, da hatte ich noch Zeit für so was. Ich war Kreisläufer ... Na gut, das ist nicht das Spektakulärste. Aber ich hatte da einen angetäuschten Aufsetzer drauf, der war einsame Spitze. Man nannte mich den *Bomber von Sieglitzhof*."

„*Bomber* kann ich mir gut vorstellen", murmelte Lisbeth halblaut und warf einen Blick auf den Bauch ihres Vaters, um dann weiter Nägel zu kauen.

„Also ich finde es schön, dass wir mal so alle zusammensitzen", schaltete sich Lotte begütigend ein. „Man sieht sich ja so selten. Sogar Margot ist heute dabei."

Ottos Frau strich die Ärmel ihrer pinkfarbenen Kostümjacke glatt und ließ die Armbänder klappern.

„Das ist reiner Zufall. Seit wir unseren Hausfrauenklub gegründet haben und ich im Vorstand bin, bin ich ja fast nur noch unterwegs. Nächste Woche geht es zu unserem Partnerklub ins Rheinland. Wir machen einen Workshop, ‚*Sauerbraten – fränkisch oder rheinisch?*'. Ich kann dir die Rezepte zukommen lassen, Jutta."

Jutta reagierte kurz angebunden:

„Du weißt doch, dass ich nur noch vegetarisch koche, Schwiegermama."

Margot schaute indigniert.

„Und du, Lotte, bist du interessiert?"

„Gott, Margot, im Prinzip natürlich sehr. Nur weißt du, ich habe im Stift nur eine Kochnische mit zwei Platten. Wir bekommen ja unser Mittagessen gemeinsam im Speisesaal serviert. Das ist sehr praktisch. Man muss sich da um nichts mehr kümmern. Und um ehrlich zu sein, ich bin keine solche Kochkünstlerin wie du."

Margots Gesicht hellte sich wieder auf:

„Danach habe ich mein Wochenendseminar hier in Erlangen ‚*Männer an den Herd!*' und dann muss ich nach Abano Terme ... Ein bisschen was für mich tun ..."

Ihr eindrucksvoller Busen wölbte sich unter der pinkfarbenen Kostümjacke.

„Otto, dann bist du ja mal wieder Strohwitwer, du Armer!"

Lottes Stimme klang ein bisschen heiser.

„Ach was, da bin ich dran gewöhnt", erwiderte Otto unbeeindruckt und munter.

„Ich ernähre mich von Erbswurstsuppe. Das schmeckt wie auf der Hüttn."

„Wo bleibt nur der Karpfen?"

Siegfried rutschte nervös auf seinem Stuhl herum. Doch dann gab er sich einen Ruck. Er reckte seinen rechten Zeigefinger steil nach oben, während sein linker nach unten auf Lisbeth zufuhr, die teilnahmslos Löcher in die geblümte Tischdecke starrte.

„Was macht eigentlich die Schule, Lisbeth und Max?"

Lisbeth sah Siegfried hasserfüllt an. Warum konnte ihr Onkel nicht Busfahrer, Müllmann oder Gefängniswärter sein? Sie schwieg eisern.

Siegfried fixierte jetzt Max.

„Na Max, wie läuft's in der Schule?"

„Ooch, Onkel Siegfried. Seit wir den Dackel haben, habe ich nicht mehr so viel Zeit zum Lernen. Einer muss ja mit ihm Gassi gehen."

Er warf seiner Zwillingsschwester einen herausfordernden Blick zu.

„Also ich freue mich jetzt auf meinen Karpfen!"

Lotte versuchte dem Gespräch eine freundliche Wendung zu geben. Aber Siegfried ließ nicht locker:

„Apropos Karpfen. Habt ihr eigentlich schon die fränkische Teichwirtschaft durchgenommen?"

Max machte „Baaaahhh ...", Lisbeth reagierte nicht.

„Ich", Siegfried wirkte wieder munterer, „nutze diese Gelegenheit gerne zum fächerübergreifenden Unterricht. Mittelalterliche Klosterkultur und Teichwirtschaft. Der Karpfen als jahrhundertealte Fastenspeise. Der Aufbau eines Karpfenweihers: Zulauf – Graben – Mönch – Ablauf. Habt ihr darüber gesprochen, warum man den Ständerabfluss im Karpfenteich Mönch nennt? Seht ihr, und damit sind wir wieder bei der klösterlichen Teichwirtschaft. Hier schließt sich der Kreis."

Er sah triumphierend in die Runde und heftete seinen Blick dann auf Lisbeth. Die sah ihn mit glasigen Augen an und murmelte nur:

„Was'n? Teichwirtschaft? Nee. Keine Ahnung. Nie gehört."

„Klar doch, du Doofie", fuhr Max dazwischen.

„Letztes Jahr warn wir am Dummetsweiher. Da ist der Unterricht deshalb ausgefallen. Wir mussten alle zuschauen, wie die das Wasser abgelassen haben und die Fische rausgeholt haben in die Bottiche. Das war Klasse. Wir haben uns dann alle gegenseitig mit Schlick beschmissen."

„Genau", fügte Jutta trocken hinzu, „und ich musste hinterher den Verweis unterschreiben, weil du den Biolehrer getroffen hast."

Max schaute böse.

„Ich war das nicht, Mami, ich hab dir das damals schon gesagt ..."

„Mit Schlick auf den Biolehrer?"

Otto lachte schallend. Seine Augen blitzten vor Vergnügen. Lotte sah es und lächelte. Vorhin, bei der Begrüßung, hatte Otto ihr einen rasierwasserduftenden Kuss auf die Backe gegeben: „Schön dich zu sehen, Lotte", hatte er gesagt. Ob sie vielleicht doch ein kleines Bier trinken sollte? Nein, lieber nicht. Der Blutdruck. Und dann machte der Alkohol immer rote Flecken auf ihrem Hals.

„Also mir geht die Teichwirtschaft am Arsch vorbei", schaltete sich Lisbeth in die Diskussion ein.

Jutta zischte ein böses „Lissssbeth".

„Ich esse sowieso kein Fleisch mehr. Und auch keinen Fisch. Ich finde es widerlich, dass ihr euch alle Karpfen bestellt habt."

Jürgen schob seinen leeren Kartoffelsalatteller zur Mitte und griff zum Bierkrug.

„Jutta, du hast mein Bier ausgetrunken. Das ist ja leer! Siegfried, komm, wir trinken noch eins!"

„Jürgen, das geht nicht, ich muss doch noch korrigieren."

„Komm Sigi, stell dich nicht an. Hast doch früher

auch ganz schön was geschluckt! Ich selbst kann mir so was ja auch kaum noch leisten. Diese ewigen Dienste sind ein Kreuz. Aber heute gönnen wir uns mal ein Schlückchen. Komm Siegfried, alter Kämpe!"

Jürgen grinste maliziös.

Siegfried winkte entschieden ab.

„Also los Bruderherz, wie ist es nun mit einem zweiten Bierchen!?" Dr. Kallfels ließ nicht locker.

„Wenn überhaupt, trinke ich eigentlich nur noch Rotwein. Aber gut, dir zuliebe nehme ich noch ein kleines Bier. Ich hoffe wirklich, der Karpfen kommt bald."

Siegfried sah unruhig zu der Tür, die in die Küche der Gastwirtschaft führte. Dann beugte er sich hinunter und begann in seiner Aktentasche zu kramen, die unter seinem Stuhl lehnte.

„Jetzt hätte ich fast vergessen, dir dein Geburtstagsgeschenk zu geben. Gabi hat es ausgesucht. Herzlichen Glückwunsch!"

Er reichte Jürgen ein Päckchen in bräunlich-grünlichem Recycling-Geschenkpapier.

Gabi, Siegfrieds Frau, war heute Abend nicht mitgekommen. Sie arbeitete als Musiklehrerin in der musikalischen Früherziehung und war in der Umweltbewegung sehr aktiv. Sie hatte sich entschuldigen lassen. Eine Bürgerversammlung. Es ging um die neue Umgehungsstraße, die einen Krötenlaichweg auf das Brutalste durchschnitt. Gabi und Siegfried wohnten „auf dem Land". Jedenfalls war es das gewesen, als sie vor Jahren aus der Stadt gezogen waren. Inzwischen war ihr baubiologisch errichtetes Häuschen von vielen, wie auf unzähligen Maulwurfshügeln thronenden Neubauten im Landhausstil umzingelt.

Jürgen nahm das Geschenk höchst erfreut in Empfang und zerriss mit einem Ratsch das Einwickelpapier. Zwei blaugraue Steingutteile fielen ihm entgegen, das eine ein kleines Schälchen, das andere ein kubischer, oben offener, hohler Behälter. Dazu ein kleines braunes Schraubfläschchen mit der Aufschrift *„Zwergenwiese-Duftzauber"*.

Jürgen schaute freundlich, aber verständnislos.

„Das ist aber nett, mein Alter. Wirklich. Gefällt mir gut. Was ist das?"

Er drehte das Fläschchen.

„Rizinusöl? Für Fälle schlimmster Obstipation bei meinen Patientinnen?"

Er lachte dröhnend über seinen Witz.

„Papa, du bist wirklich blöd."

Es war das erste Mal, dass Lisbeth an diesem Abend einen Anflug von Interesse am Tischgespräch zeigte.

„Das is 'ne Aromalampe. So was hab ich auch."

„So. Ach was."

„Gabi dachte, das wäre was für deinen Schreibtisch in der Klinik. Mit Orangenblütenöl. Bringt dein Yin und Yang wieder in Einklang."

„Ach was? Na ja, mein Yin und Yang wären schon im Einklang, wenn die Oberschwester nicht so hysterisch wäre und die Studenten nicht so saudumme Fragen stellen würden", grinste Jürgen.

„Sagt mal", er blickte in die Runde, „ist das nicht ein bisschen albern, wenn ich so ein blaues Lämpchen auf dem Schreibtisch stehen habe? Ich meine ... mein Chef ..."

Siegfried schaute traurig und ein bisschen beleidigt, aber da bekam er von hinten einen kräftigen Stoß. Die Bedienung stand hinter ihm mit vier großen Tellern, die sie auf ihren muskulösen Unterarmen balancierte. Auf jedem lag ein knusprig braun gebackener Karpfen, dessen panierte Schwanzflosse sich noch wie im Todeskampf nach oben reckte.

„So. Do wär mer. Es hot a weng dauerd. Mir ham

erscht noch anni ausm Hälter holn müssn. Doderfür sans ganz frisch abgstochn. An Guudn!"

Sie knallte schwungvoll die Teller auf den Tisch und machte sich auf den Weg in die Küche, um die nächsten Portionen zu holen. Jürgen schob das Aromalämpchen in die Mitte des Tisches zu dem großen Aschenbecher und rieb sich die Hände.

„Na, das sieht doch sehr gut aus. Dann wollen wir mal."

Kaum eine Minute später stand die Bedienung wieder hinter Siegfried und brachte die Teller für den Rest der Familie: zwei weitere gebackene Karpfen, einen Karpfen blau mit Salzkartoffeln und ein gewaltiges Käsebrot, das mit einer halben Tomate, einem Salatblatt und zwei Salzletten dekoriert war.

„Un weil's so lang ham wadden müssen, hob i noch an Deller Ingreisch mitbracht."

Sie stellte mit Elan einen großen Teller mit braun gebackenen, undefinierbar geformten Bällchen auf den Tisch.

„Jetzt geht's uns aber richtig gut", frohlockte Jürgen. „Denken Sie noch an meinen zweiten Kartoffelsalat?"

Die Bedienung stürmte wieder in die Küche, um mit Kartoffelsalat und weiteren Karpfenplatten für die Nachbartische zurückzueilen.

„Iiiiii, was issn das?", Lisbeth schüttelte sich.

„Das ist das Beste", sagten Otto und Jürgen wie aus einem Munde. „Ingreisch."

„Das sind die Eier vom Fisch, du Doofie. Schmeckt gut", ergänzte Max.

„Sag, dass das nicht wahr ist. Ich finde es einfach widerlich, dass ihr so was esst."

Lisbeth bebte vor Empörung.

„Nun reg dich doch nicht auf, Schätzchen! Probier

mal, du musst ja kein Ingreisch essen! Das hier schmeckt genauso gut."

Jürgen hatte auf einen der Teller gelangt, ein Stück von der Schwanzflosse eines Karpfens abgebrochen und hielt es seiner Tochter vor die Nase. Lisbeth wandte sich voll Ekel ab. Dr. Kallfels biss lustvoll in die Schwanzflosse, die knuspernd zerbröselte.

Dann machte sich die Tischgesellschaft daran, die Teller zu verteilen. Bis auf Lisbeth und Lotte hatten alle einen schönen, großen, knusprigen Karpfen vor sich. Lisbeth stocherte lustlos mit den Salzletten auf ihrem Käsebrot herum, Lotte hatte als alte Ostpreußin Karpfen blau bestellt.

Sogar Max fand den Anblick dieses gekochten, nackten Karpfens mit der schrumpeligen, an manchen Stellen aufgerissenen, bläulichen Haut ohne die prächtige Panadehülle nicht so besonders. Oder wollte er nur seine Zwillingsschwester ärgern, als er sie anstieß und verschwörerisch zu ihr meinte:

„Iiiiii, guck mal, wie der guckt. Also ich könnte das nicht essen."

Lisbeth sah den nackten Karpfen an und ließ die Salzlette fallen.

Auch Lotte schaute auf ihren Teller und dem blauen Karpfen mit den Zwiebelringen auf dem Rücken ins gebrochene Auge. Sie zögerte einen Moment, stach aber dann beherzt mit dem Fischmesser zu.

„*Morituri te salutant,* so ist das eben."

Sie zuckte die Schultern und blickte schelmisch in die Runde: „Eigentlich müsste es ja heißen: *Mortui te salutant.*"

Man kannte Lottes Hang zu lateinischen Sinnsprüchen. Nur Siegfried lachte.

Max schaute ihn verständnislos an.

„Na, Tante Lotte will sagen, der Karpfen ist ja schon tot", gluckste Siegfried, warf einen Blick auf seine Armbanduhr und einen auf die Aktentasche zu seinen Füßen und ging dann daran, systematisch und zügig seinen Karpfen zu zerlegen.

Auch die anderen machten sich ans Werk. Margot breitete eine Papierserviette über ihrem pinkfarbenen Busen aus, die diesen allerdings nur teilweise bedecken konnte, und dozierte ein wenig darüber, dass man den Karpfen immer mit der Hautseite nach oben und dem Kopf zuerst in das Fett geben müsse und dass die fränkische Zubereitungsform ein Panieren des Karpfens mit Ei und Semmelbröseln nicht dulde.

Otto schob sich gut gelaunt die knusprigen Schwanz- und Seitenflossen in den Mund und summte in den Kaupausen leise: *„In einem Bächlein helle, da schwamm in froher Eil ..."*

Jutta versprach kauend ihrer Tochter, die abwechselnd ihr Käsebrot und das Schlachtfest auf den Nachbartellern anstarrte, als Entschädigung zum Nachtisch einen Eisbecher.

Max fuhrwerkte erbarmungslos und ungeduldig auf seinem armen Karpfen herum und verlangte sofort auch einen Eisbecher zum Nachtisch.

Lotte erzählte eine kleine Anekdote vom Stintefang auf dem Lycksee in Ostpreußen, über die die anderen höflich lachten.

Jürgen, das Beinahe-Geburtstagskind, kaute zufrieden, angelte nach dem Ingreisch-Teller und forderte die Runde auf, zwischendurch einen ordentlichen Schluck zu nehmen, denn jeder Karpfen müsse dreimal schwimmen: erst im Wasser, dann im Fett und dann im Bier.

Man aß konzentriert. Erst die knusprigen Flossen. Dann am Bauch anfangend das weiße Fleisch in der braunen, heißen Mehlhülle, wo noch kaum Gräten waren. Dann sich langsam und immer vorsichtiger nach oben Richtung Rückgrat hocharbeitend, wo die vielen kleinen, gemeinen Minigräten saßen.

Die Runde schwieg, präparierte vorsichtig die großen Gräten, kaute bedächtig, schob bisweilen eine kleine Gräte mit der Zunge zwischen die Lippen und legte sie mit den Fingern auf dem Grätenteller ab. Auf Margots Stirn standen kleine Schweißtröpfchen.

Auch Max schwitzte. Mit einem Ruck zog er sich sein braunes Sweatshirt über den Kopf. Darunter kam eines seiner unvermeidlichen bedruckten T-Shirts zum Vorschein. Es trug die Aufschrift *„Brot für die Welt – aber die Wurst bleibt hier"*.

Zum Glück war Lotte zu sehr mit ihrem toten Fisch beschäftigt.

Max schleuderte das dicke Sweatshirt in schwungvollem Bogen am Kopf seiner Schwester vorbei auf die Sitzbank und stieß dabei mit dem Ellenbogen sein Colaglas um. Das Glas torkelte ein wenig in Richtung auf den Tischrand, Jutta versuchte es noch festzuhalten, doch zu spät. Die braune, süße Brühe schwappte aus dem Glas, ergoss sich zum kleineren Teil über den Grätenteller und die Tischdecke, zum größeren Teil jedoch über Margots pinkfarbenen Kostümrock. Sie riss die Papierserviette vom Busen, die goldenen Armreifen klapperten im Diskant, doch es war nichts mehr zu retten. Jutta fauchte ein wütendes „Mensch, Max, kannst du nicht *einmal* normal essen", die Tischgesellschaft reichte alle vorhandenen Papierservietten, Otto amüsierte sich und Oma Margot rang um Fassung, denn sie wollte ihr rosa Wollkostüm mit nach Abano Terme nehmen. Nur Jürgen aß stoisch weiter.

Erst als sich alle Papierservietten zusammengeknüllt und colagetränkt in dem gelblichen Glasaschenbecher türmten und Margot aufgestanden war, um auf der Toilette einen Rettungsversuch für ihren rosa Rock zu unternehmen, gewahrte die Tischgesellschaft die Unruhe in dem Gastraum.

Im Nachhinein hätte niemand sagen können, was sich plötzlich in dem vielstimmigen Gesumme der Stimmen, im gleichmäßigen Klappern der Bestecke, im emsigen Hin und Her des Bierzapfens und des Tellertragens geändert hatte. Unter der Dunstglocke von Essensgerüchen, Nikotin- und Bierschwaden war da plötzlich ein Stocken in den Geräuschen, ein anderer Ton, eine Unruhe.

Fast gleichzeitig richteten sich die Augen der Gäste auf den einen Tisch. Der junge Mann hustete. Erst war es ein leises, fast gurgelndes Geräusch, dann wurde es lauter, kurz und trocken. Dann war Stille. Dann wieder das Husten, bellender und atemloser. Der junge Mann saß vornüber gebeugt an seinem Tisch, an dem die Runde eben begonnen hatte zu essen.

Die junge Frau neben ihm mit dem kurzen orangefarbenen Rock und der schwarzen Nylonweste war aufgesprungen, stand hinter ihm und klopfte ihm so stark sie konnte auf den Rücken. Doch der Husten kam wieder, trocken und schrill.

Der junge Mann griff sich an den Hals, eine Ader an der Stirn stach bläulich hervor, das Gesicht hatte sich rot verfärbt. Kaum einer im Raum aß mehr, die meisten starrten zu dem Tisch.

„Herrgottsnochamol, etz gebbt ihm halt a Stickla Brod, des die Grädn nunderrutscht."

Eine resolute ältere Frau in dem Gastraum war aufgestanden und näherte sich dem Tisch. Ein paar andere

Gäste erhoben sich auch und starrten. Die Bedienung eilte mit einer Scheibe Brot herbei, die junge Frau mit dem orangefarbenen Rock riss mit fliegenden Fingern ein Stück davon herunter und versuchte es ihrem ächzenden Begleiter in den Mund zu schieben. Doch der kaute kaum, rang nach Luft, hustete und würgte. Das andere Paar am Tisch saß wie gelähmt.

„Me-i-j-n Gott Jürgen, Junge, nun tu doch was!"

Lotte griff nach Jürgens Arm, ihre Stimme war rau vor Aufregung.

„Der junge Mann, der mit meiner Friseuse gekommen ist ... nun schau doch mal! Du musst etwas unternehmen, er hat eine Gräte verschluckt!"

Dr. Kallfels war der einzige Gast im Raum, der noch unbeeindruckt weitergegessen hatte. Er stach gerade mit dem Fischmesser unterhalb der Kiemen des Karpfens ein und präparierte sorgfältig das Bäckchen. Er balancierte das kleine Stückchen weißes Fleisch einen Moment auf seinem Messer, betrachtete es genussvoll und schob es sich langsam in den Mund. Dann sah er Lotte mit einem kurzen Seufzen an:

„Er hat sich verschluckt. Ich hör's ja. Hat einen Brocken Kartoffelsalat im Hals. Der ist übrigens köstlich."

Er deutete mit seiner Gabel auf die Reste der Doppelportion auf seinem Teller.

„Oder er hat eine Gräte im Hals. Er soll Brot essen, dass sie rutscht, und die junge Frau soll ihm auf den Rücken hauen, das macht sie schon richtig."

Er kaute.

„Karpfenessen ist nichts für Hektiker. Da braucht man eine ruhige Hand. Das ist wie im Anatomiekurs. Damals ..."

Er stockte und fixierte plötzlich den jungen Mann, der keuchend und hustend nach vorne gesunken war, mit einem scharfen Blick. Das Husten war in ein tonloses Krächzen übergegangen. Von einer Sekunde zur anderen verschwand der Genuss am Essen aus Jürgens Gesicht, die Schultern strafften sich, die Mundwinkel zogen sich zu einem Strich zusammen. Während er den immer noch auf seinem Stuhl zusammengesunkenen jungen Mann fixierte, murmelte er:

„Das gefällt mir nicht."

Er ließ mit einem Klappern das Fischbesteck fallen und sprang halb auf.

„Max und Lisbeth, lasst mich mal ganz schnell durch!"

Die beiden drängten sich rasch auf die Seite und ließen ihren Vater vorbei, der mit zwei Schritten am Nachbartisch war.

„Lassen Sie mich mal bitte schauen, ich bin Arzt!"

Er packte die Friseuse am Arm und schob sie zur Seite, beugte sich zu dem Keuchenden vor und sagte halblaut mit gleichmäßig beruhigender Stimme zu ihm:

„Keine Angst, das haben wir gleich. Können Sie aufstehen?"

Der junge Mann nickte, ächzte und versuchte, sich mit den Armen hochzustemmen. Aber seine Ellbogen waren wie Gummi.

Alle Gäste im Raum reckten die Hälse, viele waren von ihren Plätzen aufgestanden.

Jürgen wandte sich dem anderen Mann an dem Tisch zu, einem Großen mit geblümtem Hemd, der wie versteinert starrte.

„Kommen Sie, Mann, Sie müssen mir helfen!"

Der Geblümte gehorchte wortlos. Zu zweit hievten sie den keuchenden jungen Mann von seinem Stuhl hoch und Jürgen legte dessen einen Arm über die Schulter des großen Geblümten.

„Halten Sie ihn gut fest, dass er nicht umfällt!"

Der Geblümte nickte stumm. Dr. Kallfels stellte sich hinter den Ächzenden, der sich kaum auf den Beinen halten konnte, schlang von hinten beide Arme um dessen Brustkorb, befahl plötzlich mit lauter Stimme: „Jetzt ausatmen!", und drückte mit einem großen, gewaltsamen Ruck mit beiden Armen von hinten den Brustkorb des jungen Mannes zusammen.

Ein bellendes Geräusch war zu hören, das in ein rasselndes Husten überging. Der Mann keuchte panisch.

„Ist es jetzt besser?"

Auf der Stirn von Dr. Kallfels hatten sich zwei steile Falten gebildet. Der junge Mann war unfähig, etwas zu sagen. Sein Gesicht war rot und schweißnass.

Offenbar hatte der Geblümte einen Moment vergessen, seinen Freund festzuhalten, denn plötzlich gaben dessen Knie nach, die Beine knickten ein und bevor ihn jemand festhalten konnte, schlug er mit dem Kopf auf dem Boden auf. Jemand kreischte im Hintergrund hysterisch.

Da ging die Tür auf, die zu den Toiletten führte, und Oma Margot kam mit einem großen nassen Fleck auf ihrem rosa Rock aus den Waschräumen zurück. Der Cola-Fleck war nicht herausgegangen.

„Was ist denn hier los? Junge, was machst du da?!"

Ihre Stimme klang vorwurfsvoll.

Jürgen kniete schon neben dem Ohnmächtigen. Er hatte nur einen kurzen, geschäftsmäßigen Seitenblick für seine Mutter, während er gleichzeitig nach dem Handgelenk des Gestürzten griff, um den Puls zu tasten.

„Heimlich'scher Handgriff. Hilft eigentlich sehr zuverlässig bei Fremdkörpern in der Luftröhre. Sollte jeder können."

Die zwei Falten waren tiefer geworden.

„Aber das hier gefällt mir nicht."

Er blickte auf die Armbanduhr und zählte. Fast alle Gäste waren aufgestanden, langsam kamen sie von allen Seiten näher, bildeten einen Kreis um den Mann, dessen Beine verdreht nach links und rechts lagen, und um Dr. Kallfels, der neben ihm kniete.

Die Friseuse stand daneben, die Hand vor dem Mund, mit aufgerissenen Augen. Jürgen sah seine beiden Kinder, die stumm auf ihren Vater starrten.

Er beugte sich mit einem kleinen Ächzer zur Brust des Liegenden und legte das Ohr darauf, während er gleichzeitig einen Finger auf den Mund legte und mit einem gebieterischen Blick Ruhe von der Runde der ihn umstehenden Gäste forderte. Ein paar Sekunden lang war es ganz still, nur irgendwo im Hintergrund summte ein Ventilator. Alle Blicke waren auf die Szene am Boden gerichtet, bis Jürgen nach ein paar Momenten den Kopf hob. Die Falten auf der Stirn waren noch tiefer geworden.

Seine Stimme hatte ihren gewohnt liebenswürdigen Ton verloren und eine ungewohnt knappe Schärfe angenommen:

„Wir brauchen dringend einen Notarztwagen. Sofort! Sagen Sie, es handelt sich um einen jungen Mann mit Verdacht auf eine hypertensive Krise!"

Die Wirtsfrau hastete hinter den Tresen und hob den Telefonhörer ab, jemand bot sein Handy an.

„Max und Lisbeth", Dr. Kallfels suchte die Blicke seiner beiden Kinder, „schnell, lauft zum Auto und holt meine Arzttasche! Beeilung!"

Die zwei schlängelten sich zwischen den Umstehenden durch und rannten zur Tür, Jutta hinter ihnen her:

„Halt, ihr braucht doch den Autoschlüssel! Und passt auf, wenn ihr über die Straße rennt!"

Der am Boden Liegende röchelte, Dr. Kallfels fuhr ihm mit dem Finger in den Mund und holte ein paar Brotkrumen heraus.

Lisbeth und Max stürmten schon wieder zur Türe herein:

„Papa, da ist keine Tasche. Wir sind doch mit Mamas Auto gekommen, weil du heute mal was trinken wolltest!"

Dr. Kallfels sagte nur ein Wort. Ein lautes, wütendes, ungläubiges „Scheiße."

Dann wandte er sich wieder seinem Patienten zu.

„Also gut, dann müssen wir sehen, wie wir das hier durchstehen. Sein Oberkörper muss hoch gelagert werden. Kommen Sie mal her!"

Er sah den Geblümten an.

„Knien Sie sich hin und ziehen Sie seinen Oberkörper zu sich nach oben! Und so bleiben Sie dann! Halten Sie ihn fest, dass er Ihnen nicht wieder wegrutscht!"

„Ja aber", einer der Umstehenden mischte sich ein, „das ist doch Blödsinn, Sie müssen seine Beine hoch lagern, wenn er einen Schock hat. Das weiß man doch."

Die Stimme klang vorwurfsvoll. Einige der Umstehenden nickten zustimmend.

Dr. Kallfels schaute von seinem Patienten auf, er kniff die Augen einen Moment zusammen und funkelte den Gast, der es gewagt hatte, sich einzumischen, so bitterböse an, dass der einen Schritt zurückwich. Dann herrschte er los, dass Jutta ihren Ohren nicht traute:

„Sagen Sie mal, wer ist hier der Arzt! Sie oder ich? Der Mann hier hat keinen tiefen Blutdruck, sondern offensichtlich einen extrem hohen. Ich bin Internist. Und jetzt halten Sie die Klappe und lassen mich arbeiten."

Einen Moment herrschte betretenes Schweigen. Jürgen winkte den Großen, Geblümten zu sich und der tat nun endlich, wie ihm aufgetragen. Er kniete sich hin, zog den Oberkörper des Ohnmächtigen zu sich nach oben und sah mit einem Ausdruck ungläubigen Entsetzens und Widerwillens auf seinen Freund, aus dessen Mund Speichel mit kleinen Brotresten und etwas Schaum tropften.

Dr. Kallfels kniete sich wieder hin, fühlte den Puls und winkte die Friseuse zu sich, die sich schluchzend an ihre Freundin, eine kräftige junge Frau mit weißen Armen und einer asymmetrischen Frisur mit lila eingefärbter Ponysträhne, gelehnt hatte.

Die junge Frau kniete nieder, ihr orangefarbener Minirock rutschte weit hoch, aber sie bemerkte es nicht. Sie griff nach der schlaff herunterhängenden Hand ihres röchelnden Freundes.

„Sie, sind Sie seine Frau?"

„Nein, das nicht. Das heißt, so gut wie. Ich denke, wir werden wohl irgendwann ..."

„Ja ja, schon gut. Sagen Sie, hat er die letzten Tage Beschwerden gehabt? Hat er einen sehr hohen Blutdruck?"

Die junge Frau zuckte die Achseln. Unter den sommerbraunen Sommersprossen sah ihre Nase weiß und spitz aus. Sie schüttelte den Kopf.

„Der Willy, hohen Blutdruck? Nein, nie! Das wüsste ich doch. Das Einzige ist ...", sie überlegte, „ich dachte, er bekommt eine Erkältung, er hat vorhin schon so gehustet."

„Gehustet? Das könnte passen. Möglicherweise schon ein beginnendes Lungenödem."

Dr. Kallfels schaute nervös auf die Uhr, zählte den rasenden Puls seines Patienten und schüttelte den Kopf:

„Er ist viel zu jung für so etwas."

Er schwieg.

Von dem Ohnmächtigen hörte man ein gurgelndes

Stöhnen, die Ader an seiner Schläfe war angeschwollen wie eine dicke, bläuliche Schlange.

„Ich kann so wenig für ihn tun ohne meine Tasche", Dr. Kallfels räusperte sich nervös, „wenn ich wenigstens Nitro hätte."

Er klopfte dem Liegenden auf die Backe:

„Herr ..."

„Keller", wisperte die Friseuse.

„Herr Keller, können Sie mich hören?"

Mit Daumen und Zeigefinger drückte er die gerötete Haut des Liegenden unterhalb der Nasenwurzel zusammen, doch der zeigte keine Reaktion.

„Wir können nur warten ... Was hat die Leitstelle gesagt, schicken sie gleich jemand?"

Die Wirtin drängte sich durch die Gäste nach vorne und wisperte eilfertig:

„Ja, Herr Doktor, sie haben gesagt, es kommt gleich jemand. Man fährt ja nur zehn Minuten aus der Stadt hierher."

Dr. Kallfels beugte sich wieder zur Brust seines Patienten, hörte auf seine schäumenden Atemgeräusche und sah auf die Uhr. Er fühlte sich hilflos.

„Jürgen", die Stimme kam zaghaft aus dem Hintergrund.

Lotte war als Einzige sitzen geblieben. Starr vor Schreck und mit zitternden Händen hatte sie das Geschehen von ihrem Stuhl aus verfolgt, zwischen den Körpern der umstehenden Gäste, an Siegfried, Margot, Otto, Jutta und den Kindern vorbei nur manchmal einen Blick auf den liegenden jungen Mann und ihren am Boden knienden Neffen werfen können. Ihre Hände krampften sich um ihre Handtasche.

„Jürgen ..."

Ihr Neffe beachtete sie gar nicht.

„Jürgen ..."

Er schaute unwirsch und unkonzentriert zwischen den Beinen der Umstehenden in die Richtung seiner alten Tante. Er sah müde aus. Erschöpft und ratlos.

„Ich glaube, ich habe ein Nitrospray dabei."

„Du?", tönte es zwischen den Beinen herüber. „Das kann nicht sein, du brauchst so was doch gar nicht."

„Doch", beharrte Lotte und begann in ihrer Handtasche zu kramen. „Vor acht Jahren hatte ich doch Brustschmerzen. Der Orthopäde hat damals zwar behauptet, das käme von der Wirbelsäule. Aber für alle Fälle hat er mir doch ein Nitrospray aufgeschrieben. Ich habe es noch nie gebraucht. Aber", fügte sie triumphierend hinzu, „zur Vorsicht habe ich es immer dabei."

Sie wühlte in ihrer Tasche, holte mit fahrigen Fingern ein verpacktes Frischhaltetüchlein, einen Geldbeutel, einen Hausschlüssel, eine Plastikregenhaube, eine halbe Rolle Pfefferminzbonbons, ein Stofftaschentuch, mehrere Streifen mit Medikamenten und schließlich ein abgeschabtes Sprayfläschchen heraus.

Max drängte sich zu ihr durch, sie legte es in seine Hand und der Junge drängelte sich wieder nach vorne zu seinem Vater.

„Tatsächlich. Das gibt's doch nicht! Die Marke ist ja schon seit fünf Jahren vom Markt. Und das hast du immer mit? Aber das macht nichts, ich bin sicher, es wirkt trotzdem. Du bist ein Schatz."

Mit geübtem Griff öffnete Dr. Kallfels den Mund des Ohnmächtigen ein Stück weit und sprühte zwei Stöße des Nitrosprays auf dessen aufgequollene Zunge. Wieder tropfte Schaum herunter. Die Friseuse schluchzte laut auf.

„Das ist gut, das ist sehr gut, das wird ihm erst mal helfen", versuchte Dr. Kallfels sie zu beruhigen. Aber die junge Frau ließ die Hand des Liegenden los, stand auf und warf sich mit einem Aufschluchzen in die Arme ihrer Freundin mit der lila Haarsträhne, während der Geblümte mit hilflosem Widerwillen auf den knienden Dr. Kallfels schaute und auf seinen ohnmächtigen Freund, den er immer noch in den Armen hielt.

„Verflucht noch mal, wo bleiben nur die Burschen? Ich gehe mal nachsehen!"

Otto schien die Spannung in dem Raum schier unerträglich. Er war schon fast an der Tür, da wurde sie von außen aufgestoßen und endlich stürmten zwei Sanitäter in den Raum. Die Gäste wichen schnell zur Seite, an Tischen mit halb gegessenen Karpfen vorbei kamen die beiden auf den Ohnmächtigen und auf Dr. Kallfels zu. Der eine trug einen Notfallkoffer.

„Und wo ist euer Dienstarzt?"

Jürgens Stimme klang ungläubig.

„Sorry, alle im Einsatz. Wir sind nur zu zweit."

„Na Klasse."

Das war Juttas Stimme aus dem Hintergrund. Sie klang resigniert, als habe sie so etwas die ganze Zeit gewusst:

„Einmal einen Tag ohne Medizin, hat er mir versprochen ..."

Dr. Kallfels hörte sie gar nicht mehr. Endlich konnte wieder die Routine greifen, es gab etwas zu tun und das war gut so.

Seine Anweisungen waren nur Stichworte und für die Umstehenden kaum verständlich. Der Notfallkoffer wurde aufgeklappt, mit einer Armmanschette die Vene gestaut, dann stach Dr. Kallfels die Nadel für die Infusion in die Ellenbeuge des Ohnmächtigen.

In dem Moment machte der die Augen auf, es war ein verschwommener Blick von weit her, der gleich wieder wegkippte.

„Das Nitro hat ihm gut getan", murmelte Dr. Kallfels, während er die Infusion anstöpselte. Dann legte er die Nasensonde für den Sauerstoff. Die beiden Sanitäter eilten hinaus und kamen mit der Trage wieder. Sie hievten den jungen Mann hinauf. Der Geblümte, der die ganze Zeit gekniet hatte, stand, von der Last in seinen Armen befreit, ächzend auf. Er schwankte ein wenig, hielt sich an einem Tisch fest und strebte dann, von einer plötzlichen Übelkeit überfallen, in Richtung Toilette, um sich zu übergeben.

Dr. Kallfels ließ inzwischen das Blutdruckmessgerät ungläubig sinken und schüttelte den Kopf.

„Zweihundertvierzig zu hundertzwanzig! Nicht zu glauben."

Dann griff er nach der Infusionsflasche, hielt sie hoch und nickte den beiden Sanitätern zu:

„Ich fahre mit. Das kann ich sonst nicht verantworten."

Er suchte mit den Augen die Friseuse.

„Wollen Sie mit in die Klinik kommen? Es wäre vielleicht besser ..."

Sie nickte und schluchzte.

Dr. Kallfels hatte nicht einmal mehr einen Blick für seine Familie. Er sah nur seinen Patienten, während die Sanitäter die Trage hochhoben, draußen im warmen Herbstabendlicht auf die Schienen des Notarztwagens setzten, die Trage hineinschoben und nach einem kurzen Nicken von Jürgen, der hinten neben seinem Patienten Platz genommen hatte, die Türen zuschlugen, die junge Frau nach vorne mit auf den Beifahrersitz geleiteten, das Martinshorn anstellten und davonbrausten.

Schweigend und betreten sahen sich die Zurückgebliebenen um, gingen langsam wieder zu ihren Tischen zurück, nur die Familie Kallfels stand unschlüssig, ungläubig und ratlos.

„Schöne Geburtstagsfeier", murmelte Jutta.

„Heute kann ich nicht mehr korrigieren", seufzte Siegfried.

Lotte starrte stumm auf die Tabletten und die Pfefferminzbonbons auf dem Tisch und auf das Sprayfläschchen, das achtlos hingeworfen auf dem Boden lag.

Max hatte große, vor Aufregung runde Augen, schaute immer noch in die Richtung, in die sein Vater verschwunden war, und seufzte schließlich:

„Mensch, echt geil, der Papa."

„Scheiße", schrie Jutta, „wieso hat er meinen Autoschlüssel mitgenommen? Jetzt können wir auch noch mit dem Taxi nach Hause fahren!"

II

Lotte Askoleit hatte schlecht geschlafen. Eigentlich war das nicht weiter erwähnenswert. Aber es war ungerecht. Solange man jung war und die Stunden nicht reichten für all die Pflichten und Vergnügen, brauchte man viel Schlaf. Im Alter, wenn sich die Langeweile endlos über den Tag dehnte, hätte man schon nach drei oder vier Stunden wieder aufstehen können. Aber wozu?

Sie sah schon durch die zugezogenen Übervorhänge, dass dieser Tag das Aufstehen nicht lohnte. Milchiges, konturenloses Licht drang ins Zimmer und verwischte alle Farben. Ein grauer, öder Herbsttag. Schließlich stand sie doch langsam und mühsam auf, zog die dicken Vorhänge in ihrem Schlafzimmer zurück, streifte den altrosa Morgenrock mit der breiten Blumenbordüre über, der ihr nie gefallen hatte (ein Weihnachtsgeschenk von Jutta und Jürgen vor vier Jahren), ächzte ein wenig über die schmerzenden Knie, die noch so rostig und müde von der Nacht waren, machte die wenigen Schritte durch ihr kleines Wohnzimmer zur Balkontüre, öffnete sie und blieb fröstelnd stehen.

Von hier oben sah man sonst den Nadelwald in sanften Wellen bis weit über den Burgberg hinaus, wo der altmodische Wasserturm aus den Bäumen stakste. Jetzt hing dicker Nebel über den Kuppen, weißlich und feucht, und verschluckte alle Konturen in der Ferne. Die fahlen, fetten Schwaden reichten fast bis ans Haus, sie dämpften alle Geräusche und umhüllten die Gegenstände mit einem tropfenden, trägen Film.

Die Birke unter dem Fenster hatte ihr glühendes Licht verloren. Die Nässe hing ihr in den Zweigen. Langsam und taumelnd segelten ein paar Blätter, aus denen alle Farbe gesogen schien, zur Erde. Es roch nach nassem Laub und Moder. Die Störche, die sich manchmal von der warmen Luft von den Wiesen an der Regnitz hochtragen ließen, in breiten Bögen über das Stift segelten und Lotte an ihre alte Heimat Ostpreußen erinnerten, waren längst aus der herbstlichen Stadt geflohen und nach Süden gezogen.

Lotte zupfte gedankenverloren ein paar klebrige, mattlila Blütenblätter von dem Asternstöckchen auf ihrem kleinen Balkontisch, sah nach, ob die Meisen schon ein erstes Mal in diesem Herbst von dem ausgestreuten Futter in dem Vogelhaus gepickt hatten, und zog sich dann rasch in ihr warmes Zimmer zurück.

In ihrem Alter gab es feste Rituale: aufstehen, waschen, anziehen, Tee kochen, Tabletten nehmen, die Zeitung hereinholen, ein Marmeladebrot vorbereiten und dann so lange wie möglich in kleinen Bissen kauen und gründlich lesen – denn das hieß schon wieder etwas Zeit zu füllen. Heute aber war sie nervös.

Noch im Morgenrock schloss sie die Türe ihres Appartements auf, griff nach der Tageszeitung und sank sogleich ungekämmt und ohne Frühstück auf ihr Sofa. Mit fahrigen Fingern zog sie den Lokalteil aus der Mitte der zusammengefalteten Zeitung heraus und konnte nicht schnell genug die vorletzte Seite mit den Todesanzeigen finden. Gott sei Dank, da stand nirgends der Name dieses jungen Mannes.

Sie ließ die Zeitung sinken. Seit jenen dramatischen Vorfällen von vorgestern Abend hatte sie nichts mehr von Jürgen gehört.

Gestern war sein Geburtstag gewesen und natürlich

hatte sie versucht, ihn anzurufen. Aber im Hause Kallfels hatte keiner den Hörer abgehoben.

Sie sah auf die Uhr. Jetzt müsste er eigentlich schon wieder in der Klinik sein. Nein, dort schätzte man ihre Anrufe nicht, aber diese Unruhe war stärker.

„Ich hätte gerne Herrn Oberarzt Dr. Kallfels gesprochen. Ich bin ..."

„Ja, ja, ich weiß, Sie sind die Tante."

Die Stimme des weiblichen Feldwebels am anderen Ende der Leitung war nicht nur unhöflich, sie war beleidigend schroff.

„Ich bin mir sicher, dass Herr Dr. Kallfels Sie im Moment nicht sprechen möchte. Er hat momentan andere Sorgen. Ich sage Ihnen, hier herrscht Sturmstärke zwölf!"

„Ich möchte auch nur wissen, wie es dem jungen Mann geht ..."

Aus der Leitung tutete es nur noch.

Lottes Herz pochte vor Anspannung und Ärger. Was nun? Um neun Uhr war ihr Friseurtermin. Sollte sie überhaupt hingehen? Würde der Salon heute geöffnet sein? Und was, wenn die Friseuse schlimme Nachrichten hatte? Auch wenn sie sicher war, dass Jürgen alles getan hatte, was in seiner Macht stand ... Lottes Finger fuhren auf dem Rand der Zeitung hin und her.

Schließlich zwang sie sich doch, ihr gewohntes Morgenritual aufzunehmen, und ging sich erst einmal waschen.

Trotz ausführlicher Zeitungslektüre war es erst dreiviertel neun, als sie die große Eingangshalle des Stifts durchquerte und gewohnheitsmäßig einen Blick auf den Menüplan warf. Kohlroulade mit Salzkartoffeln. Das war schön. Ihr Blick wanderte weiter zum Veranstaltungsprogramm. Sie seufzte. Welchen Sinn hatte es, so alt zu werden, wenn man dann – sofern man noch hinreichend bei Kräften und Verstand war – aus Kastanien originelle Männchen basteln und getrocknetes Herbstlaub auf Briefpapier kleben sollte?

Sie ging langsam durch die Flure in Richtung des Anbaus, wo sich der kleine Friseurladen befand. Ihr Stock quietschte auf dem blanken Linoleum. Alles war still.

Die Eingangstür zum Salon war verschlossen, der Raum dahinter dunkel. Lotte lehnte sich an die Wand und wartete. Es war niemand zu sehen. Nun gut, es war auch noch nicht einmal neun Uhr. Ihr Stock zeichnete Achter-Linien auf den Fußboden. Die Zeit tropfte.

Fünf nach neun, sechs nach neun.

Von weitem hörte man ein Quietschen. Am Ende des langen Ganges tauchte eine Frau in einem rotweiß gestreiften Kittel auf, die eine große Bohnermaschine vor sich herschob. Die Bürsten drehten sich mit monotonem Brummen. Mit gleichmäßigen Pendelbewegungen schob die Frau das Gerät von einer Seite des Flures auf die andere und kam langsam auf Lotte zu. Lotte folgte geistesabwesend mit den Augen den rotierenden Bürsten und wich fast zu spät dem schweren Gerät aus.

„Sie wissen nicht zufällig, ob der Salon heute geöffnet ist?"

Die Frau in dem rotweiß gestreiften Kittel sah sie aus dunkel glühenden Augen an:

„Ich nix wissen. Ich Firrrma"

Lotte nickte:

„Ahhh so, vielen Dank."

Sie sah der Frau nach, die weiter stoisch ihre Maschine schob, und betrachtete den Fußboden, auf dem kein Stäubchen mehr lag.

Endlich – ein helles Klappern von Schritten. Eine zierliche Gestalt mit wehenden blonden Locken, einer grasgrünen Hose und einem ebenso grasgrünen, knappen Pulli. Das war sie. Sie kam mit schnellen Schritten näher. Sie lächelte. Alles war gut.

„Es tut mir Leid, wenn ich zu spät bin. Ich habe es heute wirklich nicht früher geschafft. Sie sind mir doch nicht böse, Frau Askoleit?"

Die junge Frau fasste Lotte an beiden Ellenbogen und fast schien es, als wolle sie sie umarmen.

„Sie glauben nicht, wie dankbar ich Ihnen bin. Und dem Herrn Doktor. Kommen Sie, ich bin gleich für Sie da."

Sie kramte in ihrem schwarzen Rucksack nach dem Schlüssel für den Salon, ließ Lotte den Vortritt und knipste das Licht an, das mit einem Flackern ansprang.

Lotte sank in einen der Frisierstühle und starrte in den Spiegel. Sie sah ein graues Gesicht mit matten Augen und fahlen Haaren, einen faltigen Hals und eine langweilige Bluse. Sie dachte an die Todesanzeigen, die sie eben erst mit nervöser Eile überflogen hatte. Ja ja, das waren die rabenschwarzen Phantasien einer alten Frau, die selbst schon mit einem Fuß im Grab stand.

Das Radio dudelte aus dem Deckenlautsprecher los. Eine übertrieben muntere Stimme verkündete einen wunder-, wunderschönen Dienstagmorgen. Leider sei der Verkehr aber im Moment noch auf den Stadtautobahnen und Fernstraßen des Großraumes von dichtem Nebel behindert.

„Also liebe Autofahrer, aufgepasst!", trompete die fröhliche Stimme. Dann begann sie den lieben Autofahrern herunterzuleiern, wo heute überall geblitzt würde.

„Also liebe Autofahrer, aufgepasst!", trompetete die Stimme wieder. „Und für alle, die jetzt noch in den Betten liegen, hier ist euer Jochen und ich hoffe, ihr seid heute Morgen auch so gut drauf wie ich!"

Die Stimme überschlug sich fast vor guter Laune und holte zu einem neuen Höhepunkt des Frohsinns aus:

„Und dann grüßt die Biggi noch die Andschi und die Melli und alle, die sie kennen, und wünscht ihnen auch einen subber Tag. Und weil ihr alle heute so subber drauf seid, hat euer Jochen jetzt auch eine subber Platte für euch aufgelegt ..."

Die Friseuse hatte wohl Lottes Blick im Spiegel gesehen, denn sie drehte das Radio leiser. Sie hatte ihren Kittel übergestreift und Lotte sah sie im Spiegel auf sich zukommen. Sie hielt eine grüne Haarspange zwischen die Zähne geklemmt und fuhr mit beiden Händen in ihre blonden Haare mit den vielen kleinen Rauschgold-Löckchen. Mit einem geübten Griff fasste sie ihre Mähne weit oben am Hinterkopf zu einem Pferdeschwanz zusammen und klemmte die grasgrüne Haarspange hinein. Nur ein paar goldgelbe Locken kringelten sich jetzt noch um ihr schmales, gebräuntes Gesicht. Sie holte aus ihrem Kittel einen rosa schimmernden Lippenstift, trat neben Lotte an den Spiegel und zog mit zwei großen Zügen ihre Lippen nach. Die vielen Ohrstecker an ihren Ohrmuscheln glitzerten. Sie presste kurz die Lippen aufeinander, drehte den Kopf, um sich im Spiegel noch einmal prüfend zu betrachten, und wandte sich dann Lotte zu.

„Frau Askoleit, Sie glauben gar nicht, wie froh ich bin, dass alles wieder in Ordnung ist."

Sie warf Lotte einen Frisierumhang über, befestigte eine Papiermanschette um ihren Hals und löste die Standsicherung des Sitzes, um Lotte zum Waschbecken zu rollen.

„Ich habe Todesängste ausgestanden in diesem Notarztwagen. Aber der Herr Doktor hat sich ganz großartig um alles gekümmert. Er ist Ihr Neffe, stimmt's?"

„Ja, Fräulein Yvonne", sagte Lotte mit Würde „und er ist Oberarzt."

Die Friseuse drehte das Wasser der Handbrause an und regulierte die Temperatur. Lottes Kopf sank nach hinten, lauwarmes Wasser umspülte ihren Kopf. Sie schloss die Augen.

„Als wir in der Klinik ankamen, ging es ihm schon etwas besser. Der Herr Doktor hat gesagt, Ihr Nitrospray war ein Geschenk des Himmels. Ich kann Ihnen gar nicht sagen, wie dankbar ich Ihnen bin, Frau Askoleit – Ihnen und Ihrem Neffen."

Lotte öffnete die Augen und ihre Blicke trafen sich. Lotte lächelte.

„Trotzdem haben sie Willy gleich auf die Intensivstation geschafft. Tausend Kabel, Monitore, Infusionsständer."

Yvonne schüttelte sich.

„Und wo ist Ihr Verlobter jetzt? Immer noch auf der Intensivstation?"

„Also verlobt sind wir nicht direkt. Aber wir wohnen schon über zwei Jahre zusammen. Ich denke, über kurz oder lang werden wir wohl heiraten."

Yvonne massierte Lottes Kopf mit schäumendem Haarwaschmittel.

„Sie werden es nicht glauben, aber am nächsten Tag ging es ihm wieder bestens. Der Blutdruck war herunter, nur noch etwas Kopfschmerzen. Sie haben ihn dann auf die Normalstation verlegt und als ich gestern Mittag nach ihm schauen wollte, lief er dort schon in seinen Straßenkleidern herum."

Sie begann, den Schaum aus Lottes Haaren zu spülen.

Lottes Blick war ungläubig.

„Wenn ich es Ihnen doch sage, Frau Askoleit! Und das nach diesem schrecklichen Abend! Na, und Sie kennen Willy nicht! Natürlich sollte er noch bleiben. Sie hatten alle möglichen Spezialuntersuchungen mit ihm vor, ob sein Herz in Ordnung ist und so. Aber der! Der sagt, mir geht's prima, was soll ich noch hier. Alles paletti. Ich will hier raus. Der Stationsarzt sagt nein, er sagt ja. Ich wollte auch lieber, dass er noch bleibt. Einfach zur Sicherheit. Aber der kann so stur sein. Dann haben sie ihn einen Zettel unterschreiben lassen, dass er auf eigene Verantwortung die Klinik verlässt, und ich habe ihn mit nach Hause genommen. Und was soll ich Ihnen sagen – es geht ihm prima!"

Sie wand ein Handtuch um Lottes Haare, half ihr beim Aufrichten und rollte den Frisierstuhl wieder vor den Spiegel.

Lotte schüttelte den Kopf:

„Mein Gott, Fräulein Yvonne, das ist ja wunderbar! Wer hätte das vorgestern Abend für möglich gehalten!"

„Ich glaube", die Friseuse knüllte das Handtuch zusammen und begann Lottes nasse Haare zu kämmen, „ich glaube, der Willy hatte einfach in letzter Zeit zu viel Stress in der Arbeit und dann diese Erkältung dazu ... ich habe ihm jedenfalls gesagt, er soll noch ein paar Tage zu Hause bleiben und sich schonen. Deshalb war ich heute auch ein bisschen zu spät dran."

Die Tür des Salons ging auf und zwei Damen traten ein. Sie sahen sich irgendwie ähnlich mit ihren gelockten grauweißen Köpfen und den blassfarbenen Strick-Ensembles. Die eine war die Witwe eines Siemensdirektors. Sie musterte Lotte mit ihren klatschnassen, herunterhängenden Haaren und säuselte ein spitzes „Guten Morgen" herüber.

„Ich bin gleich wieder bei Ihnen, Frau Askoleit. Nur einen kleinen Moment. Haben Sie heute kein Buch dabei? Dann hole ich Ihnen eine Zeitschrift."

Lotte ärgerte sich. Erstens, dass sie so albern mit ihren wenigen nassen Haaren aussah, während die Siemensdirektorenwitwe jetzt ostentativ auf dem Stuhl, auf dem sie von Yvonne mittlerweile platziert worden war, ihre vollen silbergrauen Haare schüttelte. Zweitens, weil sie ihr Buch im Appartement vergessen hatte und nun dieses schwachsinnige Heftchen lesen musste.

Sie blätterte lustlos: Die Queen beklagte den Tod ihres ältesten Corgies, der mit siebzehn Jahren an einem Geflügelknochen erstickt war. Er sollte auf dem königlichen Friedhof für Rennpferde und Hofhunde bestattet und die Fahne auf dem Buckingham Palace für zwei Tage auf halbmast gesetzt werden. *„Ihre Majestät sind untröstlich"*, hieß es in informierten Hofkreisen.

Lotte versuchte sich den Friedhof vorzustellen und las dann die nächste Seite: Prinz Charles hatte sich wieder einmal unbeliebt gemacht. Er hatte vorgeschlagen, man solle im Hyde-Park biologisch-dynamisches Gemüse anpflanzen und auf Staatsempfängen nur noch Haferplätzchen reichen. *„Das fördert die Verdauung"*, so der britische Thronfolger.

„Der einzig Vernünftige in der Familie", dachte Lotte und blätterte um: Königin Silvia stand im Verdacht, heimlich eine umfangreiche Perückensammlung ihr Eigen zu nennen und eigentlich kahlköpfig zu sein. Eine Fotomontage demonstrierte, wie die Schwedenkönigin wohl ohne Haare aussah. Man betonte, dass die Königin auf Perücken aus deutscher Produktion schwöre.

Das schien Lotte denn doch etwas abwegig. Sie wandte sich dem nächsten Artikel zu: Er informierte die Leser in schonenden Worten, Königin Beatrix habe sich in einer holländischen Privatklinik für eine künstliche Befruchtung angemeldet. Sie wurde mit den Worten zitiert: *„Ich habe schon drei Kasköpfe daheim. Ich will endlich ein Mädchen!"*

Lotte blätterte weiter.

Prinzessin Stefanie, die drei Kinder von drei verschiedenen Vätern hatte, aber keinen Ehemann dazu, machte in Saint Tropez Urlaub.

Prinzessin Caroline, die nach drei Ehen vier Kinder von zwei verschiedenen Vätern hatte, und sogar noch einen deutschen Prinzen als Ehemann dazu, machte im heimatlichen Monte Carlo Urlaub.

„Da möchte ich auch mal hin!"

Die Friseuse stand hinter Lotte.

„All die tollen Jachten im Hafen, Millionäre, Discos, schicke Lokale, das Mittelmeer ... ach ja ..."

„Ist dieser homosexuelle Thronfolger nicht noch zu haben, der mit der Glatze?"

„Albert meinen Sie? Der ist doch süß. Ich würde sogar seine Glatze in Kauf nehmen. Glatzen sind doch erotisch, oder?"

Die Friseuse lachte und begann damit, Lottes Haare auf Wickler zu drehen.

„Letztes Jahr war ich eine Woche auf Ibiza. *Last minute* mit meiner Freundin. Die kennen Sie ja vom Sonntagabend."

„Die mit der lila Haarsträhne?"

„Kerstin, genau. Sie ist Wurstverkäuferin im Handelshof. Wir haben uns einfach mal 'ne tolle Woche gemacht."

Sie warf ihren Pferdeschwanz schwungvoll zur Seite.

„Und Ihr Verlobter?"

„Och, der Willy, der steht auf so was nicht, Disco und so. Der hätte am liebsten, dass ich immer daheim hocke."

Sie warf einen Blick in Lottes Zeitung.

„Carl Gustav soll auch sehr häuslich sein."

„Ist das Ihr Bekannter mit dem geblümten Hemd?", fragte Lotte.

Yvonne lachte:

„Neiiiin, das ist der Mann von der Silvia – der schwedische König. Der Freund von der Kerstin, der heißt Eddi. Aber der ist auch so."

Yvonne pustete ein paar goldgelbe Locken nach oben, die sich ihr in die Stirn kringelten, und wickelte routiniert und flink Lottes dünne Haare auf die Wickler.

Die Siemensdirektorenwitwe blickte süffisant herüber.

„Versuchen Sie es doch einmal mit Birkenwasser, liebe Frau Askoleit. Meine Schwägerin hat auch so wenig Haare wie Sie. Bei ihr hat es geholfen."

Lotte war wütend, dass ihr keine schlagfertige Antwort einfiel, und froh, als sie sich endlich unter der summenden Trockenhaube verstecken konnte. Eine halbe Stunde lang starrte sie auf ein und dieselbe Seite ihrer Zeitung, bis sie gewahr wurde, dass es sich um eine vertrauensvolle Werbung von Frau zu Frau bei Blasenschwäche handelte. Sie schlug die Zeitschrift abrupt zu und war heilfroh, als ihr fertig frisierter Kopf endlich hinter einer dichten Spraywolke verschwand und sie schließlich aufstehen konnte.

Die Friseuse bestand darauf, dass Lotte nichts zahlen musste.

„Ich bin Ihnen und Ihrem Neffen doch so dankbar."

Die Siemensdirektorenwitwe reckte neugierig und fragend den Hals, Lotte warf ihr einen triumphierenden Blick zu und verließ, so aufrecht sie konnte, den Salon.

Ihre Euphorie war so groß, dass sie, in ihrem Appartement angekommen, sofort zum Telefonhörer griff.

Der Stationsfeldwebel erkannte Lotte an der Stimme, bevor diese noch ihren Namen ganz ausgesprochen hatte.

„Sie haben Glück, er steht neben mir."

Jürgen knurrte ein kaum verständliches „Kallfels" in den Hörer.

„Jürgen, ist das nicht e-i-j-nfach wunderbar?!"

„Tante Lotte, du."

Er knurrte wieder.

„Ich wüsste nicht, was heute wunderbar sein sollte."

„Na, dass es diesem jungen Mann, den du vorgestern gerettet hast, wieder so gut geht."

„Meinst du diesen Willy Keller, den Schwachkopf?"

Jürgen knallte irgendetwas auf seinen Schreibtisch.

„Der Idiot hat eine hypertensive Krise, dass es nur so rauscht, springt mir fast von der Schippe und geht am nächsten Tag einfach mir nichts, dir nichts nach Hause, als wäre nichts gewesen! Das musst du dir mal vorstellen! Und dieser Stationsarzt, dieser Volltrottel", Jürgen knallte wieder irgendetwas auf seinen Schreibtisch, „lässt ihn auch noch gehen, ohne mir Bescheid zu sagen!!!"

Jürgen schnaufte schwer.

„Der Bursche ist übergeschnappt, wenn du mich fragst! Sollte sich vielleicht mal überlegen, wieso er mit fünfundzwanzig Jahren einfach aus den Latschen kippt!"

Jürgen machte eine kurze Pause und fuhr dann mit dumpfer Stimme fort:

„Und für so etwas opfert unsereins seine Geburtstagsfeier, lässt seine Familie im Stich – und lässt seinen Karpfen stehen!"

Er schwieg eine Zeit lang und setzte dann mit einem Seufzer hinzu:

„Das Schlimmste daran ist – seine Befunde, die Notlaborwerte, die wir auf der Intensivstation gleich gemacht haben, und sein Röntgenbild von Sonntagnacht sind weg. Und mehr haben wir ja sowieso nicht von dem Herrn, nachdem er sich so schnell verabschiedet hat."
„Wie meinst du, weg?"
„Eben weg. Von meinem Schreibtisch. Der Stationsarzt, dieser Volltrottel, hat sie mir angeblich gestern auf den Schreibtisch gelegt, nachdem ich diesen Herrn Keller ja Sonntagabend hier persönlich abgeliefert habe. Und nun sind sie weg."
„Aber wie können sie denn weg sein?"
„Weiß ich nicht. Ich habe alles umgekrempelt. Eigentlich schließe ich mein Zimmer ab, wenn ich rausgehe. Aber auch nicht immer, bei dieser Hektik. Und dann haben wer weiß wie viele Leute Schlüssel zu diesem Zimmer."
„Mein Gott, Jürgen, bekommst du jetzt auch noch Ärger wegen dieses Herrn Keller?"
„Ich ärgere mich über mich selber", raunzte er ins Telefon.
„Die Laborwerte könnte ich mir aus dem Zentrallabor noch einmal durchgeben lassen. Die sind gespeichert ... Aber dass ich so blöde bin ..."
Lotte hielt hilflos den Hörer in der Hand.
„Das Schlimmste ist", Jürgens Stimme klang müde, „ich frage mich die ganze Zeit, warum ich am Sonntagabend nicht sofort erkannt habe, dass der Bursche keine Gräte verschluckt hat, sondern dass da etwas nicht stimmt ... Manchmal denke ich, mein Instinkt verlässt mich ..." Er schwieg.
Dann brüllte er los:
„Raus hier, verdammt noch mal! Ich telefoniere! Nein, nein, nein, ich habe den Ultraschall noch nicht gemacht!

Wann denn auch?! Das hier ist kein Wartezimmer! Ich komme gleich!"

„Jürgen", Lotte sprach mit sanfter Stimme, „Siegfried hat dir doch diese Aromalampe geschenkt, die dein Yin und dein Yang harmonisieren soll. Wenn du die mal anzünden würdest ...?"

Jürgen warf grußlos den Hörer auf die Gabel. Sie hatte ihm nicht einmal nachträglich zum Geburtstag gratulieren können.

Lotte starrte eine Zeit lang gedankenverloren auf das Telefon. Dann sah sie zum Fenster hinaus. Erst jetzt gewahrte sie, dass der Nebel sich gehoben hatte. Die Sonne hing wie eine schwere, glühende Glocke am Himmel. Unter einer Kuppel von honigfarbigem Licht tanzten Tausende von Eintagsfliegen in den Sonnenstrahlen, die Blätter der Birke funkelten in glitzerndem Gold, die Kastanien unten im Hof loderten in rostroten und purpurnen Farben, in der Ferne verloren sich die Kiefern in einem sanften, schlierigen Wasserblau. Auf der Brüstung von Lottes Balkon saß eine Wespe.

III

Es war das traurigste, schrecklichste Handballspiel, das diese Stadt je gesehen hatte. Und das in einer Stadt, die durch alle Höhen und Tiefen ihres Vereins doch immer handballverrückt geblieben war.

Fußball? Wer interessierte sich hier schon für Fußball? Das war etwas für die Vororte, für die Nürnberger und die Fürther und für die Sportschau am Samstagabend. Hier spielte man als Jugendlicher Handball, erst bei den Minis, dann Schüler B und A, Jugend B und A und landete irgendwann – wenn die Gelenke noch mitmachten – bei den Senioren. Wahrscheinlicher aber war, dass man sich bis dahin schon aufs Zuschauen und aufs fachmännische Kommentieren verlegt hatte.

Es war wohl nur all diesen begeisterten und kompromisslos kompetenten Zuschauern zu verdanken, dass sie den *„Erlanger Handballverein"* nach Jahren zwischen der Regional- und der Zweitliga endlich in die Erste Bundesliga hochgeklatscht, geschrien und getrommelt hatten. Nun war man endlich am Ziel!

Alles hatte so frohgestimmt begonnen. Vor dem ersten Spieltag in der Bundesliga hatte die Presse ausführlichst alle Mannschaftsmitglieder in bebilderten Porträts vorgestellt, inklusive der neuen „Handballwunderwaffe" aus der Ukraine. Der neue Trainer, den man in Großwallstadt eingekauft hatte, durfte seine Trainingsstrategien erläutern und Optimismus verbreiten. Die Stadt hatte in einem Nachtragshaushalt noch schnell aus dem leeren

Stadtsäckel ein paar Mark herausgeschüttelt, um die Halle mit den notwendigsten kosmetischen Korrekturen „bundesligatauglich" zu machen. Der Oberbürgermeister hatte sich in einer spontanen Aktion bereit erklärt, die Schirmherrschaft für das erste Heimspiel zu übernehmen, wobei keiner genau wusste, was er damit eigentlich meinte. Die Stadtratsopposition hatte wissen lassen, der Erlanger Handball sei immer ein besonderes sozialdemokratisches Anliegen gewesen und ihr Vorsitzender habe früher Jugend A bei der DJK gespielt.

Vor der Halle war an diesem lauen Samstagnachmittag kein Parkplatz mehr zu bekommen. Neben dem wohlvertrauten VW-Bus des Franken-Fernsehens parkten die überdimensionalen Übertragungswagen von drei bundesdeutschen Fernsehstationen. Rechts und links vom Eingang hatten zwei der neuen Hauptsponsoren ihre Stände aufgebaut. Der eine verkaufte Bier, der andere Pizza und Frühlingsrollen. Der dritte Sponsor, der das weitaus meiste Geld gegeben hatte, ein Sportartikelhersteller aus dem nahen Herzogenaurach, verteilte Schlüsselanhänger mit kleinen Handbällen an die Jugendlichen. Eine Dixieland-Band schmetterte den herbeiströmenden Fans die Ohren voll und der jugendliche Oberbürgermeister verteilte Luftballons mit der Aufschrift *„Erlangen – fit für die Zukunft"*.

An der Kartenkasse hatte sich eine lange Schlange gebildet. Aber die wenigen Stehplatz-Tickets, die noch in den Tagesverkauf gelangten, waren im Nu vergriffen. Auf den Zugängen hinauf zu den Tribünen herrschte dichtes Gedränge. Gruppen von Jugendlichen, die sich auf die Wangen die gelb-weißen Farben ihres *EHV* in breiten Strichen gemalt hatten, alberten und stolperten die Treppen hoch, Kinder mit den großen, gelb-weißen Schals des *Erlanger Handballvereins* drängelten sich an den

Erwachsenen vorbei, Studentinnen balancierten dazwischen ihr Glas Sekt, Männer mit Wildlederjacken und Freizeitjeans schoben und drängten auch ein bisschen mit und strebten ihren Stammplätzen zu, auf denen sie schon seit Jahren „ihren" *EHV* von der Regionalliga bis in die Erste Bundesliga mit fachmännischen Kommentaren gecoacht hatten und wo sie mit den Platznachbarn, die auch schon seit Jahren hier saßen, die heutige Mannschaftsaufstellung ventilierten.

Von den Wänden der Halle grüßten die Plakate der Sponsoren und forderten zum Sporttreiben, Biertrinken und „Schöner Essen" auf.

Aus den Lautsprechern dudelten in ohrenbetäubender Lautstärke uralte Ferienhits, die das Surfen und Sonnen an kalifornischen Küsten priesen und die herbeiströmenden Fans in eine fröhliche Masseneuphorie zu versetzen schienen.

Die eingefleischten jugendlichen Fans des *EHV*, die in der letzten Saison kein Auswärtsspiel ausgelassen hatten, um ihren Klub mit markerschütternden Trommelwirbeln und durchdringenden „*EHV* – go! – go! – go!"-Rufen voranzupeitschen, hatten schon auf der Tribünenmitte unter der Kabine des Hallensprechers Platz genommen und probten ein wenig ihre Trommelwirbel.

Die Kameraleute der drei großen Fernsehstationen brachten ihre Kameras endgültig in Stellung, rollten noch ein paar Meter Kabel unter den Füßen der Stehplatzzuschauer aus und wieselten mit Schweißperlen auf der Stirn, Kopfhörern über den Ohren und schweren Patronengürteln voller Batterien um die Hüften zwischen den Zuschauern umher.

Dann ertönte aus den Lautsprechern ein dröhnender Tusch – die Zuschauer auf den voll besetzten Rängen reckten die Hälse. Aber es ging noch nicht los. Der Hallensprecher wollte zunächst noch alle Gäste zum ersten Bundesligaspiel begrüßen – und besonders den Herrn Oberbürgermeister. Das Publikum klatschte wohlwollend, aber uninspiriert. Der jugendliche Oberbürgemeister, der selbstverständlich mit dem Rennrad gekommen war, sprang auf, drehte sich zum Publikum, riss die Linke zum Siegeszeichen hoch und strahlte ein dynamisches Lächeln ins Publikum. Die Zuschauer klatschten wieder gutmütig.

Der Vorsitzende der Rathaus-Opposition, der ein paar Plätze weiter saß, straffte schon die Schultern und begann auch schon sportlich-dynamisch-optimistisch zu lächeln, aber der Sprecher war mit der Begrüßung schon am Ende, Musik rauschte auf, der Oppositionsführer beschloss, sich beim Hallensprecher zu beschweren.

Inzwischen zogen die Cheer-Leader ein. Das war eine Neuerung zur Feier des Aufstiegs in die Erste Bundesliga. Die Mädchen der weiblichen Jugend A hatten einen „Einheizer" einstudiert. Ihre Handballerinnen-Beine flogen, die Röcke waren sehr kurz, die gelb-weißen, riesigen Glitzer-Tuffs in ihren Händen sausten von rechts nach links und von links nach rechts. Die Herren auf den Zuschauerbänken begrüßten diese Neuerung und fühlten sich sehr wohl an diesem Samstagnachmittag.

Dann kündigte die Stimme aus dem Lautsprecher die rot-schwarz gekleidete gegnerische Mannschaft an, die aus der berüchtigten „Hölle Nord" kam. Das Publikum klatschte freundlich, denn man rechnete es sich zur Ehre an, dass hier auch der Gegner einen fairen Empfang bekam.

Dann endlich zog die eigene Mannschaft ein. Der Sprecher musste nur den Vornamen sagen und das Publikum dröhnte wie ein Mann den zugehörigen Nachnamen in die Halle.

Und da war er, der neue Star:

„Viiiii-ctorrrrrrr!!!" (die Stadionstimme überschlug sich fast) ...

„Gurrrr-gow!!!", jubelte die Halle (eigentlich hieß die neue Geheimwaffe Kurkow, aber er selbst hatte sich schon an die fränkische Variante gewöhnt).

Die Handballgemeinde wusste inzwischen natürlich alles über ihn: dass er zweimeterzwei groß war, Linkshänder und der Star der ukrainischen Nationalmannschaft, dass er seit vier Monaten in Deutschland war, dass er Erlangen „gemütlich" fand (eines der ersten deutschen Wörter, die er gelernt hatte) und dass ihm die fränkischen Bratwürste mit Sauerkraut gut schmeckten. Nur was man denn nun für die ukrainische Wunderwaffe bezahlt hatte, das wusste man nicht. Jedenfalls hatten ihm die Sponsoren eine Wohnung und alles Nötige besorgt und nun musste er nur noch gut Handball spielen mit seiner gefürchteten Linken.

Langsam wurde das Publikum ungeduldig. Aber auch die Sponsoren wollten sich noch präsentieren. Der Herr aus Herzogenaurach trabte im dunklen Zweireiher in die Mitte des Spielfeldes und begrüßte jeden einzelnen Spieler übertrieben freundschaftlich. Die beiden anderen Sponsoren, der Chef einer Erlanger Privatbrauerei und der Inhaber der neuen *„Vitalis"*-Imbisskette, warfen ein gutes Dutzend der gelb-weißen Schirmmützen des *EHV* ins johlende Publikum. Und dann endlich pfiff einer der beiden schwarz gekleideten Schiedsrichter das Spiel an.

Zunächst war das nur ein vorsichtiges Sich-Abtasten. Der Ball ging hin und her, die Augen der Zuschauer wanderten mit.

Vorne in der zweiten Reihe saßen Otto, Jürgen und Max. Otto hatte einen gelb-weißen Schal um, was Margot nicht wissen durfte. Max machte sich zwar nicht viel aus Handball, aber einmal nur mit den Männern der Familie unterwegs zu sein, der Gedanke hatte ihm dann doch gefallen und Otto hatte über seine guten Beziehungen noch eine dritte Karte zu den beiden organisiert, die er schon hatte.

Da durchbrach ein rot-schwarzer Spieler aus dem Norden mit einer Bewegungsfinte die Erlanger Abwehrkette, gab zu einem an den Kreis vorstoßenden Mitspieler ab und der setzte mit einem seitlichen Fallwurf den Ball in die linke untere Ecke des Erlanger Tores. Nach ein paar Schrecksekunden hatte das Publikum sich rasch wieder gefangen. Nun ging es ja erst los! Der Fan-Block ließ die Trommeln wirbeln, die Erlanger gingen zum Gegenangriff über.

Eine Minute später stand es 1:1. Leider wurde daraus aber bald ein 3:1, dann ein 4:1, und in der zehnten Minute schon ein 6:1 für die Gegner aus der „Hölle Nord". Wo blieb die ukrainische Geheimwaffe? Das Publikum wurde nervös.

Da endlich! Langsam bekam die Mannschaft den gegnerischen Angriffswirbel in den Griff, holte zwei Tore auf. Aber dieser Schiedsrichter! Sah er denn nicht, was da los war?

„Stürmerfoul!!!", brüllten die Fans.

Otto riss es ebenfalls von seinem Sitz und er brüllte auch: „Stürmerfoul!"

Jürgen und Max sahen ihn verwundert an.

„Stürmerfoul!", dröhnte es von hinten. „Horch Schiedsrichda, host du dei Lizenz im Loddo gwonna?"

Doch da! Victor Kurkow hatte mitten aus einem gegnerischen Angriff den Ball herausgefischt, ging im Alleingang zum Gegenstoß über, spurtete in einem unglaublichen Tempo quer durch die Halle auf das gegnerische Tor zu, alle mit ihm zurücklaufenden Gegner weit hinter sich lassend, stieß sich mit beiden Beinen vor dem Wurfkreis vom Boden ab und donnerte, während seine ganzen breitschultrigen, muskulösen Zweimeterzwei noch weit über dem Hallenboden zu schweben schienen, den Ball mit einem unhaltbaren Sprungwurf ins Netz.

Das Publikum stand auf wie ein Mann, johlte und applaudierte dem neuen Star.

„Vigdor! Vigdor! Vigdor!"

Das schien ihn zu beflügeln. Abwehren, spurten, manndecken, dribbeln, blocken, angreifen – wieder ein Tor für die Mannschaft!

Langsam erkannten die Gegner aus dem Norden die Gefahr, die von diesem ukrainischen Riesen mit dem freundlichen Gesicht ausging, und nahmen ihn in Manndeckung. Immer wieder versuchte er sich frei zu laufen, aber er wurde mit dem ganzen Körper gedeckt, schnell einmal von hinten umklammert und heimlich gestoßen, geblockt und ausgetrickst.

Doch Victor mühte sich und rackerte, war doch wieder im Ballbesitz, wollte spurten, bekam einen gegnerischen Ellbogen ins Gesicht – und ging zu Boden. Der Schiedsrichter machte das Handzeichen für „time-out" zum Tisch der Spielleitung und winkte die Betreuer aufs Feld. Der Masseur brachte Eis, der Mannschaftsarzt trabte auch heran und kniete sich neben die ukrainische Wunderwaffe. Das Publikum verlangte lautstark nach einer Zweiminutenstrafe. Otto konnte sich gar nicht mehr beruhigen. Ein bitterböses Foul! Victor lag noch immer, seine Nase blutete. Dann langsam rappelte er sich hoch, dribbelte auf der Stelle, schüttelte den Kopf, als wolle er den Schmerz abschütteln, und gab ein Zeichen, dass er wieder okay sei. Das Publikum honorierte es mit Klatschen, Johlen und Trommeln.

Der Masseur packte seine Kühlbox zusammen, der Mannschaftsarzt richtete sich auch wieder auf, sah Jürgen in der zweiten Reihe, grüßte ihn mit einem kurzen Grinsen und kehrte zurück auf die Mannschaftsbank am Spielfeldrand.

„Orthopäde", Jürgen deutete aufs Spielfeld, „alter Studienkollege." Otto murmelte ein desinteressiertes „Mmmh" und konzentrierte sich auf den Wiederanpfiff.

Zwei Minuten hatte der Schiedsrichter nicht gegeben. Die Fans standen Kopf. Das war ja wohl unglaublich! Ein Foul! Ein bitterböses Foul!

„Horch, Schiedsrichda, ziech doch glei des roodschwazze Driggo ooo!"

Der Mann in Schwarz schien unbeeindruckt. Die Erlanger Mannschaft lag noch immer mit einem Tor zurück. Es war wie verhext. Nichts klappte, auch wenn die Erlanger um jeden Ball kämpften.

„Drugg, horch, ihr müsst mehr Drugg machn!", schrien die einen.

„Hobb, geht naus aus eurer Deggung!", schrien die anderen.

Wieder Ballbesitz, laufen, zuspielen – aber da war der Ball schon wieder weg und ein Rot-Schwarzer trabte mit dem Ball davon.

„Schridde!!! Siggst denn du des net, Schiedsrichda? Des wooorn Schridde!"

Otto schrie auch: „Schritte!"

Max stieß seinen Großvater mit fragendem Gesichtsausdruck an.

„Er darf nur drei Schritte machen, wenn er den Ball hat!", schrie Otto in dem Höllenlärm von Trommeln, Johlen und erbosten Zwischenrufen seinem Enkel zu. „Das waren mehr."

Jetzt schrie auch Max: „Schritte!"

Es nutzte nichts. Als der Halbzeitpfiff nach dreißig Minuten ertönte, lag die Erlanger Mannschaft noch immer mit einem Tor im Rückstand.

Man drängte in die Vorhalle.

Otto und Jürgen tranken ein Bier, Max bekam seine Cola, man diskutierte, entwarf Strategien für die zweite Halbzeit. Da näherte sich der *„Vitalis"*-Sponsor, kam mit weit ausgestreckten Armen auf Otto zu, packte Ottos Rechte und legte seine Linke, an der ein Siegelring blitzte, auf Ottos Schulter – ein Mann der großen Gesten.

„Otto, ich grüße dich. Dir geht's gut, ja?"

„Wenn deine Jungs ordentlich spielen würden, ging's mir noch besser. Seit wann bist du Sponsor, Karl-Heinz? Dein *Vitalis*-Laden scheint ja zu laufen!"

Karl-Heinz breitete die Arme aus, die goldgefasste Brille blitzte.

„Das Konzept muss stimmen, das Konzept, mein Lieber. Kleine Läden, Stehtische – aber alles vom Feinsten. Die Leute wollen's cool und clean. Sind doch alle auf dem Edelstahl-Trip. Tja, und dann jeden Tag in allen Filialen immer zwei verschiedene Menüs im Angebot, mehr nicht. Eins italienisch, eins asiatisch. Fränkisch ist out! Multikulti, mein Lieber. Die Leute kommen schließlich rum heutzutage. Dazu Espresso, Latte Macchiato, Sylter Mineralwasser und ein eiskalter Prosecco. Fertig! Klein, aber fein muss es sein. Zeig mir die Frau, die heute noch Zeit fürs Kochen hat! Sind doch alle auf dem Selbstverwirklichungstrip, die Damen! Also kommen sie zu mir, trinken ihren Prosecco, lassen das Essen für den Göttergatten und die Gören einschweißen, selber sind sie ja auf Diät, und ab nach Hause! So läuft das heute."

Er machte eine joviale Geste.

„Lade dich gerne zur Eröffnung meiner neunten Filiale nächste Woche ein, Alter."

Er zückte ein Büttenkärtchen.

Otto sah ihn mit einem kleinen, spöttischen Lächeln an:

„Klingt großartig. Habt ihr auch Erbswurstsuppe?"

„Haha", der andere lachte dröhnend. „Sehr gut, sehr gut. Wirklich lustig! Ihr entschuldigt mich." Er warf einen bedeutungsvollen Blick in die Runde: „Ich muss wieder zur Mannschaft. Bin eben ein alter Vereinsmeier. Ihr werdet sehen, das wird eine phantastische zweite Halbzeit. Diese Saison kommen wir mit dem *EHV* ganz groß raus!"

Er zwinkerte lustig mit einem Auge.

„Also, ich wünsch euch was!"

Er schaute noch einmal großartig in die Runde und rauschte davon.

Otto grinste:

„Schade, sie scheinen keine Erbswurstsuppe zu haben. Scheißladen."

Dann gingen sie in die Halle zurück.

Der Trainer aus Großwallstadt schien die Mannschaft auf Sieg eingeschworen zu haben. Das Zusammenspiel klappte reibungslos, der Erlanger Sturm drückte auf die Rot-Schwarzen aus der „Hölle Nord", die Halle schrie, klatschte und trommelte. Ein Pass zum Linksaußen, von da zum Abwehrspieler links innen, weiter nach innen rechts, blitzschneller Pass nach rechts außen, zurück nach innen links und Torwurf! Gehalten! Ein Stöhnen ging durch die Halle. So eine Chance! Also Ball wieder an die Gegner, ein Rot-Schwarzer durchbrach die Erlanger Abwehr, hielt aufs Tor zu.

„Schritte! Schritte!"

Es war Max, der da schrie.

Der Rot-Schwarze zuckte für den Bruchteil einer Sekunde irritiert und suchte mit den Augen nach dem Schreier. Ehe er es sich versehen hatte, war Victor neben ihm, schlug ihm den Ball aus der Hand und spurtete los – und der Ball war im Netz!

Das Publikum jubelte, schwenkte die gelb-weißen Schals. Endlich Gleichstand!

Nur Otto warf einen schrägen Blick auf seinen Enkel.

„Schön, mein Kleiner. Aber das waren wirklich keine Schritte."

Max grinste:

„Weiß ich doch, Opa. Aber es hat doch funktioniert, oder?"

Ottos Augen blitzten vor Vergnügen, er klopfte seinem Enkel auf die Schulter.

„Du bist ein erstaunlicher Junge. Ich sollte dich öfter mitnehmen."

Max grinste zurück.

Jetzt hatte der *EHV* Oberwasser.

Victor hatte schon wieder den Ball.

Ohrenbetäubendes Trommeln begleitete den nächsten Angriff. Da – ein Rot-Schwarzer, der Victor zu stoppen versuchte, ein Ellenbogen, der ihm ins Gesicht fuhr, Victor schien es nicht zu bemerken, noch fünf, vier, drei, zwei Schritte bis zur Torlinie, sein Körper stieg hoch, der Ball knallte ins Netz, der Torhüter warf sich in die falsche Ecke, stolperte gegen den Torpfosten, rappelte sich wieder hoch.

Und auch Victor schlägt mitten aus seinem federnden Sprung, mit dem er für Bruchteile von Sekunden alle Erdenhaftung verloren zu haben schien, mit einem dumpfen Knall wie Blei auf dem Boden auf und bleibt reglos liegen.

Auf einmal sind alle Geräusche fort, ein letzter Trommler verstummt entsetzt.

Der Betreuer mit der Kühlbox rennt herbei, so schnell er kann, der Mannschaftsarzt jagt hinterher.

Das Publikum scheint wie erstarrt.

Victor liegt bewegungslos, so wie er aus der Luft heruntergekracht ist, auf dem Bauch, die Arme seitlich verdreht.

Der Betreuer und der Mannschaftsarzt rollen den schweren Körper auf den Rücken, die Menschen sehen, dass etwas Blut aus Victors Mund sickert.

Der Mannschaftsarzt legt einen Finger an Victors Augenlid und hebt es hoch.

O Gott. Ein Blick zu Jürgen. Panik in den Augen. Hilfesuchen.

Jürgen springt auf, rennt übers Spielfeld vor das Tor, wo Victor liegt.

Der Puls?

Kein Puls mehr zu tasten.

Alle Handgriffe tausend Mal im Kopf.

Einer kniet und pumpt den Brustkorb rhythmisch mit aller Kraft auf und nieder. Fünfmal.

Der andere beugt sich zum Gesicht und atmet in den geöffneten Mund.

Fünfmal pumpen, einmal atmen.

Fünfmal pumpen, einmal atmen.

Immer weiter.

Schweißperlen auf dem Gesicht, weiterarbeiten.

Pumpen, atmen, pumpen, atmen.

Plötzlich eine Fernsehkamera neben dem Liegenden. Die Linse ins Gesicht.

Weiter pumpen, weiter atmen.

Noch eine Linse.

Lärm.

Der Hallensprecher.

Tumult im Hintergrund.

Weitermachen, weiter, das Herz muss wieder anspringen.

Weiter, weiter, pumpen, atmen.

Immer noch kein Puls.

Schweiß auf der Stirn. Ein Mikrofon vor dem Gesicht.

„Gehn Sie weg, Mann, Sie sehen doch, wie wir um ihn kämpfen!"

Weiter pumpen, weiter atmen.

Fünfmal, einmal, Fünfmal, einmal.

Er muss, er muss, weiter.

Kein Atem. Kein Puls.

Kalte Haut.

Die Augen starr und weit geöffnet.

Die Stimme des Hallensprechers:

„Bitte verlassen Sie die Halle, das Spiel ist abgebrochen."

Weiter atmen, weiter pumpen.

Es muss einen Sinn haben.

Sirenen kommen, endlich.

Weiße Gestalten stürmen herein.

EKG auf die Brust.

Wir wissen es alle: Es ist zu spät, zu spät.

Null-Linie.

Das weiße Gesicht von Victor, nasse, klebrige Haare, die Augäpfel gelb.

Fernsehkameras auf das fahle Gesicht und auf die Erschöpfung der beiden Helfenden. Es hat keinen Sinn. Er ist tot.

Die Stimme aus dem Hintergrund:

„Bitte verlassen Sie die Halle. Es hat einen schrecklichen Unfall gegeben. Mehr können wir Ihnen im Moment auch nicht sagen. Haben Sie Verständnis."

Es gibt nichts mehr zu tun.

Jemand deckt ein Tuch über den Liegenden. Victors

freundliches, starres Gesicht ist zugedeckt, aber die Beine sind zu lang, die Arme sind zu lang.

„Ich will nach Hause, nach Hause", denkt Jürgen.

IV

Lottes Herz klopfte. Durch die Milchglasscheibe neben der Eingangstüre sah sie ihn schon stehen.

Sie steckte den Schlüssel in das Schloss der Haustüre und lauschte noch einen Moment.

Sie hörte ihn knurren.

Dann drehte sie mit einem Seufzer den Schlüssel im Schloss herum. Da schoss er schon heraus, dieser widerwärtige Dackel, kläffte wie ein Irrsinniger und sprang an ihren Beinen hoch. Sie fuchtelte mit ihrem Stock, um ihn auf Abstand zu halten, packte ihren schweren Einkaufsbeutel aus Nylon und drängte sich an ihm vorbei ins Haus. Das elende Vieh umkreiste sie mit wütendem Gebell. Jutta behauptete immer, das arme Tier habe Angst vor Lottes Stock. Lächerlich! Er war einfach ein ekelhafter, unerzogener Köter! Aber diesmal hatte sie sich gewappnet.

Noch in Hut und Mantel hastete sie in die Küche, den bellenden Dackel immer auf den Fersen. Sie wühlte in ihrem Nylonbeutel, förderte die Tüte mit den Einkäufen aus der Metzgerei zu Tage, fischte ein Paar Wiener Würstchen heraus und hielt sie vor dem Dackel in die Luft. Das Bellen verstummte, um dann in ein steinerweichendes Gewinsel überzugehen. Sie brach das Paar Würstchen mit der Hand in ein paar kleinere Stücke und warf die in den Fressnapf, der in der Ecke stand. Der Dackel machte sich schmatzend darüber her.

Endlich war Ruhe.

Lotte sah sich in der Küche um. Auf dem kleinen Esstisch in der Ecke stand noch Juttas Frühstücksgeschirr, daneben lagen ein Zettel und mehrere unordentlich gefaltete Zeitungen.

Lotte warf noch einen Blick auf den Würstchen fressenden Dackel, brachte Hut und Mantel in die Diele, setzte sich auf Juttas Platz am Küchentisch und las den Zettel, der neben ihrer halb leeren Kaffeetasse lag:

„Liebe Tante Lotte!
Tausend Dank, dass du dich um die Zwillinge kümmerst. Hatte leider keine Zeit mehr zum Aufräumen. Die Kinder kommen um 13 Uhr aus der Schule. Jürgen kommt auch irgendwann und packt seine Sachen für die Vortragsreise nach Ulm.
Bis bald!

Jutta"

Lotte schob das Geschirr beiseite und griff nach der Erlanger Tageszeitung, die neben dem Frühstücksteller lag. Die Überschrift sprang sofort ins Auge.

Tod auf dem Spielfeld
Ukrainischer Starspieler stirbt vor den Augen der Erlanger Handballfans

Es sollte ein Freudentag werden, der erste Spieltag des EHV in der höchsten bundesdeutschen Handballliga. Mehr als tausend Fans saßen auf den Tribünen, als in der 36. Minute das Unfassbare geschah. Der vielfache ukrainische Nationalspieler und neue Star des EHV, Victor Kurkow (28), war gerade dabei, seine neue Erlanger Mannschaft mit einem furiosen Alleingang in Führung zu bringen, als er kurz vor der Torlinie zusammenbrach. Der sofort herbeigeeilte Mannschaftsarzt und ein zufällig anwesender Internist aus der Uni-

versitätsklinik konnten ihn trotz sofort eingeleiteter Wiederbelebungsversuche nicht retten.

Kurkow war zu Ende der ersten Halbzeit nach einer harten gegnerischen Attacke kurz zu Boden gegangen, hatte dann aber weitergespielt. Auch in der Halbzeitpause, so der Trainer, hatte er über keinerlei Beschwerden geklagt.

Kurkow, der Junggeselle war, ist erst vor wenigen Wochen aus der Ukraine nach Erlangen übergesiedelt, um für den EHV als Spielmacher in der Ersten Liga zu fungieren.

Unklar ist zur Stunde noch die Todesursache, da das Ergebnis der Obduktion noch nicht vorliegt.

Nach seinem Tod spielten sich in der Spielerkabine dramatische Szenen ab. Der Mannschaftstrainer erklärte, man sei zutiefst erschüttert und stehe vor einem Rätsel. Man habe sich aber dennoch entschlossen, zum nächsten Spiel programmgemäß wieder anzutreten. Dann will die Mannschaft mit Trauerflor auflaufen und eine Schweigeminute für Kurkow einlegen. „Das Leben muss weitergehen", so der Trainer.

Der plötzliche Tod Kurkows nährt Spekulationen über die Ursachen seines unerwarteten Endes. In den letzten Jahren hat es immer wieder überraschende Todesfälle unter Spitzensportlern gegeben. So brach im Oktober 1998 der Eishockeyspieler Stéphane Morin während eines Spiels in der Oberhausener Arena mit akutem Herzversagen zusammen. Im gleichen Jahr starb der Fußballspieler Axel Jüptner von Zeiss Jena nach einem Herzanfall.

Nicht zuletzt die US-Weltrekordlerin Florence Griffith-Joyner, die mit ihren glamourösen Auftritten immer wieder für Aufsehen gesorgt hatte, erlag im September 1998 mit nur 38 Jahren völlig unerwartet einem Schlaganfall, angeblich verursacht durch eine Hirnanomalie. Die Weltrekordlerin soll über Jahre mit Wachstumshormonen und Anabolika behandelt worden sein.

Auch im Falle Kurkows bleiben Fragen offen: Litt er an ei-

ner unerkannten, akuten Herzmuskelentzündung? Hatte er einen angeborenen Herzfehler, den keiner erkannt hat? Oder war er gedopt? Alle drei Möglichkeiten könnten den unvorhergesehenen Tod des Handballstars erklären.

Mit dem Ergebnis der Obduktion Kurkows, die im Rechtsmedizinischen Institut der hiesigen Universität vorgenommen wird, ist noch in dieser Woche zu rechnen.

Der Zeitungsartikel zeigte ein Bild Victors, wie er in der ersten Halbzeit gerade einem rot-schwarzen Gegner den Ball abjagte.

Lotte griff nach der anderen Zeitung, einem Massenblatt mit dicken Lettern, das ebenfalls auf dem Frühstückstisch lag.

Die Überschrift auf der ersten Seite sprang ihr in dicken Balken in die Augen:

Todes-Spiel in Erlangen – Mediziner versagen!

"Machen Sie, dass Sie hier wegkommen!" – das war der einzige Kommentar des Herzspezialisten, der am vergangenen Samstag erfolglos versuchte, den russischen Handballer Kurkow wieder zu beleben. Der junge Starspieler war aus heiterem Himmel auf dem Spielfeld zusammengebrochen. Obwohl zwei Ärzte anwesend waren, gelang es ihnen nicht, den jungen Mann zu retten.

Lotte erkannte mit Entsetzen auf dem Bild, das den Artikel illustrierte, ihren Neffen Jürgen. Er hielt abwehrend eine Hand in die Richtung des Kameraobjektivs. Im Hintergrund sah man Victor mit halb geöffneten, starren Augen auf dem Boden liegen.

Lottes Herz schlug bis zum Hals. Sie las weiter.

Zu diesen unglaublichen Vorgängen berichtet uns ein an-

wesender Fan, Rudi B. aus F. (42 Jahre, Kraftfahrer): „Ich hatte gleich das Gefühl, dass mit dem Russen etwas nicht stimmte. Als er dann zusammenbrach, merkte man, dass die Ärzte total überfordert waren."

Da stellt sich natürlich die Frage: Wie gut sind unsere Halbgötter in Weiß für derartige Vorfälle gerüstet?

Oder aber war der plötzliche Tod Kurkows gar nicht zu verhindern? Steckt dahinter die russische Drogen- und Rauschgiftmafia, die nun auch die deutsche Handballszene verseucht? Wer ist schuld am Tod von Victor Kurkow?

Lotte ließ die Zeitung sinken, denn das Telefon klingelte. Sie hastete in den Flur.

„Einen wunderschönen Vormittag, hier Tina Herzsprung von der TV-Redaktion *Exklusiv-Explosiv*. Ich hätte gerne Ihren Mann gesprochen."

„Ich nehme an, Sie meinen Herrn Dr. Kallfels. Der Herr Oberarzt ist nicht im Haus."

Lottes Stimme war kühl und hoheitsvoll.

„Es geht um diesen Handballskandal."

„Ich glaube, Sie sind falsch verbunden. Auf Wiederhören."

Lotte legte den Hörer auf. Das war ja unglaublich. Das Telefon schrillte schon wieder.

„Bin ich da richtig bei Kallfels? Es geht um diesen toten Ukrainer. Wir hätten gerne für das Mittagsmagazin auf *Radio 96.4* ein kurzes Statement vom Doc. Er war doch dabei, am Samstag, als es passiert ist. Woran ist dieser Victor Wieheißternochmal denn nun gestorben? Die Sache stinkt doch!"

„Junger Mann, ich weiß nicht, was Sie meinen. Guten Tag."

Lotte sah, wie ihre Linke zitterte. Keine Hand würde sie mehr an dieses Telefon legen. Sie ging zurück in die

Küche, schloss die Tür, um das Klingeln nicht mehr zu hören, und begann mit den Vorbereitungen für das Mittagessen.

Sie war nie eine gute Köchin gewesen. Seit sie im Stift lebte, war sie diesen Verpflichtungen zum Glück auch enthoben. Sieben Jahre waren das nun schon. Und seit vier Jahren war Karl tot und sie war alleine. Aber Jutta zuliebe musste sie heute wohl oder übel kochen.

Ihr Repertoire war nie sehr groß gewesen: Rindsrouladen, Königsberger Klopse, paniertes Kotelett, Pichelsteiner Eintopf. Das Übliche eben. Sie hatte lange überlegt, was sie heute kochen sollte. Irgendetwas, was sich schön langsam vorbereiten ließ und wo nichts schief gehen konnte. Fleisch für Max und irgendetwas, was die vegetarische Lisbeth essen würde. Königsberger Klopse mochte hier keiner. Das wusste sie vom letzten Mal. So hatte sie sich schließlich für gebratene Fleischküchle mit Salzkartoffeln entschieden und für Lisbeth eine Dose mit Leipziger Allerlei dazu besorgt. Das musste ja wohl zu schaffen sein.

Sie war gerade dabei, aus dem Hackfleischteig kleine Bällchen zu formen und sie ins zischende Fett der Pfanne zu legen, da hörte sie hinter sich den Dackel. Er knurrte schon wieder. Lotte griff schnell in die Metzgertüte und holte ein zweites Paar Wiener Würstchen heraus, zerkleinerte sie und warf sie in seinen Fressnapf.

Jetzt war wieder Ruhe.

Die Fleischküchle waren auf einer Seite schon schön braun. Lotte drehte sie um und begann Kartoffeln zu schälen. Sie hing ihren Gedanken nach. Armer Jürgen. In was für eine Geschichte war er da hineingeraten! *„Mediziner versagen"* und dann dieses Bild! Sie warf die geschälten Kartoffeln in einen Topf.

Dann hörte sie hinter sich wieder den Dackel. Er hatte die Ohren nach hinten gelegt, den Schwanz zwischen die Beine geklemmt und jaulte zwei-, dreimal ganz jämmerlich. Dann erbrach er die vier Wiener Würstchen auf den Küchenfußboden. Lotte war starr vor Schreck.

Wo gab es hier einen Eimer und einen Putzlappen? O Gott, wie sah das Tier denn aus?

Der Dackel jaulte ganz leise, schleppte sich mit eingeknickten Hinterläufen zu seinem Körbchen in die Ecke, krabbelte hinein und ließ sich mit einem Plumps auf die Seite fallen. Da lag er mit geschlossenen Augen und atmete schwer.

Lotte stand mit ihrem Kochlöffel daneben und wusste sich nicht zu helfen. O Gott, und was roch denn da so? Das waren die Fleischküchle. Sie waren schwarz verbrannt.

Als die Zwillinge um kurz nach ein Uhr klingelten, war Lotte völlig aufgelöst. Mal rannte sie zu dem Körbchen, wo der schwer atmende Dackel lag, mal rannte sie zum Herd, wo die Kartoffeln überkochten. An die Dose mit Mischgemüse hatte sie gar nicht mehr gedacht, und über dem Abkratzen der verbrannten Fleischküchle hatte sie auch vergessen, noch eine Soße zu machen.

Hinter Max und Lisbeth tauchte eine dritte Gestalt in der Tür auf, offenbar ein Junge. Seine Haare standen in tausend filzigen Zöpfen vom Kopf ab. Er trottete wort- und grußlos hinter den beiden Zwillingen her in die Küche und ließ sich auf einen Stuhl am Ecktisch fallen.

Lotte sah die drei fragend an.

„Das ist der Tristan. Der isst heute mit", verkündete Lisbeth schließlich beiläufig.

Max schaute böse.

„Hy", murmelte Tristan.

„Tristan? Was für ein schöner Name", meinte Lotte

und starrte auf die wie Sprungfedern abstehenden Haare von Tristan.

„Mein Vater ist Musiklehrer. Sorry, ich kann nichts dafür ... Wagner ... Sie wissen schon."

Er zuckte die Achseln.

„Ja, Wagner ... Tristan und Isolde ... Der Liebestod."

Lotte stand träumerisch, die Bratpfanne mit den Fleischküchle in der Hand:

„Oh sink hernieder, Nacht der Liebe." Sie schwieg ... „Das ist schön."

Lisbeths Kreischen riss sie aus der Verzückung.

„Was ist denn mit dem Dackel los?"

„Ich habe keine Ahnung", log Lotte.

Dann aßen sie. Es gab trockene Salzkartoffeln ohne Soße und Fleischküchle, die ein bisschen rauchig schmeckten. Das heißt, Lisbeth aß nichts. Sie kauerte neben dem Körbchen des Dackels. Max und Tristan dagegen schien es zu schmecken. Sie belauerten sich regelrecht, damit auch ja keiner mehr bekam. Das letzte Fleischküchle konnte Max sich sichern. Er warf Tristan einen triumphierenden Blick zu, schlang es hinunter und verließ grußlos die Küche. Lotte sah im Gehen auf dem Rücken seines T-Shirts die Aufschrift *„Same shit – different day"*.

Lisbeth hatte mittlerweile aufgehört, den schnaufenden Dackel zu streicheln, und sich neben Tristan gesetzt. Sie begann damit, nun Tristan in seinen verfilzten Haaren zu kraulen. Lotte stand schnell auf und fing an, das Geschirr abzuräumen.

Sie war gerade fertig, als sie hörte, wie jemand die Haustüre aufschloss. Es war Jürgen. Er warf einen Blick in die Küche, rief: „Ich hole nur meine Sachen! Ich muss wieder weg, habe einen Vortrag in Ulm", und wollte schon die Treppe hinauf in sein Arbeitszimmer hasten.

„Papa!"

Lisbeths Stimme klang flehentlich.

„Komm doch wenigstens mal her! Dem Dackel geht's schlecht."

Jürgen kam in die Küche und ließ sich auf einen Stuhl fallen. Er hatte tiefe Ringe unter den Augen. Von Tristan nahm er keinerlei Notiz.

„Bloß das nicht. Nicht schon wieder ein Notfall", er wehrte mit der Hand ab und warf einen Blick auf den Hund.

„Der kommt schon durch. Und wenn nicht ..."

Er zuckte mit den Achseln.

„Papa!!!"

Lisbeth schluchzte auf, sprang von ihrem Stuhl, zog Tristan am Arm hinter sich her und knallte die Küchentür mit aller Wucht hinter sich zu.

Jürgen seufzte.

„Kann ich dir etwas zu essen machen, Lieber? Ein paar Rühreier? Die Jungs haben alle Fleischküchle ..."

Jürgen wehrte mit einer müden Bewegung ab.

„Lass nur, ich habe keinen Hunger ..."

Er starrte auf die Zeitungen, die immer noch auf dem Tisch lagen:

„Todesspiel in Erlangen – Mediziner versagen!"

„Ich wusste, dass er keine Chance hatte, wie er so dalag. Aber etwas bleibt immer hängen, nicht wahr?"

„Ja", erwiderte Lotte. *„Aliquid semper haeret."*

„Heute früh war schon die Polizei bei mir auf der Station, um mich als Zeugen zu befragen. Schließlich ist die Todesursache noch ungeklärt. Warum musste ich nur zu diesem verfluchten Handballspiel gehen?"

Lotte streichelte begütigend seinen Arm.

„Weiß man inzwischen denn, woran er gestorben ist? Die Zeitung schreibt ..."

Jürgen machte eine wegwerfende Handbewegung. Er knöpfte sein Sakko auf, das über dem Bauch spannte, und langte in die Innentasche seiner Jacke.

„Vor einer knappen Stunde ist die Obduktion abgeschlossen worden. Der Kollege hat mir gerade im Gehen noch den Befund hereingereicht. Ich hatte noch keine Zeit, ihn zu lesen."

Er riss einen braunen DIN-A5-Umschlag auf, überflog den Bericht und nickte dabei immer wieder mit dem Kopf.

„Das habe ich mir gedacht. Das habe ich mir gedacht. Mit achtundzwanzig stirbst du nicht einfach so."

Er schwieg und murmelte schließlich:

„Da hätten wir lange reanimieren können."

Lotte sah ihn fragend an.

„Hier steht, dieser Kurkow hatte ein völlig vorgealtertes arterielles System. Arteriosklerose. Alles voll mit Kalkplaques, die Herzkranzgefäße verkalkt, dazu die linke Herzkammer stark erweitert. Es passt alles zusammen. Der Kollege schreibt, es war ein Sekundentod durch eine akute Koronarthrombose mit der Folge eines massiven Hinterwandinfarktes."

Dann wiederholte er noch einmal:

„Da hätten wir lange reanimieren können."

Er machte eine müde Bewegung mit der Hand und starrte dann wieder auf das Bild in der Zeitung, das ihn mit dem toten Victor zeigte.

„Er war vollgepumpt mit Anabolika und Amphetaminen. Diese Laborwerte sind verheerend."

Er ließ den Befund auf den Tisch fallen und setzte langsam hinzu:

„Ein Wahnsinniger ... und ausgerechnet ich bin dabei, wenn es ihn erwischt ..."

„Was hat er denn genommen?"

Jürgens Stimme klang matt:

„Einen Mix aus Aufputschmitteln und einem Mittel zum Muskelaufbau. Vermutlich das gute alte Nandrolon. Das hat schon in der DDR gute Dienste getan. Vielleicht auch etwas Ähnliches. Jedenfalls ein anaboles Steroid, sagt der Kollege. Das baut Muskelmasse auf, macht aber auch Arteriosklerose und fördert damit die Gefahr von Schlaganfällen und Herzinfarkten, schädigt die Leber, verursacht Akne und so weiter. Macht übrigens auf die Dauer auch impotent."

Lotte räusperte sich verlegen.

„Und warum wird so ein Teufelszeug dann verkauft?"

„Verkauft?"

Jürgen lachte spöttisch auf.

„Das bekommst du in keiner Apotheke. Das ist ein riesiger Schwarzmarkt. Da wird viel Geld damit verdient. Eine gigantische Schweinerei ist das. Keine Ahnung, wo dieser Victor den Dreck her hatte."

Die Türe wurde aufgerissen. Lisbeth stürmte herein, Tristan im Schlepptau.

„Also Papa, wenn du jetzt nicht sofort den Dackel untersuchst ..."

Jürgen stand seufzend auf, strich seiner Tochter gedankenverloren über den Kopf, warf einen kurzen Seitenblick auf den schwer atmenden Dackel, verweilte einen Moment verwundert mit den Augen auf der Haarpracht von Tristan und murmelte dann geistesabwesend, während er schon halb zur Küchentüre hinaus war:

„Er wird sich mal wieder überfressen haben. Aber von mir aus gib ihm ein Aspirin, wenn du eines findest in diesem Haus. Das schadet nie. Ich muss jetzt nach Ulm."

Da warf Lisbeth sich mit einem Aufschluchzen in Tristans schmächtige Arme, heulte hemmungslos an seiner Schulter und stieß unter Tränen hervor:

„Du hast wenigstens nur einen Musiklehrer als Vater. Meiner ist Arzt. Das ist viel schlimmer ..."

V

Lotte zögerte einen Moment, strich noch einmal über ihren braunen Kostümrock, fasste ihren Stock fester und ging dann so aufrecht wie möglich auf die weit geöffnete Türe des kleinen Saales zu.

Schon von weitem sah sie Margot, die mit entschlossener Gebärde zwei reifere Damen beim Einschenken von Sektgläsern dirigierte. Ja, hier war sie in ihrem Element!

Lotte blieb einen Moment in der Türe stehen und ließ ihre Augen über die kleinen Grüppchen der Anwesenden wandern.

Da war er.

Er unterhielt sich gut gelaunt und mit der jovialen Geste, die sie so gut kannte, mit zwei Damen mittleren Alters, die ihm ihre Gesichter zugewandt hatten. Jetzt sah er sie auch. Er machte noch eine kleine Bemerkung und eine winzige Verbeugung zu seinen beiden Gesprächspartnerinnen und kam mit schnellem Schritt auf sie zu.

Lotte sah, wie er im Näherkommen die Arme ausbreitete. Sie lächelte. Sie spürte seine freundschaftliche Umarmung und den kleinen Kuss auf ihrer Wange, sie roch sein Rasierwasser, sah von ganz nahe die tausend kleinen Fältchen um seine Augen und ihr Herz klopfte.

„Lieb, dass du dir die Mühe gemacht hast, Lotte. Sie ist schrecklich in Aufregung, ob genug Leute kommen."

„Es ist mir e-i-j-ne Freude, Otto. Ich mag Dichterlesungen."

Lotte musste sich räuspern.

Otto hatte sie gestern Morgen angerufen, als sie gerade auf dem Weg zur Fußpflege war. Margot sei doch Vorsitzende von diesem neuen Hausfrauenklub. Und Margot meinte, die Damen verstünden sich beileibe nicht nur als Köchinnen. Man habe durchaus ein gewisses Niveau und einen öffentlichen Anspruch: Computerkurse für jedermann (Frauen natürlich besonders willkommen), Diavorträge und eben diese Dichterlesung. Ein sehr begabter junger Mann, sagte Margot, der eben auf der Frankfurter Buchmesse sein erstes Lyrikbändchen präsentiert habe. Und noch dazu ein Sohn der Stadt. Und so viele Dichter habe man ja schließlich nicht in der Stadt, meinte Margot. Nur eben ob das Erlanger Publikum so das rechte Interesse an junger fränkischer Lyrik habe, da mache sich Margot Sorgen, zumal morgen Abend doch unglücklicherweise dieses Fußballspiel sei. Sie habe einen Raum angemietet in dem Vereinshaus direkt neben dem Freibad in Alterlangen. Leider nicht besonders günstig gelegen, aber sehr preiswert.

Und nun sei Otto beauftragt, wenigstens die ganze Familie zusammenzutrommeln. Jutta sei schon wieder auf einem Kurs, aber Jürgen habe versprochen zu kommen und Siegfried natürlich auch. Und ob vielleicht auch Lotte kommen könne? Es sei ja mehr ihm zuliebe, oder vielmehr wegen Margot.

Pro forma hatte sie einen Moment gezögert, als müsse sie erst noch ihren Terminkalender zu Rate ziehen. Aber um ehrlich zu sein, wenn Otto sie gebeten hätte, wäre sie ohne Zögern auch auf die Jahreshauptversammlung des Taubenzüchtervereins oder die Osterprämierung für fränkische Zuchtkarnickel gegangen.

Der Raum war nur schwach gefüllt. Eine Dame kam auf Lotte und Otto zu und bot auf einem Tablett Häppchen an, die mit verschiedenen Cremes bestrichen waren. Das eine sei eine Thunfisch-Majoran-Creme, das andere Avocado-Dill und schließlich eine Eier-Kapern-Creme mit Crème fraîche, die sie den Herrschaften besonders empfehlen könne. Die Häppchen seien alle von den Damen des Klubs persönlich zubereitet worden und die Rezepte für die Cremes lägen für Interessierte gleich vorne neben den Lyrikbändchen, die der Autor nach der Lesung zum Verkauf anbiete.

Lotte nahm ein Eier-Kapern-Häppchen und sah Margot im apricotfarbenen Kostüm auf sich zu rauschen. Man küsste sich auf die Wange und Margot war schon wieder weg, um ihre Damen mit Häppchen und Gläsern zu dirigieren und Ankommende zu begrüßen. Man stand in kleinen Grüppchen, probierte der Reihe nach die Häppchen durch und plauderte in gedämpftem Ton. Der Einzige, der schon saß, war Siegfried. Er hatte sich in den langen leeren Stuhlketten in der dritten Reihe niedergelassen, die Aktenmappe neben sich niedergelegt und korrigierte in einem Schülerheft.

Vorne, am Fenster, lehnte ein junger Mann und starrte in den schwarzen Novembernieselregen hinaus. Er trug eine schwarze Hornbrille, ein schwarzes Poloshirt, ein schwarzes Jackett darüber und eine schwarze Hose und sah irgendwie traurig aus.

„Ich persönlich bin ja kein so großer Freund von moderner Lyrik." Otto kam gerade mit zwei gut gefüllten Gläsern Sekt zurück und reichte eines Lotte. Sie mochte es nicht ablehnen und nippte an dem Glas. Der Sekt schmeckte süßlich und ein bisschen zu warm.

„Für mein einfaches Gemüt tun es auch der Trientiner Bergsteigerchor und notfalls die Wildecker Herzbuben."

Er grinste, stieß mit Lotte an und summte:

"Herzilein, du musst nicht traurig sein."
"Aber damit darf ich Margot nicht kommen."
Er seufzte gespielt.
"Sie ist immer darum bemüht, aus mir doch noch einen halbwegs kultivierten Menschen zu machen."
Er nahm einen Schluck und fügte bedauernd hinzu:
"Schade, ich hätte heute Abend auch gerne das Fußballspiel gesehen."
Doch dann hellte sich sein Blick wieder auf:
"Da kommt er ja, mein Jüngster."
Lotte drehte sich um und sah Jürgen in der Türe stehen. Margot war schon bei ihm, eine Dame mit dem Häppchen-Tablett im Schlepptau. Jürgen hatte das erste Häppchen schon heruntergeschluckt, bis er bei Otto und Lotte war. Er sah müde aus. Er war direkt aus der Klinik hergekommen.
"Und, wie geht es dir?"
Lotte und Otto hatten fast wie aus einem Munde gefragt.
Jürgen griff automatisch nach rechts zu dem Tablett, denn die freundliche Dame war ihm mit ihren Häppchen gefolgt. Er schob eines der Thunfisch-Majoran-Schnittchen in den Mund, schluckte es hinunter und langte nach dem nächsten.
"Beschissen. Dieses Wetter macht die Leute krank. Das ist jedes Jahr das Gleiche. Kriegen wie auf Kommando alle die große Herbst-Depression, Angina Pectoris, Asthma ..."
Er machte eine resignierende Bewegung und angelte sich noch ein Häppchen.
"Und dann habe ich immer noch die saudumme Doping-Geschichte mit diesem Ukrainer am Hals. Die Polizei will einen ausführlichen Bericht von mir, nachdem ich als Augenzeuge und medizinischer Erstversorger dabei

war. Ist mir ganz schön an die Nieren gegangen, diese Geschichte und der Zeitungsbericht mit sooo einer großen Überschrift: *Mediziner versagen*. Und dazu mein Bild."

Er schnaufte und griff nach einem Eier-Kapern-Schnittchen.

„Dieser Ukrainer war verrückt, sich so vollzupumpen. Das konnte nicht gut gehen. Trotzdem fühlt man sich schuldig, dass man nichts tun konnte ..."

Er schwieg, bis Otto ihm auf die Schulter klopfte:

„Nun mal Kopf hoch, Junge, du hast dir wirklich nichts vorzuwerfen. Du hast weiß Gott alles versucht, das habe ich gesehen. Hat die Polizei denn schon Ermittlungsergebnisse?"

Jürgen zuckte die Achseln.

„Sonderlich weit sind sie nicht gekommen. Ich kenne ja den Kommissar gut. Alter Schulfreund von mir. Sie haben als Erstes die Wohnung auf den Kopf gestellt."

Jürgen winkte die Dame mit den Häppchen noch einmal herbei.

„Das war aber nicht sehr erfolgreich. Ein paar Päckchen Nandrolon wurden sichergestellt. Mehr nicht. Dann hat die Polizei den neuen Fitnessclub in Buckenhof auseinander genommen, wo er seit kurzem neben seiner Handballspielerei gejobbt hat. *Well-fit* heißt der Laden."

„Klingt wie eine Diätmargarine", witzelte Otto.

„Konnte dieser Victor Kurkow denn genug Deutsch, um dort zu arbeiten?", wollte Lotte wissen.

Jürgen zuckte die Achseln:

„Offenbar hat es genügt, um die Leute an den Geräten einzuweisen. Jedenfalls hat die Polizei sich wohl erhofft, in diesem Studio auf irgendeine Spur zu stoßen, weil ja bekannt ist, dass in manchen Sportstudios unter der Hand kräftig mit Dopingmitteln gehandelt wird. Aber alles ohne Erfolg."

Die Dame mit den Häppchen näherte sich wieder und Jürgen bediente sich noch einmal ausgiebig.

„Letztendlich", sagte er kauend, „kann er sich das Zeug überall besorgt haben und keiner wird je erfahren, wo. – Sagt mal, wann geht das hier denn los und wie lange dauert es? Ich weiß nicht, ob ich bis zum Ende bleiben kann."

„Hast du schon wieder Rufdienst, du Armer?"

Lotte legte die Hand auf den Arm ihres Neffen.

„Äh, nicht direkt. Wie soll ich sagen ..."

Da trat Margot vorne ans Mikrofon und bat darum, nunmehr Platz zu nehmen. Jürgen nahm im Vorbeigehen noch schnell ein Schnittchen, dann gingen sie zu dritt zu der leeren Stuhlreihe, in der Siegfried saß und noch immer korrigierte.

Man begrüßte sich, Siegfried räumte seine Hefte weg, Lotte nahm zwischen Otto und Jürgen Platz.

Die drei Herren der Familie Kallfels waren die einzigen Männer im Saal außer dem jungen Mann in Schwarz und einem älteren Herrn, den Margot in ein Gespräch verwickelt hatte.

Etwa fünfundzwanzig Damen verteilten sich in den leeren Stuhlreihen. Der junge Mann in Schwarz setzte sich in die erste Reihe.

Margot dirigierte ihren Gesprächspartner auf den Platz daneben. Schließlich handelte es sich um den einzigen Prominenten, der sich zu der Lesung eingefunden hatte – immerhin ein Stadtratsmitglied und zugleich Kulturbeauftragter einer der beiden großen Volksparteien.

Margot begrüßte alle Anwesenden, wünschte eine anregende Lesung und gab das Wort dann an den Volksvertreter. Der überbrachte die herzlichen Grüße des

Stadtrates und seiner großen Volkspartei, betonte seine große Freude, dass gerade ein Sohn der Stadt sich in seinem *„schmalen, aber gewichtigen ersten Lyrikbändchen"* (so stand es auf dem Klappentext) fränkischen Themen widme, und bedauerte dann in lebhaften Worten, dass er selbst der Lesung nicht beiwohnen könne, da ihn ein dringender Termin daran hindere, was er angesichts der unzweifelhaften Qualität der zu erwartenden Lesung wie gesagt zutiefst bedaure.

Der Kulturvertreter war gerade dabei, das Rednerpult zu verlassen, da ging die Türe noch einmal auf und ein Vertreter der örtlichen Presse mit Umhängetasche und Fotoapparat trat ein. Der Vertreter der großen Volkspartei warf einen nervösen Blick auf die Uhr, winkte dann den Fotografen und den jungen Mann in Schwarz zu sich, ließ sich eines der schmalen Lyrikbändchen reichen, hielt mit einer Hand das Bändchen hoch, drückte mit der anderen Hand die Rechte des jungen Mannes in Schwarz und lächelte dazu gewinnend in die Kamera. Der Pressevertreter schoss zwei, drei Bilder, das Blitzlicht gleißte, der Volksvertreter ließ die Hand des jungen Mannes in Schwarz wieder sinken, knipste sein Lächeln aus, wies zum Publikum hin mit einer bedauernden Geste auf die Uhr, grüßte noch kurz zu Margot und strebte dann mit zügigem Schritt dem Ausgang zu. Wenn er sich beeilte, würde er noch rechtzeitig zum Anpfiff des Fußballspieles zu Hause sein ...

Jetzt trat der junge Mann in Schwarz ans Mikrofon. Er ließ einen traurigen Blick über die Anwesenden gleiten und sprach dann von den lebensweltlichen Beschädigungen des Einzelnen gerade in der Provinz, von der inzestuösen Homogenität fränkischen Denkens, die das Individuelle zernichte von Anfang an, und vom Determinismus, in dem sich ein junger Dichter in einer Stadt wie Erlangen gefangen sehe.

Lotte beobachtete, wie Margot in der ersten Reihe nervös auf ihrem Stuhl hin und her zu rutschen begann und wie Otto neben ihr aus einem Rezeptblatt für die Eier-Kapern-Häppchen ein Schiffchen faltete. Als er Lottes Blick sah, ließ er es in seiner Jackentasche verschwinden.

Er fühle sich, fuhr der junge Dichter inzwischen fort, von der Intensität seiner intellektuellen Arbeit in einen tiefen Gegensatz zur hier herrschenden gesellschaftlichen Normalität gezwungen und werfe allen ein leidenschaftliches *Dennoch!* entgegen.

Dann las er das erste Gedicht vor. Es hieß *„Mälzerei"* und begann mit den Worten:

*„Das Stigma der Gerste
Schweigt hopfenverbrämt.
Schaum steigt in den Kosmos
des fränkischen Krugs,
bräunlich und wolkenumschäumt.
Dumpf nicken Föhren
in den Kessel herab ..."*

Lotte warf einen Blick auf Otto, der neben ihr saß. Sie sah, wie sein Kinn langsam nach unten sank und die Augen zuklappten. Vorsichtig wanderte ihre Linke hinüber zu seinem Jackettärmel. Sie zupfte mehrmals zaghaft daran. Sein Kopf fuhr hoch, er sah sie mit einem überraschten Blick an, schüttelte sich ein wenig, versuchte seinen Blick auf den Dichter zu heften und war nach zwei Minuten schon wieder eingeschlafen.

Lotte saß wie auf Kohlen. Er würde doch nicht zu schnarchen anfangen? Sein Kopf kippte immer weiter nach vorne. Sie versuchte ihn sanft nochmals am Ärmel zu ziehen und zu wecken, aber er knurrte nur ganz leise und ließ sich nicht mehr stören.

Selbst mit dem besten Willen konnte sie sich so nicht auf die Worte des Dichters konzentrieren. Wenn Otto nun doch schnarchen würde? Sie sah sich vorsichtig um, ob jemand sein Schlafen bemerkt hatte. Überall traf sie auf verhangene Blicke.

Der Dichter trug inzwischen ein langes, kompliziertes Gedicht mit dem Titel *„Fränkischer Ikarus"* vor.

Jürgen, der auf der anderen Seite neben Lotte saß, rutschte nervös und schnaufend auf seinem Platz hin und her. Der Einzige, der aufmerksam zuhörte, war Siegfried. Er fühlte eine tiefe Verbindung zur deutschen Literatur (wenn es nicht gerade Brecht war – zu viele Leistungskurse in Deutsch vermutlich). Schon sein eigener Name war ihm Verpflichtung. Siegfried! Das Nibelungenlied! Legendär war an seiner Schule die grimmige Szene, wenn Oberstudienrat Siegfried Kallfels jeweils in seinen neunten Klassen den heimtückischen Meucheltod des Helden Siegfried durch Hagen von Tronje deklamierte und nachstellte:

„Der edle Recke rasend auf vom Brunnen sprang
Vom Schulterblatt ihm ragte die Ger-Stange lang."

Siegfried krümmte sich dann mit schmerzverzerrtem Gesicht vor seinen Schülern und deutete auf eine Stelle zwischen seinen Schultern.

„Ob er wund zum Tode, schlug er doch stark und wild."

Hier gestikulierte Siegfried vor seinen pubertierenden Schülern mit einem imaginären Schwert.

„Erblichen war die Farbe, er konnte nicht mehr stehn
Seines Leibes Stärke musste ganz zergehn."

An dieser Stelle sank Siegfried regelmäßig vor seinen Schülern auf dem Pult zusammen, während die Schülerinnen in hämisches Glucksen ausbrachen.

Voll Trauer musste Siegfried an dieser Stelle jedes Schuljahr aufs Neue feststellen, welch geringen Stellenwert die deutsche Literatur in den Herzen seiner Schüler einnahm.

Inzwischen ging die Dichterlesung weiter. Der junge Mann in Schwarz war gerade zu einem Gedicht mit dem Titel *„Ontologie des Karpfens"* übergegangen, als Jürgens Handy klingelte. Es war Lisbeth. Sie wisperte ins Telefon:

„Papa, ich sollte dich doch anrufen, wenn du bis neun Uhr noch nicht zu Hause bist. Die zweite Halbzeit fängt bald an. Es steht 1:0."

Jürgen straffte sich.

„Gut, wenn es so dringend ist. Herzrhythmusstörungen sagen Sie? Hmhm. Ich komme sofort."

Er schaltete sein Handy aus, flüsterte ein halblautes „Ich bin untröstlich. Ein Notfall" in die Runde, nickte Lotte und dem schlafenden Otto zu und strebte Richtung Ausgang.

„Mein Gott, er arbeitet wirklich zu viel", dachte Lotte.

Die Lesung schleppte sich weiter dahin, während draußen der Novemberregen gegen die Fenster klatschte. Endlich war der junge Mann in Schwarz bei seinem letzten Gedicht angekommen.

Es endete mit den Worten:

„O Kindheit der Weiden im Zifferblatt –
o schwärzliches Holz dieses Nachmittags –
der Herbst wird versenkt!
Die gelbliche Rebe
schwankt bleich vor Onanie.
Astern ringen nach
Blut und Beschneidung.
Tanatos nistet
in meinem Ohr."

Das mit der Onanie und der Beschneidung hatten die anwesenden Damen nicht ganz verstanden. Sie klatschten daher erst zögernd, dann aber doch wohlwollend. Vom Klatschen wurde Otto mit einem Ruck wach. Einen Moment schien er verdutzt, dann begann er auch zu klatschen.

Margot erhob sich, um dem jungen Dichter zu danken und um anzuregen, ob nicht noch Fragen aus dem Publikum da seien, wenn man schon einmal einen Dichter sozusagen vis-à-vis habe.

Siegfried meldete sich. Er stand auf und sagte, im Moment sehe er sich noch zu keiner Frage in der Lage, da er noch ganz unter dem Eindruck der Lesung stehe. Er wolle daher nur seinen Dank für diese bewegende Stunde ausdrücken und anfragen, ob der Dichter denn auch zum Signieren seines erstaunlichen Werkes bereit sei. Der Dichter in Schwarz nickte eifrig.

Dann meldete sich noch eine Dame. Sie erklärte, sie habe eine Frage, die allerdings nicht ganz zum Thema gehöre. Margot warf ihr von vorne dennoch einen ermunternden Blick zu, der Dichter nahm die schwarze Brille ab und legte eine Hand ans Kinn, um sich besser zu konzentrieren.

Es gehe um die Häppchen, sagte die Dame. Die mit

den Eiern und den Kapern. Wie lange man denn die Eier kochen lassen müsse und ob man die Kapern (auf die ihr Gatte nämlich allergisch sei) auch durch Gürkchen ersetzen könne?

Daraufhin beschloss Margot, die Fragerunde zu beenden. Sie dankte dem Dichter für die eindrucksvolle Lesung aus seinem *schmalen, aber gewichtigen ersten Lyrikbändchen* (so stand es ja im Klappentext) und wünschte einen angenehmen Nachhauseweg. Man stand auf, Siegfried strebte nach vorne, um ein Gedichtbändchen zu erstehen und vom Dichter signieren zu lassen. Einige Damen nahmen die Rezepte für die Eier-Kapern- (oder wie gesagt auch Gurken-) Häppchen mit und machten sich auf den Heimweg.

Otto streckte sich ein wenig.

„Ich fand das letzte Gedicht insgesamt fast das beste, meinen Sie nicht, gnädige Frau?", raunte er der Dame mittleren Alters zu, die sich vor ihm von ihrem Stuhl erhoben hatte. Die Dame war entzückt und ganz seiner Meinung.

Lotte sah ihn schräg an:

„Wie willst du das beurteilen, du hast doch die ganze Zeit ..."

„Meine Liebe", grinste er Lotte zu, „wenn du eins in einer langen Ehe lernst, dann ist es, immer einen halbwegs passenden Kommentar abzugeben, ohne zuzuhören."

Inzwischen war Margot herangeeilt.

„Und, wie fandet ihr es? Wir Damen vom Vorstand wollen noch mit unserem Dichter essen gehen. Kommst du mit, Otto?"

„Meine Liebe", er hauchte ihr einen Kuss auf die gerötete Wange, „ich würde sehr gerne, aber ich habe eben Lotte versprochen, sie bei diesem scheußlichen Wetter mit dem Wagen nach Hause zu bringen."

„Aber ..."

Lotte versuchte zu protestieren. Doch Margot hatte sich schon von ihrem Gatten mit einem flüchtigen Kuss verabschiedet und war mit klirrenden Armreifen und ganz in Apricot dabei, den Dichter und die Damen des Vorstandes für das gemeinsame Abendessen um sich zu versammeln.

„Das ist mir jetzt direkt peinlich, ich nehme mir ein Taxi. Du solltest wirklich jetzt mit Margot und den anderen ..."

Otto unterbrach sie:

„Lotte, jetzt tu mir den Gefallen und lass uns gehen. Das ist für mich doch fast kein Umweg und so kann ich zu Hause wenigstens noch die Spielberichte nach dem Fußballspiel sehen. Ich habe genug Lyrik für heute. Also komm!"

Draußen waren die Straßen spiegelnd schwarz vom Regen. Sie eilten zu Ottos Wagen, der auf dem Parkplatz neben dem Freibad stand. Lotte ärgerte sich, dass sie so schwerfällig war beim Einsteigen. Otto startete den Wagen, legte den ersten Gang ein und grinste zu Lotte hinüber:

„Die Kapern-Häppchen waren fein / Die Margot wird zufrieden sein. Ich sollte auch ein Gedichtbändchen herausgeben."

Dann gab er lachend Gas.

Sie bogen aus dem Parkplatz langsam auf die schmale, leere Nebenstraße ein, die im Bogen auf den Zubringer zum großen Talübergang über die Regnitzwiesen führte. In diesem Moment raste von links aus einem dunklen Nebenweg ein gelbes Auto heran, blendete Lotte direkt in die Augen und schien unmittelbar auf sie zuzuschießen. Fast im selben Moment trat Otto schon mit aller Wucht auf die Bremse, Lotte stieß einen Schrei aus, wurde ein Stück nach vorne geworfen, der Sicherheitsgurt straffte sich, hielt sie, dann stand das Auto.

Der andere Wagen schleuderte mit quietschenden Reifen zentimeterknapp an ihrem linken vorderen Kotflügel vorbei von dem Nebenweg auf die Straße, der Fahrer schien auf der nassen Fahrbahn fast die Kontrolle über den Wagen zu verlieren, der nach rechts auszubrechen drohte, die Reifen schrammten am rechten Bordstein entlang, es war ein gelber Beetle, die Bremslichter leuchteten auf, der Wagen machte noch einen unkontrollierten Schlenker nach links, dann fing er sich, der Fahrer gab wieder Gas, brauste auf den Zubringer zur großen Brücke zu und war im Nu im Regen verschwunden.

Ottos Wagen stand schräg mitten auf der schmalen Nebenstraße. Otto schaltete die Zündung aus und atmete tief durch. Die beiden sahen sich an.

„Tut mir Leid Lotte, ich habe ihn absolut nicht kommen sehen. Ich kann dir nicht einmal sagen, wo er herkam. Ich verstehe das gar nicht."

Er drückte auf den automatischen Fensterheber, das Seitenfenster senkte sich, Regen tropfte herein, er sah suchend hinaus und deutete dann auf ein weißes Schild, das in Richtung auf die Flussauen deutete: *„Neumühle"*.

Er schüttelte den Kopf.

„Ist mir noch nie aufgefallen, dass hier ein Feldweg einmündet."

Entschuldigend setzte er hinzu:

„Ich konnte ihn wirklich nicht sehen, die Einmündung ist durch Büsche völlig verdeckt. Er hätte warten müssen."

„Sie", sagte Lotte.

Otto sah sie verständnislos an.

„Sie", wiederholte Lotte.

„Ich kenne das Auto. Diesen nachgebauten Käfer.

Gelb. Hast du das Abziehbild mit der roten Ente neben dem Nummernschild am Heck gesehen?"

Otto zuckte die Achseln.

„Das ist das Auto von Yvonne. Meiner Friseuse. Die hat so eins. Mit einer roten Ente hinten drauf."

Otto sah sie verständnislos an.

„Erinnerst du dich nicht an das Karpfenessen und den Notfall?"

„Ach, die hübsche Blonde mit dem kurzen Rock?"

Ottos Gesicht hellte sich auf, dann grinste er schon wieder:

„Der Otto auf die Bremse tritt / sonst nimmt er die Friseuse mit", witzelte er, ließ das Fenster hochsurren, drehte den Zündschlüssel und gab langsam wieder Gas.

Lotte war in Gedanken und schwieg eine ganze Zeit. Dann murmelte sie nachdenklich:

„Ich verstehe es nicht, was macht sie nachts hier?"

Sie sah zu Otto hinüber. Über sein Gesicht, das sie von der Seite sah, glitt in Abständen das Licht der Straßenlaternen und beleuchtete sein Profil. Dann warfen die Regentropfen auf der Scheibe kleine Schatten auf sein Gesicht. Ja, sie mochte ihn sehr.

„Ich habe keine Ahnung, Lotte."

Er fuhr bedächtig und konzentriert. Vielleicht saß ihm doch der Schreck noch in den Gliedern.

„Die Neumühle, wo ist das genau?"

Otto zuckte gleichgültig die Schultern:

„Das ist eine kleine Insel in der Regnitz. Ich war schon seit Jahren nicht mehr da."

„Weißt du, ob dort Leute wohnen?", beharrte Lotte.

Ottos Gesicht wurde wieder von einer Lampe beleuchtet, er sah kurz zu Lotte hinüber und lächelte ein wenig ironisch:

„Lotte, warum interessiert dich das so, was deine Friseuse nächtens treibt? Ich wusste gar nicht, dass du so neugierig bist. Aber du kannst ihr einen schönen Gruß von mir ausrichten: An den eckigen roten Schildern, wo ein *Stop* draufsteht, sollte man nicht unbedingt Vollgas geben."

Sie fuhren schweigend, der Regen hatte aufgehört, die dunkel glänzenden Straßen waren übersät mit großen gelben Blättern. Lotte wäre gerne noch lange so gefahren.

Dann bog Otto in die Einfahrt des Stifts ein und hielt an. Er stieg aus, kam um den Wagen, öffnete ihr die Beifahrertüre und half ihr beim Aussteigen. Er grinste:

„Die Dichterlesung war ein Graus / Drum fahr ich Lotte schnell nach Haus."

Sie spürte sein kratziges Kinn auf ihrer Wange und sah seine Augen.

„Danke fürs Nachhausebringen", murmelte sie und fasste ihren Stock fester.

Sie war schon ein paar Schritte auf das Haus zugegangen, da hörte sie ihn nochmal rufen:

„Lotte?!"

Er kam ihr nachgelaufen.

„Ich habe noch ein kleines Souvenir für dich als Erinnerung an den heutigen Abend. Falls du mal Kapern-Häppchen machen möchtest."

Er hielt ihr das kleine Schiffchen entgegen, das er vorhin aus dem Rezeptblatt gefaltet hatte.

„Schlaf gut!"

Lotte nahm das Schiffchen, lächelte und ging.

VI

„Sie sind exakt dreiundzwanzig Minuten zu spät, Frau Askoleit!"

Lotte hörte die pädagogisch geschulte Stimme von Frau Dr. Grabert, kaum dass sie den Frisiersalon betreten hatte. Im Spiegel am linken Waschbecken des Salons sah sie den vorwurfsvollen Blick von Frau Dr. Grabert, die mit tadelnder Stimme wie mit einer säumigen Schülerin sprach.

Lotte warf einen entschuldigenden Blick auf die Friseuse, die gerade eine Haarsträhne von Frau Dr. Grabert zwischen Zeigefinger und Mittelfinger geklemmt hatte, um die Spitzen abzuschneiden.

„Ja, ich weiß, ich hätte um sechzehn Uhr einen Termin gehabt. Ich habe mich beim Einkaufen mit der Zeit vertan. Und dann ist mir noch der Bus davongefahren. Es tut mir Leid, Fräulein Yvonne. Sie wissen ja, dass ich sonst immer pünktlich bin."

„Heute läuft nichts so, wie es sollte. Aber so schlimm ist das auch nicht, Frau Askoleit. Ich habe Frau Dr. Grabert eingeschoben. Sie müssen sich eben noch ein paar Minuten gedulden."

Die Friseuse fuhr in Frau Dr. Graberts Haare und teilte mit dem Kamm die nächste Strähne ab. Frau Dr. Graberts fuchsrot leuchtende Haare bekamen wie immer einen strengen Fassonschnitt.

Lotte ließ sich mit einem Aufseufzen auf den mittleren Frisierstuhl fallen und stellte ihre große Plastiktüte neben den Fußrollen ihres Stuhles ab. Sie war beim Einkaufen gewesen. Ein neues Kostüm. Recht teuer war es gewesen. Pflaumenblau mit weißen Paspeln. „Die neue Modefarbe des Herbstes", hatte die Verkäuferin gesagt. So etwas hatte Lotte schon seit Jahren nicht mehr gemacht. Schließlich waren ihre anderen Kostüme von guter Qualität, zeitlosem Schnitt und eigentlich unbegrenzt tragbar. Aber ihr war eben danach gewesen.

Sie sah nach rechts. Unter der summenden Trockenhaube erkannte sie das Gesicht der Siemensdirektorenwitwe. Sie hatte die Augen geschlossen und schien in dem warmen Luftstrom eingenickt zu sein.

Links von ihr zündete Frau Dr. Grabert gerade die zweite Zigarette an. Frau Dr. Grabert war die einzige Kundin, die im Frisiersalon des Stifts ungeniert rauchte.

Lotte sah, wie Yvonne beim Haareschneiden die Schultern hochzog und schluckte. Sie hatte einen brombeerfarbenen Pulli mit Fellbesatz an und sah im fahlen Neonlicht dieses späten Novembernachmittags müde aus.

Eine Schwade des Zigarettenrauches zog zu Lotte herüber, aber sie wagte es nicht, ihn mit der Hand wegzuwedeln, um sich nicht wieder einen Tadel einzuhandeln. Frau Dr. Grabert, die früher an einem hiesigen Gymnasium Französisch unterrichtet hatte, rauchte auch während des Französischkurses, den sie seit Jahren im Stift abhielt und der in Lotte seit den Anfängen eine der treuesten Schülerinnen hatte.

Frau Dr. Grabert vertrat die Ansicht, rauchen fördere nachweislich das Denkvermögen, sie selbst rauche seit neunundfünfzig Jahren und dieser ganze Gesundheitsquatsch sei dummes Zeug. Ihr schmecke es und basta.

Doch heute wurde es Yvonne, deren Kopf vom Rauch aus der filterlosen Zigarette umnebelt war, offenbar zu viel.

„Macht es Ihnen etwas aus, Frau Doktor, wenn Sie ausnahmsweise die Zigarette ... Ich habe den ganzen Tag schon Kopfschmerzen ..."

Frau Dr. Graberts tiefrot geschminkte Lippen mit den unzähligen Knitterfalten darin verzogen sich zu einem Lächeln, das immer ein bisschen spöttisch wirkte.

„Na, dann sagen Sie's doch einfach, Mädel."

Sie drückte ihre Zigarette aus, wandte sich zu Lotte und sah sie durchdringend an:

„Ich habe Sie gestern bei unserem jährlichen Bœuf-Bourgignon-Abend vermisst, Frau Askoleit."

Dieser Abend hatte eine jahrelange Tradition. Er fand immer im Spätherbst statt. Frau Dr. Grabert hatte nämlich aus ihrer Studienzeit kurz nach dem Krieg in Paris von einer „ihr gut bekannten Französin" (von der man munkelte, Frau Dr. Grabert habe damals in Paris ein Jahr lang mit ihr nicht nur Wohnung und Herd geteilt) ein „formidables" Rezept für Bœuf Bourgignon mitgebracht. Dies Rezept verlangte, dass das rohe Fleisch mindestens zwei Tage in eineinhalb Flaschen feinstem französischem Cognac eingelegt wurde. Frau Dr. Grabert unternahm jedes Jahr mit ihrem unendlich alten Karmann Ghia mit Schiebedach im Spätherbst eine Fahrt ins Elsass. Dort kaufte sie am letzten Tag ihres einwöchigen Urlaubes (mit wem sie den verbrachte, wusste man nicht) bei einem Metzger ihres Vertrauens mehrere Kilo Rindfleisch für das Bœuf Bourgignon sowie den Cognac, brauste mit ihrem alten Karmann ohne Zwischenstopp nach Hause, um das Fleisch zu marinieren, und zwei Tage später fand das traditionelle Bœuf-Bourgignon-Essen statt.

Frau Dr. Grabert hatte hierfür bei der Stiftsleitung mit größtem Nachdruck durchgesetzt, das ihre Französisch-Gruppe einmal im Jahr entgegen den sonstigen

Gepflogenheiten die Stiftsküche benutzen durfte, um dort gemeinsam dieses unvergleichliche Gericht zuzubereiten und anschließend zu verzehren. Dazu verteilte sie an die Teilnehmer ihres Kurses präzise Listen mit Arbeitsschritten und Zeitvorgaben, über deren Einhaltung sie mit Strenge wachte, denn sie schätzte Disziplin. Den schweren Rotwein zum Essen, der Lotte alljährlich schon in kleinsten Mengen Kopfschmerzen verursachte, den spendierte Frau Dr. Grabert jedes Jahr selbst. Er stammte von einem „formidablen" Weingut, deren Besitzerin Frau Dr. Grabert auch gut kannte.

In der Tat, diesen Abend hatte Lotte verpasst.

„Es tut mir wirklich Le-i-j-d, Frau Dr. Grabert. Sie wissen, wie sehr ich dieses wundervolle Abendessen und den schönen Rotwein schätze. Es ist immer ein Höhepunkt im Jahr. Aber ich konnte nicht."

Frau Dr. Grabert sah sie scharf an:

„Frau Askoleit", ihr Ton hatte etwas Inquisitorisches, „ich habe Sie gestern Abend mit einem Papierschiffchen zum Eingang hereinkommen sehen. Sie waren doch nicht etwa bei der Konkurrenz, bei diesem grässlichen herbstlichen Seniorenbasteln der Altenhilfe?"

„Aber ich bitte Sie, Frau Dr. Grabert, das würde ich nie tun. Ich liebe Ihr Bœuf Bourgignon und diesen köstlichen Rotwein. Aber es ging nicht. Ich war mit einem Bekannten unterwegs."

Frau Dr. Grabert sah Lotte mit einem Adlerblick an.

„Und der hat Ihnen dieses", sie machte eine Pause, „Papierschiffchen geschenkt?"

Bisher hatte ihr Frau Askoleit nicht den Eindruck gemacht, als würde sie sich mit Debilen umgeben.

Lotte schwieg irritiert und überlegte, wie sie ihrer Französischlehrerin die Sache erklären sollte. Inzwischen hatte Yvonne die kurz geschnittenen Haare von

Frau Dr. Grabert mit einem fuchsroten Schaum eingestrichen und ging hinüber zur Siemensdirektorenwitwe, um deren Trockenhaube abzustellen.

Die Siemensdirektorenwitwe tauchte mit roten Ohren und verschlafenem Blick unter der Haube auf. Sie erkannte Lotte neben sich und warf ihr einen säuerlichen Blick zu.

Die Friseuse begann damit, die Wickler aus dem vollen grauen Haar herauszudrehen. Lotte sah genüsslich zu. Sie fand, die Siemensdirektorenwitwe wirkte mit all den haarfestigersteifen, fest abstehenden Lockenkringeln auf dem Kopf wie ein starrsinniger alter Schafsbock. Die Siemensdirektorenwitwe schien Lottes Gedanken zu ahnen und warf ihr einen weiteren bösen Blick zu. Dann säuselte sie:

„Sie wurden gestern Abend gesehen, als ein Herr Sie mit dem Wagen nach Hause gebracht hat, Frau Askoleit. Sie wissen ja, hier im Stift bleibt nichts verborgen."

Sie stieß ein glockenhelles, künstliches Lachen aus.

„Ich nehme doch an, das war Ihr Neffe, der Herr Oberarzt" (sie betonte das „Oberarzt" in einem gedehnten Tonfall).

„Nein, meine Liebe", versetzte Lotte zuckersüß. „Da sind Sie schlecht informiert. Ich war mit einem Bekannten unterwegs. Bei einer Dichterlesung. Man hat ja schließlich noch geistige Interessen."

„Und dort haben Sie die Papierschiffchen gebastelt?", trompetete von links Frau Dr. Grabert. „Komische Veranstaltung."

Die Siemensdirektorenwitwe war verwirrt. Wieso Papierschiffchen? Welche Papierschiffchen? Hatte sie jetzt irgendeinen Witz nicht verstanden? Diese Grabert war doch ein unerträgliches Weib. Sie beschloss, den Rest der Frisierprozedur schweigend geschehen zu lassen, und versuchte Lottes Blicken im Spiegel so lange auszuweichen, bis ihre Haare endlich ausgekämmt, toupiert und zu einer stattlichen Frisur aufgebauscht waren. Dann stand sie majestätisch auf, schaute noch einmal in den Spiegel und sagte zu Yvonne:

„Sehr schön gemacht. Aber bei meinen Haaren ist das ja auch kein Problem."

Sie warf Lotte einen herausfordernden Blick zu, gab Yvonne ein, wie sie fand, fürstliches Trinkgeld und segelte aus dem Salon.

Frau Dr. Grabert, noch immer mit dem roten Schaum in den Haaren, griff geistesabwesend nach ihrer Zigarettenschachtel und meinte:

„Tja, der eine hat es auf dem Kopf, der andere hat es im Kopf, nicht wahr, Frau Askoleit?"

Sie lachte dröhnend.

Yvonne warf einen genervten Blick auf Frau Dr. Graberts Feuerzeug, das gerade wieder aufflammte, aber sie sagte nichts und wandte sich Lotte zu.

„Noch fünf Minuten Geduld, Frau Askoleit. Ich bin gleich bei Ihnen. Wir machen es ja wie immer, nicht wahr?"

Lotte nahm ihren ganzen Mut zusammen:

„Nein, ich möchte eigentlich einmal etwas anderes haben. Meine Nichte meint schon seit langem, ich solle mir die Haare kastanienbraun mit einem Stich Rot färben. Das würde mich um Jahre jünger machen."

Sie merkte, wie die Friseuse und Frau Dr. Grabert die Augen aufrissen und sie wie vom Donner gerührt anstarrten.

Lotte beeilte sich, hinzuzufügen:

„Das scheint mir in meinem Alter allerdings nicht mehr angebracht. Aber wie wäre es mit einem schönen Silberton?"

Sie drehte den Kopf und betrachtete missmutig ihre aschfahlen Haare im Spiegel.

„Frau Askoleit, ich finde das eine sehr gute Idee. Ich habe Ihnen so etwas ja schon vor Monaten vorgeschlagen. Aber da wollten Sie ja nicht."

Die Friseuse holte eine Musterpalette, auf der verschiedene graue Strähnen nebeneinander angeordnet waren, und hielt sie neben Lottes Gesicht.

„Die Dinge ändern sich eben", murmelte Lotte und sah ihrem eigenen Spiegelbild in die Augen.

Vom Nebensitz zog eine Rauchschwade herüber. Sie sah, wie Frau Dr. Grabert sie im Spiegel fixierte.

„Meine Liebe", Frau Dr. Grabert setzte wieder ihr spöttisches Lächeln auf, „wenn wir beide nicht schon so alt wären, würde ich vermuten, da steckt ein Mann dahinter."

Sie sah Lotte scharf an und fügte hinzu:

„Aber über dieses Alter sind wir ja zum Glück hinaus."

Sie inhalierte den Rauch ihrer Zigarette tief und sagte, während sie den Rauch durch Nase und Mund ausstieß:

„Im Übrigen, glauben Sie mir, sie sind es nicht wert, die Kerle."

Dann fiel ihr Blick auf Lottes Einkaufstüte, die neben ihrem Frisierstuhl lehnte.

„Haben Sie sich etwa auch noch ein neues Kleid gekauft?"

„Nein, nein, ich habe nur ein altes aus der Reinigung abgeholt."

Lotte spürte, wie die Röte ihr Gesicht überflutete. Sie machte sich in ihrem Sitz ganz klein und war heilfroh, dass Yvonne endlich anfing, aus Frau Dr. Graberts Haaren den fuchsroten Schaum herauszuspülen, und dass diese sie nicht mehr im Spiegel fixieren konnte.

Frau Dr. Grabert war keine Anhängerin langer Föhnprozeduren. Sie ließ sich ihre kurz geschnittenen Haare grundsätzlich nur mit dem Handtuch etwas abtrocknen und durchkämmen. Dann verließ sie prinzipiell mit nassen Haaren den Salon, um diese einfach an der Luft trocknen zu lassen, was im Stift immer wieder zu Spekulationen über die gesundheitlichen Gefahren solchen Handelns gerade in den Wintermonaten Anlass gab und für größte Verwunderung über den äußerst robusten Gesundheitszustand von Frau Dr. Grabert sorgte.

Bei aller Sympathie war Lotte heilfroh, dass Frau Dr. Grabert endlich ihre Zigaretten zusammengepackt hatte und gegangen war. Sie sah sich nach Yvonne um. Die lehnte mit dem Rücken an einem Verkaufsregal voll Shampoos neben ihrer Kasse, hatte die Augen geschlossen und den Kopf nach vorne fallen lassen. Lotte sah, wie ihre Schultern sich beim Atmen hoben und senkten.

„Fräulein Yvonne?!"

Sie schien nichts zu hören.

„Fräulein Yvonne?!"

Yvonne öffnete die Augen, straffte sich und kam auf Lotte zu.

„Frau Askoleit, ich bin schon wieder da. Tut mir Leid."

Jetzt stand sie neben Lotte und suchte auf der Ablage zwischen dem Föhn, den Scheren und den Handtuchstapeln nach der Palette mit den grauen Farbmustern, die sie Lotte vorher gezeigt hatte. Lotte legte ganz sanft die Hand auf Yvonnes Arm:

„Ist Ihnen nicht gut? Ich kann ein andermal wiederkommen."

Yvonne suchte mit fahrigen Bewegungen immer noch nach der Farbpalette.

„Nein, nein. Es ist schon gut, Frau Askoleit. Ich bin in Ordnung. Es ist nur ..."

Lotte sah, wie der jungen Frau die Tränen in die Augen stiegen.

„Ja?"

„Es ist nur ..."

Langsam rollte eine Träne aus ihrem inneren linken Augenwinkel über die braune Wange mit den fröhlichen Sommersprossen.

„Es ist nur ..."

Die Träne war fast am Mundwinkel angekommen, da plötzlich funkelten ihre feuchten Augen, zwei Grübchen bildeten sich auf ihren Wangen und Yvonne stieß, halb lachend, halb weinend, hervor:

„Ich bin schwanger!"

Sie sagte es so laut, dass Lotte zusammenzuckte.

„Ehrlich, Frau Askoleit", Yvonne wischte sich mit dem Pulliärmel über die Augen und wiederholte ungläubig, als müsse sie es sich selbst erst noch bestätigen:

„Ich bin schwanger, ich bin schwanger!"

Ihre Augen lachten, während die Tränen noch schimmerten. Sie drehte sich auf den Hacken ihrer Stiefel im Kreis, sah in den Spiegel auf ihre zarte Figur mit dem fellbesetzten Pulli und der Lackhose, legte eine Hand auf ihren flachen Bauch und ließ sich dann in den Frisierstuhl neben Lotte fallen.

„Ich kann es einfach nicht glauben. Es ist verrückt, aber ich bin schwanger!"

„Mein Gott, Kindchen, das ist ja ..." – was sagte man in so einem Fall? – „eine Überraschung."

Yvonne nickte heftig.

„Seit wann wissen Sie es denn?"

„Ich habe gestern einen Test gemacht. Ich war zwar schon seit zwei Wochen überfällig, aber ehrlich, Frau Askoleit, ich bin überhaupt nicht auf die Idee gekommen, weil ..."

Sie schwieg.

„Und was sagt Ihr ..." – wie sollte man das in so einem Fall formulieren? – „was sagt Ihr Mann dazu?"

„Mein Freund? Der Willy hat noch keine Ahnung. Ich wollte erst mal selber über alles nachdenken. Sie sind die Erste, der ich es erzähle."

„Die Erste? Mein Gott, gerade mir ..."

Yvonne legte ihre Hand auf Lottes Arm und rutschte mit ihrem Stuhl ein wenig näher heran.

„Ich mag Sie, Frau Askoleit, Sie sind anders als die anderen. Aber bitte erzählen Sie es noch keinem weiter. Das ist mir jetzt auch nur so herausgerutscht."

Lotte lächelte und nickte.

„Aber ich bitte Sie. Von mir erfährt keiner ein Sterbenswörtchen."

Sie machte eine Pause und fügte dann ganz sanft hinzu:

„Und was wird nun werden? Sie werden ja jetzt sicher heiraten. Was wird mit dem Salon und mit dem Baby?"

Yvonne senkte den Kopf mit den blonden Rauschgoldlocken und ihre Stimme klang wieder dumpf.

„Ich habe keine Ahnung. Ich weiß es noch nicht. Das ist alles so neu. Das war ja so nicht geplant. Ich meine, wir haben sowieso eine Wohnung bei Willys Eltern im Haus. Ich könnte sicher weiter arbeiten. Wir werden das schon schaffen, der Willy und ich."

Sie warf den Kopf in den Nacken und fügte dann fast trotzig hinzu:

„Jedenfalls will ich das Kind. Wir werden das schon schaffen, der Willy und ich."

Sie legte ihre Linke mit den vielen Ringen auf ihren Bauch und lächelte wieder.

„Irgendwie freu ich mich schon auf das Baby!"

„Das finde ich wunderbar, ganz wunderbar. Ein Kind zu bekommen muss etwas Wunderbares sein."

Lottes Stimme bebte ein wenig vor Rührung.

„Aber nun ruhen Sie sich mal aus, Kindchen. In Ihrem Zustand. Das mit meinen Haaren hat Zeit. Wir verschieben das. Morgen ist Martini. Da bin ich den ganzen Tag unterwegs. Ich könnte übermorgen vorbeikommen, wenn es Ihnen recht ist."

Lotte stand schwerfällig auf und Yvonne erhob sich ebenfalls.

„Wenn es Ihnen nichts ausmacht, Frau Askoleit. Sie sind wirklich furchtbar nett. Eben anders als die anderen."

In einer spontanen Aufwallung drückte Yvonne Lotte einen Kuss auf die Wange, um sie dann zur Türe des Salons zu geleiten.

„Nur eines müssen Sie mir versprechen, Kindchen."

Lotte wandte sich noch einmal zu Yvonne.

„Sie dürfen jetzt in Ihrem Zustand nicht mehr so schnell Auto fahren. Gestern Nacht bei der Neumühle wären wir fast zusammengestoßen, wissen Sie das?"

Die Grübchen waren aus Yvonnes Gesicht verschwunden.

„Bei der Neumühle, Frau Askoleit? Sie müssen sich irren. Ich war den ganzen Abend zu Hause. Das kann gar nicht sein."

„Aber ich bin mir sicher ..."

„Ausgeschlossen, Frau Askoleit. Das war sicher ein Irrtum. Heute sehen die Autos ja alle gleich aus. Einen schönen Abend und vielen Dank für Ihr Verständnis."

Yvonne streckte Lotte die Rechte entgegen, half ihr in den Mantel, reichte ihr Stock und Tüte und hielt Lotte die gläserne Ausgangstür des Salons auf.

Während die Türe langsam zufiel, drehte sich Lotte im Gehen noch einmal um. Da stand Yvonne, die Linke hatte sie wieder auf ihren Bauch gelegt, den Kopf hielt sie gesenkt, die blonden Haare rahmten ihr schmales Gesicht ein. Sie betrachtete sich im Spiegel. Dann drehte sie sich um und begann die Lichter in ihrem kleinen Frisiersalon zu löschen.

Lotte konnte nicht anders. Ihre Beine waren müde. Dennoch verließ sie noch einmal das Haus und ging zum Parkplatz. Da stand Yvonnes gelbes Auto. Hinten, neben dem Nummernschild, klebte eine kleine rote Ente. Die Kotflügel waren schlammverspritzt.

VII

Es war der Morgen des Martinstags. Nichts liebte das alte protestantische Erlangen so sehr wie diesen Tag!

Die Katholiken in der Stadt mochten ihrer Toten an Allerheiligen und an Allerseelen gedenken – die Alteingesessenen nahmen davon bestenfalls beiläufig Notiz, wenn sie an den großen Blumenständen vor den Toren des Zentralfriedhofes vorbeifuhren. Sie brachten diesen Bräuchen die selbe gleichgültig-verwunderte Toleranz entgegen, mit der sie an Fronleichnam das exotische Treiben eines weihwasserschwingenden katholischen Priesters unter einem goldenen Tragehimmel auf seinem Weg vom Lorlebergplatz zur Herz-Jesu-Kirche registrierten.

Erlangen – das „wahre Erlangen" – ehrte seine Toten am Martinstag. Und all die alternden Witwen der Stadt warfen sich diesem Todeskult mit geradezu wollüstiger Hingabe in die Arme.

Kein Monat bot so viel Gelegenheit zu protestantischer Selbstbezichtigung, öffentlich zelebrierter Trauer und lustvoller Sündenzerknirschung wie der November. Schließlich kamen da noch der Buß- und Bettag, der Volkstrauertag und der Totensonntag!

An Martini aber, auf dem Hügel der Martinskirche, kulminierte die kollektive Lust an der Todesnähe!

Die Tausende von Neubürgern der Stadt, die von Siemens und von der Universität hier für ein paar wenig aufregende Jahre an Land gespült wurden, ahnten nichts von diesen wohltuenden, generationenalten Trauerbräuchen. Lotte aber war nach den über fünfzig Jahren, die sie seit dem Kriegsende und der Flucht aus Ostpreußen in der Stadt verbracht hatte, eine selbstverständliche und überzeugte Teilnehmerin an dem alljährlichen Todesritual – besonders seit Karl gestorben war.

Sie war viel zu spät dran. Sie hastete ihren Weg von der Bushaltestelle am Martin-Luther-Platz den Berg hinunter Richtung Friedhof. Zeit, zu ihrem Blumenladen zu gehen, hatte sie nicht mehr. Also bog sie in die schmale Straße ein, die unter der Eisenbahnlinie zum Friedhofseingang führte. Auf dem Gehsteig vor dem kleinen schmiedeeisernen Tor hatten sich heute ein halbes Dutzend Blumenhändler so breit gemacht, dass kaum noch ein Durchkommen war: große Tonschalen, bepflanzt mit Erika und Silberblatt, praktische Gestecke aus bunt eingefärbten Disteln und silbrigen Tannenzweigen, die notfalls bis in den Februar hinein ansehnlich blieben, frische Grabgelege aus monströs großen, gelben Chrysanthemen.

Lotte kaufte ein halbkugeliges Gesteck aus weißen Nelken und Tannengrün und machte sich, so schnell sie konnte, auf den Weg zu Karls Grab. Der ansteigende Weg zwang sie, den Schritt zu verlangsamen, sie begann in Wintermantel und Wollhut zu schwitzen.

Vor Jahrtausenden hatten hier die aufeinander zufließenden Wasser der Regnitz und der Schwabach den Martinsbühl zu einem großen Sandhügel aufgeschwemmt. Seitdem ragte die kleine Anhöhe über die flachen Flusswiesen. Längst aber war sie von Westen und Osten von der Zivilisation in die Zange genommen worden: Auf der einen Seite rauschten die Lastwagen auf der vierspurigen Stadtautobahn vorbei, auf der anderen Seite die Züge von Nürnberg nach Bamberg. So war der Ort, wo schon zu Zeiten der Merowinger und

Karolinger die ersten zum Christentum bekehrten Franken beteten, wo Generationen von Wallfahrern dem wundertätigen Martin Geld, Wachs und Weihrauch darbrachten, zu einer bröckelnden, anachronistischen Insel der Frömmigkeit in der Großstadt geworden.

Gelbes Laub raschelte unter Lottes Füßen, die Bäume waren fast kahl. Zwischen den Grabreihen herrschte eine Betriebsamkeit wie das ganze Jahr über nicht. Letzte Tannennadeln wurden von schwarzpolierten Steinen gesammelt, Buketts noch einmal zurechtgerückt, Grablichter angezündet, grüne Steckvasen aus Plastik mit frischen Blumen tiefer in die Friedhofserde gedreht, ja der eine oder andere stand auch nur in Gedanken, mit gesenktem Kopf.

Ein stiller Wettbewerb der Gräber schien ausgebrochen zu sein: Da hatte jemand das ganze erdige Geviert eines Grabes mit Islandmoos, Heide und Tannenzweigen dicht an dicht in großen Ornamenten mit einem Kreuz in der Mitte bestecht, dort hatte jemand schon das erste Adventsgebinde mit kleinen roten Weihnachtskügelchen auf ein Grab gelegt und noch ein paar Christrosen aus Plastik dazugesteckt. Überall auf den Gräbern flammten gelbe Astern, leuchteten rotlila Erika.

Waren die großen Friedhofswege mit Laub bedeckt, so herrschte zwischen den Grabreihen peinlichste Sauberkeit. Alles war gerecht, gekratzt, gefegt, damit die dahinwelkende Natur nicht die schöne Ordnung dieses Tages störte.

Lotte hatte ein schlechtes Gewissen. Das Ritual verlangte, dass man bereits am Tag vor Martini alles herrichtete: den Stein putzte, den Sand rund ums Grab, den jene Flüsse vor Jahrtausenden mitgebracht hatten, mit einem kleinen Kratzer, der ein schönes Ornament hinterließ, säuberte und die Blumen arrangierte, um am Martinimorgen nur noch mit leichter Hand letzte Details zu ordnen. Denn bald, noch vor dem jährlichen Totengottesdienst um halb zehn Uhr in der Martinskirche, nahten in Trupps zu dreien oder vieren die Witwen zum traditionellen Rundgang über die Gräber.

Dann wurden noch einmal all die Todesfälle, Todesumstände, Todesgründe memoriert, die die letzten Jahre und Jahrzehnte mit sich gebracht hatten, und dabei traf ein gnadenlos vernichtendes Verdikt jedes Grab, das von ganz offensichtlich lieblosen Angehörigen zu Martini nicht aufs Schönste dekoriert worden war.

Schwer atmend näherte sich Lotte Karls Grab. Zu spät! Da waren sie schon, ihre Genossinnen aus so vielen tränenreichen Friedhofsjahren. Sie standen um Karls Grab herum. Links die stattliche Frau Kern, deren überbordende Formen nur mühsam von eisenharten, eng anliegenden Gummikorsagen gebändigt wurden, in der Mitte die säbelbeinige Frau Walz mit den zwei Hüftoperationen und den orthopädischen Schuhen und etwas am Rand die vogelgesichtige Frau Lösel, die immer schwermütig war und ab und zu einen Cognac zum Kaffee brauchte.

Sie rekapitulierten gerade noch einmal die traurigen Umstände von Karls Tod, das lange Siechtum, das ihm vorausgegangen war, das wahrhaft würdige Begräbnis, die große Trauer von Lotte, der Witwe. Und nun dies – ein ungeschmücktes Grab!!! Und das nur vier Jahre nach seinem Hinscheiden! All die Jahre hatte man ein durchaus gemessen-freundschaftliches Verhältnis zu der Witwe gepflegt und miteinander das Weh und Ach des Alleinseins zu teilen versucht. All die Jahre hatte die Witwe alle Jahrestage, alle Geburtstage ihres lieben Karl mit gebührenden Tränen bedacht. Und nun dies – ein ungeschmücktes Grab!!!

Die drei Damen fuhren herum, aufgeschreckt aus ihrem Gespräch, denn da stand sie, die Nachlässige, die Lieblose, schwitzend und außer Atem in Hut und Wollmantel, ein weiß-grünes Gesteck in der Hand. Zu spät! Zu spät!

Lotte grüßte so selbstverständlich wie möglich, doch der Blick der drei Gerechten war vernichtend. Zu spät! Zu spät! Man wechselte ein paar Belanglosigkeiten, dann zogen die drei Gerechten weiter, zur Inspektion des nächsten Grabes, und Lotte stand da mit ihrem Gesteck und ihren Schuldgefühlen.

Sie stellte das Blumenbukett auf die Grabplatte, lehnte ihren Stock gegen den Grabstein, bückte sich nach dem Kratzer, den sie immer dahinter versteckte, und beugte ächzend ihre arthroseschmerzenden Knie, um den schmalen Sandstreifen rund um Karls Grab zu säubern. Dann stand sie da, betete ein Vaterunser und versuchte sich zu erinnern, wie das gewesen war, all die vielen Jahre mit Karl, wie er gelacht hatte, wie er gegessen hatte, wie er den Arm um sie gelegt hatte. Das alles schien ihr so verzweifelt weit weg wie ein anderes Leben, als könne sie sich kaum noch daran erinnern. Sie fühlte sich einsam, schuldbewusst und verwirrt von ihren Gedanken.

Als die Glocke der kleinen Martinskirche zu läuten begann, strebte sie mit all den anderen durch das niedrige Sandsteinportal ins Kircheninnere, direkt auf den Holzschrein zu, der nur heute, am Martinstag, geöffnet war. Das Schwert in der Rechten, die Zügel und einen Zipfel des rot-goldenen Mantels in der Linken saß der Heilige da auf seinem schwarzen Pferd und sah wie jedes Jahr unverwandt durch die Gläubigen hindurch, die sich ihm zu Ehren hier versammelten.

Wie jedes Jahr warf Lotte im Vorbeigehen einen Blick auf die Inschrift, die auf der Rückseite des Schreins stand:

„Ich reis' als Bischof weit und breit
Die Kürze meiner Lebenszeit
Ich verehr an diesem Ort
Ein Gebet dem lieben Gott ..."

Dann begann der Gottesdienst und sie versuchte ihre Gedanken zum Beten zu sammeln, aber es gelang ihr nicht.

Sie dachte an den vorletzten Abend mit Otto, an die Heimfahrt im Regen, an das dumme Papierschiffchen, das sie nicht wegwerfen mochte, an das aus dem Dunkel hervorschießende Auto von Yvonne, an das Kind, das da unbemerkt angefangen hatte, in ihr zu wachsen.

Sie selbst hatte keine Kinder bekommen können. Was mochte das für ein Gefühl sein, mit dem eigenen Körper so einem winzigen Geschöpf jeden Tag ein wenig mehr Leben und Raum zu geben? Es Tag für Tag zu spüren, zu hüten und zu lieben, bis es lebensfähig war? Alles andere musste dann plötzlich ganz unwichtig sein, dachte Lotte und beneidete Yvonne. Aber warum log sie, was jenen nächtlichen Beinahe-Unfall betraf? Was hatte sie nachts bei strömendem Regen auf einer Insel in der Regnitz zu suchen? Hing das damit zusammen, dass sie offenbar gerade erst festgestellt hatte, dass sie schwanger war? Und warum war sie so kopflos Auto gefahren?

Lotte wurde erst vom abschließenden Segenswunsch des Pfarrers aus ihren Gedanken gerissen. Draußen hörte man schon das Lärmen einer Schulklasse, die auf das Ende des Gottesdienstes wartete, um endlich, von ihrer Lehrerin nur mühsam gebändigt, in die kleine Kirche zu stürmen, die altmodische Gestalt des hölzernen Heiligen vor dem blau gestirnten Himmel zu betrachten und sich die Geschichte vom Teilen seines Mantels erzählen zu lassen.

„Mir ist noch nie aufgefallen, dass der Bettler auf dem Bild fehlt", dachte Lotte verwundert, als sie langsam mit den anderen Gottesdienstbesuchern an dem hölzernen Schrein vorbei zum Ausgang ging. „Komisch, dass man manchmal so lange braucht, um zu merken, dass etwas nicht stimmt ..."

Und sie beschloss, diesen Tag anders zu begehen als die vielen Jahre zuvor.

Es war normal, dass es an diesem Tag im Stift gebratene Gänsekeulen zu Mittag gab, die zum Martinstag gehörten wie der Mantel zum Heiligen.

Es war auch normal, dass sich Lotte danach eine kurze Verschnaufpause in ihrem Zimmer gönnte und dabei sogar für ein paar Minuten einnickte.

Dass sie dann aber in den Bus stieg, der zum Freibad in Alterlangen fuhr, das war nicht normal. Unterwegs hatte sie noch den Busfahrer gefragt, wie weit es denn zu Fuß bis zur Neumühle sei und ob da jemand wohne. Der Mann hatte sie angeraunzt, er sei hier der Busfahrer und nicht das Auskunftsbüro und auf der Neumühle sei er sein Lebtag noch nicht gewesen. Wozu auch? Aber er tippe mal, weiter als ein paar hundert Meter zu Fuß könnten es nicht sein. Mit einem abschätzigen Blick auf Lotte hatte er noch hinzugefügt, zum Spazierengehen würde er allerdings den Schlossgarten empfehlen.

Und dann stand Lotte vor dem weißen Wegweiser zur Neumühle, an dem vorletzte Nacht Yvonnes Auto vorbeigeschlingert war.

Ein schmaler, holpriger Fahrweg, auf den gerade ein

Wagen passte, führte über die Wiesen. Von hier aus konnte man nicht ahnen, dass sich hinter den dichten, kahlen Hecken und Büschen eine Insel im Fluss versteckte.

Der Weg war abschüssig. Nach links, zum Freibad hin, von wo sie vorgestern Abend mit Ottos Wagen gekommen waren, wurde die Sicht durch eine hohe Böschung verdeckt. Nach rechts sah Lotte über die nassen Auen der Regnitz, über die stählernen Strommasten, die sich vom Frankenkraftwerk über die Wiesen spannten, über den vierspurigen Talübergang, der in einiger Entfernung von Büchenbach und Alterlangen nach Bruck führte, bis zur Spitze der spätgotischen Brucker Dorfkirche, die sich ganz im Hintergrund in den diesigen Himmel reckte.

Lotte folgte langsam dem gewundenen Band der kleinen Fahrstraße, vorbei an kahlen Vogelbeerbäumen und feuchten Wiesen, auf denen sich ein paar schwarze Krähen zankten. Der Himmel war undurchdringlich fahl, Bäume, Weg und Wiesen sahen aus, als habe man sie durch einen grauen Farbeimer gezogen.

Sie überquerte einen kleinen Steg, unter dem ein Bach zu irgendeinem Altwasser zu führen schien, denn auf der linken Seite sah sie jetzt Weidenbüsche und dickes Schilf und hörte neben dem monotonen Autogeräusch, das von dem großen Talübergang herüberwabberte, das Schnattern eines Wasservogels.

Weit und breit war niemand zu sehen, nur die endlose Kette von Scheinwerferkegeln bewegte sich drüben auf der Autobrücke im diffusen Licht langsam vorwärts.

Es begann ganz leicht zu nieseln.

Jetzt wurde nach links die Sicht frei auf einen Fahrradweg, der auf Stelzen offenbar über die Wiesen, das Altwasser und den Fluss führte. Eben flammten dort drüben die gelben Lampen auf, die den Radweg beleuchteten. In ihrem Widerschein sah man kleine Regentropfen fallen. Niemand war unterwegs.

Der Weg stieg wieder leicht an. Nun erreichte Lotte eine große alte Betonbrücke, die den Hauptarm des Flusses überspannte und auf die Insel führte.

Die Brücke sah heruntergekommen aus mit dem betongegossenen, bröckeligen Geländer, aus dem an manchen Stellen rostige Armierungen hervorragten.

Ein Schild vor der Brücke verkündete, dass es sich hier um ein Privatgrundstück handle. Lotte zögerte, dann ging sie doch bis zur Mitte der Brücke und sah hinunter auf den Fluss, der eine undefinierbare grau-braune Farbe hatte. Manchmal trieben ein paar Blätter vorbei, an einigen Stellen bildeten sich kleine, kreisrunde, wirbelnde Strömungen, die auf dem Wasser ein Stück weit entlangtanzten, um sich dann irgendwo im Davonfließen aufzulösen. Ein paar Enten schnatterten an der sandigen Uferböschung.

Das andere Ende der Brücke wurde von zwei schweren steinernen, mit Ornamenten verzierten Eingangpfosten eingefasst. Auch sie waren von Feuchtigkeit und Frost aufgesprengt. Die steinernen Kugeln, die sie einmal gekrönt hatten, waren auf den Pfosten verrutscht und drohten bald herunterzufallen, erst auf die überhängenden Büsche über dem Wasser, dann in den Fluss.

An einem der beiden steinernen Pfosten war ein rostiges Schild angebracht: *„Nichtbeschäftigten Eintritt streng verboten"*.

Lotte stand und überlegte.

Auf der Insel links, gleich hinter der Brücke, von Bäumen und Büschen fast verdeckt, stand ein Haus, wohl in den zwanziger Jahren erbaut und immer wieder mit planlosen Anbauten erweitert. Der gelbliche Anstrich war von der Flussfeuchtigkeit aufgeworfen und schimmlig. Niemand war zu sehen oder zu hören. In den Fenstern brannte kein Licht.

Lotte beschloss, trotz der Warnung auf dem Schild, die Insel zu betreten.

Sie ging an dem altmodischen Haus vorbei, hinter dem sich noch ein zweites, ganz ähnliches verbarg. Nichts regte sich. Sie folgte der kleinen Fahrstraße, die nun scharf nach rechts abbog.

Hinter der Biegung sah sie auf der rechten Seite ein lang gestrecktes, niedriges Fabrikgebäude, das sich direkt am Fahrweg entlangzog. Auf der linken Seite öffneten sich nacheinander ein paar kurze Stichstraßen, die ebenfalls von Schuppen und niedrigen Fabrikgebäuden gesäumt wurden.

Die Hallen standen offensichtlich seit Jahren leer. Die Fenster waren blind und zerschlagen, von den großen, grün lackierten Holztoren, die mit rostigen Vorhängeschlössern gesichert waren, blätterte die Farbe ab. An den Wegrändern wucherten Beifuß, bräunlich verfärbte Goldrute, staubige Brennnesseln und kleine, kahle Ahornbäumchen.

Alles war verlassen.

Irgendwo stand eine rostige Schubkarre, moderte ein uralter, poröser Schlauch. Löchrige Regenrinnen endeten im Nichts.

Lotte lugte durch ein spinnwebenüberzogenes Fenster in eine der Hallen, sah ein altertümliches Waschbecken an der Wand, leere Böden und alte Plastikplanen auf der Erde.

Sie ging ein Stück weiter und schaute durch ein anderes Fenster. Eine wurmstichige, mit Mäusekot bedeckte Holztreppe führte nirgendwo hin. Berge von alten Baulatten, in denen noch die rostigen Nägel steckten, türmten sich auf der Erde. Irgendwann hatte hier wohl ein Stadtstreicher übernachtet, denn in einer Ecke lagen noch ein paar Bierdosen und ein schimmliges Handtuch auf der Erde.

Lotte sah schon aus einiger Entfernung, dass die Fahrstraße auf einem großen, geschotterten Hof endete, der ebenfalls von leeren Fabrikhallen und einem dunklen, efeuüberwucherten Wohnhaus eingefasst wurde.

Sie wollte gerade zwischen den Hallen hervor auf den großen Hof treten, da sah sie in dessen äußerster hinterer Ecke unter einem zersplitterten Plexiglas-Vorbau ein dunkles Auto stehen.

Sie lugte um die Ecke, an der sich ein Haufen aus Bauschutt, alten Kacheln, Maschendrahtstücken und zertrümmerten Ziegeln türmte. Der Kofferraumdeckel des Wagens war geöffnet.

Sie hörte das Quietschen einer alten Stahltüre und sah einen Mann mittleren Alters herauskommen, der mit schnellen Schritten zum Auto lief. Er trug mehrere säuberlich mit Klebeband umwickelte Kartons. Die flachen Pakete sahen braun und frisch aus. Auf jedem klebte seitlich ein kleiner weißer Zettel.

Der Mann sah sich kurz um, dann schichtete er die Pakete in den Kofferraum des Wagens, sah sich erneut um und lief mit kurzen, eiligen Schritten wieder zu der Stahltüre.

In der Halle, in die er verschwand, brannte kein Licht. Lotte sah nur einen kleinen Helligkeitsstrahl irrlichtern, wohl von einer Taschenlampe.

Da war es schon wieder, das Quietschen der schweren Tür. Sie schrak zurück, drückte sich an die Wand, lugte wieder hervor, sah den Mann wieder Pakete einladen. Jetzt stand er ganz still und schien zu lauschen, machte eine Kopfbewegung in ihre Richtung.

Lotte fuhr zurück, presste sich an die Hausmauer und atmete ganz flach.

Hatte er sie gehört?

Was, wenn der Mann jetzt um die Ecke auf sie zukäme? *„Betreten verboten"* hatte da vorne am Tor gestanden.

Aber was machte *er* hier?

Sie hörte seine Schritte auf dem Kies knirschen und ihr Herz klopfte bis zum Hals. Sie stand atemlos.

Gottlob, da war wieder das Quietschen der alten Stahltüre. Offenbar war der Mann noch einmal in das Innere der Fabrikhalle verschwunden, um neue Pakete zu holen.

Jetzt gab es nur eines – weg hier! Sie fasste ihren Stock und lief, lief so schnell sie konnte, den Weg zwischen den leeren Hallen entlang, um die Ecke, an den zwei altmodischen Häusern vorbei und auf die alte Betonbrücke zu.

Vom breiten Wasser der Regnitz stiegen jetzt Schwaden von Nebel auf und zogen langsam über die Flussauen, die nach und nach im verlöschenden Licht dieses Novembernachmittags versackten. Die Scheinwerfer von der Brücke schimmerten nur noch milchig-gedämpft herüber.

Der Regen war stärker geworden.

Lotte hastete weiter. Trotz des langsam aufsteigenden Flussnebels konnte sie den Weg ja nicht verfehlen.

Sie warf einen kurzen Blick zurück. Folgte ihr da jemand? War der dunkle Wagen hinter ihr her? In der Dämmerung konnte sie nichts erkennen.

Sie lief weiter, vorbei an den Schilfbüschen des Altwassers, vorbei an den Pappeln und Vogelbeerbäumen, den Weg hinauf, zurück bis zur Straße. Sie lief und lief, ohne Atem zu schöpfen, an dem Parkplatz vorbei, weiter und weiter bis zu der großen Straße, wo die Bushaltestelle war.

Da, kurz vor der Haltestelle, stand noch so eine altmodische gelbe Telefonzelle. Sie stürzte hinein, riss den Hörer vom Bügel, wühlte in ihrer Tasche nach Geld, suchte mit fliegenden Fingern die richtigen Tasten, hatte endlich die Taxizentrale am Apparat.

„Bitte holen Sie mich hier ab. Bitte gleich. Bitte."

VIII

Bis das Taxi sie zum Haus von Jutta und Jürgen gebracht hatte, war sie schon halbwegs ruhig und ihr Kopf war wieder klar. Warum hatte sie solche Panik befallen? Nur weil da ein Mann auf einem verlassenen Fabrikgelände Pakete in sein Auto lud?

„Mein Gott, Tante Lotte, du bist ja pitschnass und aufgelöst. Komm rein, dein Tee ist schon fertig."

Jutta hatte schon auf Lotte gewartet, denn diese kam jedes Jahr am Martinstag nachmittags vorbei, um den Zwillingen ihre Geschenke zum Pelzmärtel zu bringen. Schließlich beschenkte in einer ordentlichen Erlanger Familie der Pelzmärtel die Kinder und nicht der Nikolaus.

All die Jahre hatte sie für Lisbeth und Max jeweils eine Weidenrute mitgebracht, die mit Schokolade behängt war, dazu für jeden ein Päckchen mit Spielsachen, später mit Büchern, dann mit Computerspielen, deren Namen ihr Jutta vorher auf einen Zettel schreiben musste. Aber nun waren die Zwillinge fast fünfzehn und so hatte Lotte es für richtiger gehalten, dieses Jahr nur für jeden einen Umschlag mit einem Geldschein zurechtzumachen.

Lotte war eben zur Türe herein, da kam der neurotische Dackel angeschossen. Er wedelte wie verrückt mit dem Schwanz, kläffte vor Freude und zerriss Lottes teure Stützstrumpfhose.

„Mein Gott, das Tier ist ja ganz glücklich, dass du da bist. So gefreut hast du dich ja noch nie, was, mein Guter?"

Jutta beugte sich zu dem Dackel und versuchte ihn zu kraulen, aber der sprang weiter wedelnd und bellend um Lotte herum.

Lotte stellte ihre Tasche ab, der Dackel stürzte sich sofort darauf, kläffte, schnupperte, jaulte und biss in die ledernen Henkel.

„Ich habe keine Ahnung, was das Tier hat", log Lotte, „aber es scheint ihm wieder besser zu gehen. Das letzte Mal wirkte er etwas kränklich."

Nachdem der Dackel sich gar nicht beruhigte, schloss Jutta ihn schließlich, wie üblich wenn Lotte da war, ins Gästeklo.

Jutta hatte den Kaffeetisch für sie beide im Esszimmer gedeckt, zu dem sie Jürgen vor ein paar Jahren, beim Neubau des Hauses, überredet hatte: kein sehr großes Zimmer mit einem weiß geschlämmten Kachelofen in der Ecke und einem großen, runden Esstisch, der in einem halbkreisförmigen Erker stand, von dem man in den Garten sehen konnte.

Lotte liebte diesen Platz ganz besonders. Jutta hatte sogar das gute Geschirr hervorgeholt und eine Kerze angezündet.

Es gab Schokoladenlebkuchen – die Ersten in diesem Winter, das gehörte zum jährlichen Martiniritual.

Jutta goss Lotte schwarzen Tee und sich selbst Kaffee ein und zündete sich eine Zigarette an. Es war schummrig-warm und gemütlich hier. Lotte aß ihren Lebkuchen und begriff nicht mehr, dass sie sich vor einer halben Stunde noch so sehr über eine banale Beobachtung aufgeregt hatte.

„Schade, dass die Kinder dieses Jahr nicht da sind. Ja, ja die Schule …"

Jutta machte eine wegwerfende Handbewegung.

„Ach was, sie sind beide daheim. Aber auf die zwei

kannst du nicht mehr zählen bei unserer gemütlichen Kaffeestunde."

Sie überlegte einen Moment und fügte dann energisch hinzu:

„Aber sie könnten sich wenigstens für ihre Pelzmärtel-Geschenke bedanken."

Sie stand auf, klopfte gegen das Erkerfenster und gestikulierte nach draußen in den Garten.

Lotte beugte sich von ihrem Erkerplatz nahe an die Scheibe, legte eine Hand über die Augen und versuchte draußen in der Dämmerung etwas zu erkennen. Da saß Max auf einem Gartenstuhl. Er hatte nur ein T-Shirt an, die Arme hielt er auf den Knien verschränkt. Er saß gebeugt, hatte den Kopf auf seine Arme gelegt und rührte sich nicht.

„Um Gottes willen, Jutta, das Kind! Er holt sich den Tod! Was hat er denn?"

Jutta schnippte ihr Feuerzeug an, um eine neue Zigarette zu rauchen.

Sie zuckte die Achseln:

„Klassenparty gestern Abend. Zwei Liter Sangria hat er zugegeben. Also waren es bestimmt drei. Er sagte mir heute Nacht, als er heimkam, nur noch, er fände seine neue Klassenlehrerin echt geil, aber sie habe sich nicht küssen lassen. Ich weiß nicht, ob ich Lust habe, nach diesen Vorkommnissen zu ihr in die Sprechstunde zu gehen. Jedenfalls hätte ich den Burschen um ein Haar letzte Nacht zu Jürgen in die Notaufnahme gebracht. Er sah gar nicht gut aus. Lisbeth hat mir geholfen, ihn ins Bett zu schaffen. Jetzt sitzt er schon seit zwei Stunden im Garten. Er hat einen gigantischen Kater. Ich glaube nicht, dass ich ihm die Geschichte von seiner Klassenlehrerin erzählen sollte ... Und Jürgen wahrscheinlich auch nicht", fügte sie hinzu.

Lotte schaute mitleidsvoll ins Dunkle des Gartens.

„Lisbeth!!!", Jutta hatte inzwischen die Türe vom Esszimmer zur Diele aufgemacht und rief nochmals aus Leibeskräften:

„Lisbeth! Wie wär's, wenn du wenigstens mal kurz runterkämest? Tante Lotte ist da!!!"

Nichts rührte sich. Nach dem dritten Brüller ging oben eine Türe auf.

„Kannst du dich jetzt eventuell mal losreißen und runterkommen?", Jutta war sichtlich genervt.

Es dauerte fünf Minuten, dann öffnete sich die Türe zum Esszimmer und Lisbeth schlurfte herein. Lotte fand, dass sie irgendwie ein bisschen derangiert aussah. Außerdem hatte sie ihren Pulli falsch herum an. Hinter ihr in der Türe erschien Tristan. Seine Rastalocken standen nach allen Seiten ab, die Ohren leuchteten.

Lisbeth murmelte ein flüchtiges „Hy!", nahm Lottes Umschlag entgegen, riss ihn auf und stieß einen Juchzer aus:

„Ey, Mensch, geil! So viel! Danke!!!" Sie drückte Lotte einen Kuss auf die Backe.

„Ich will doch über Fasching mit Tristan eine Woche zum Schifahren gehen. Da brauch ich echt jede Mark."

Tristan im Hintergrund lächelte entrückt.

„Waaaas willst du? Ich höre wohl nicht recht??? Bist du übergeschnappt?"

So hatte Lotte ihre Nichte noch nie gesehen.

„Du bist vierzehn, mein Kind. Bist du noch zu retten?"

Lisbeth verzog keine Miene:

„Mama, ich werde bald fünfzehn. Füüünf-zeeeehn, verstehst du?!"

Sie sagte das in einem Ton, als sei damit doch wohl alles geklärt.

„Und außerdem", fügte sie triumphierend hinzu,

„wer hat mir denn erzählt, dass er mit fünfzehn alleine bis nach Frankreich getrampt ist?"

„Aber das ist doch etwas ganz an-de-res!"

Jutta war außer sich.

„Ihr könnt doch nicht zu zweit ... Wollt ihr etwa zu zweit in ein Hotelzimmer ..."

Tristan im Hintergrund lächelte verklärt, Lisbeth sah ihre Mutter herausfordernd an.

„Papa soll mir die Pille verschreiben, sonst besorg ich sie mir selber."

Lotte merkte nicht, wie ihre Kinnlade nach unten klappte.

Da klingelte das Telefon, der Dackel im Gästeklo begann zu kläffen, Jutta stürzte hinaus, Lisbeth schlang die Arme um den schmächtigen Tristan, knabberte zärtlich an seinem Ohr, murmelte ein „Tschau" und ein „Danke" in Lottes Richtung und schob ab.

Lotte hörte durch die offene Türe, wie Jutta telefonierte:

„Natürlich. Es wird später. Klar. Ich dachte zwar, wenn man Nachtdienst hatte, dürfte man am nächsten Tag früher nach Hause. Aber es hätte mich auch gewundert ..."

...

„Was los ist? Ach nichts. Dein Sohn hat nur eine Alkoholvergiftung und im Rausch seine Lehrerin geküsst. Und deine Tochter will die Pille. Das ist alles."

...

„Welche Pille??? Du machst mir Spaß, Herr Doktor. *Die* Pille. Vielleicht kannst du dich ja noch dumpf erinnern, wozu man die braucht. Aber dazu müsstest du mal daheim sein ..."

Lotte stand vorsichtig auf, blies die Kerze aus, holte ihren Mantel aus dem Garderobenschrank, nickte Jutta zu, lauschte noch einmal auf den kläffenden Dackel im Gästeklo, hörte Jürgens erregte Stimme durch den Telefonhörer und zog dann die Haustüre von außen ganz leise hinter sich zu.

Auf dem Heimweg sah sie die ersten Kinder, die mit ihren Lampions zum Laternenzug strebten.

Während Lotte müde und nachdenklich mit ihrem Bus nach Hause fuhr, trafen sich überall in der Stadt die Kinder zu ihren Lichterumzügen. Keine Grundschule, kein Kindergarten, der nicht zu Ehren des heiligen Martin im Dunkel dieses frühen Novemberabends zum Laternegehen aufbrach.

Auch vor der Loschgeschule, zwei Steinwürfe vom Theaterplatz, hatten sich die Schüler versammelt, waren an der Kinderklinik vorbei in die Krankenhausstraße eingebogen, dort wo tagsüber Scharen von Medizinstudenten in weißen Kitteln und mit ernsten Mienen von Klinik zu Klinik und von Hörsaal zu Hörsaal strebten.

Nun drängten sich die Kinder durch das schmale Eisentor, das in den hinteren Teil des Schlossgartens führte. Es war ein langer Zug von kleinen Gestalten. Ganz an der Spitze liefen die Erstklässler, gewichtig und aufgeregt mit ihren selbst gemachten Laternen, die sie mit pappigen Uhu-Fingern in den letzten zwei Wochen in der Schule gebastelt hatten. Hinter rotem, grünem und gelbem Transparentpapier klebten braun gepresste Blätter von Eichen und Kastanienbäumen, manche schon wellig, knitterig und bröselig.

Darüber konnten die Viertklässler am Ende des Zuges nur müde lächeln. Ihre Laternen waren kunstvolle Gebilde – riesige Dinosaurier mit langen Schwänzen und sorgfältig ausgeschnittenen, bunt schimmernden Schuppen, die von den Kerzen im Inneren der Laternen beleuchtet wurden.

Die letzten Kinder hatten noch kaum das Eisentor passiert, da hatte der Lehrer, der den Zug anführte, den ersten an der Spitze schon ein Zeichen zum Anhalten gegeben. Am Zaun zum universitätseigenen Kräutergarten entlang war man vor der lang gezogenen Rückseite der Kinderklinik angekommen.

Der Lehrer an der Spitze des Zuges, der schon kurz vor der Pensionsgrenze stand, setzte wie jedes Jahr seine Trompete an den Mund, gab mit einem Nicken das Zeichen zum Einsatz und dann sangen die Kinder mit ihren hohen Stimmen, übertönt noch von der durchdringend scheppernden Trompete, ihr erstes Martinslied:

„Ich geh mit meiner Laterne
und meine Laterne mit mir
Da oben leuchten die Sterne
da unten leuchten wir ..."

Oben auf den Balkons der Kinderklinik gingen Türen auf, Mütter mit Kindern auf dem Arm standen und schauten hinunter in den dunklen Garten auf die hundert, zweihundert, dreihundert schwankenden kleinen Lichter dort unten und vielleicht trieb es der einen oder anderen Mutter mit ihrem kranken Kind im Arm die Tränen in die Augen, wenn sie es von dort unten singen hörte:

„Ich trag mein Licht
und fürcht mich nicht
Rabimmel
rabammel
rabumm."

Dann setzte sich der Zug wieder in Bewegung und schwenkte langsam zur Mittelachse des Schlossgartens ein. Der steinerne Markgraf, jener Christian Ernst, der einst gegen die Türken vor Wien gekämpft hatte und vor fast dreihundert Jahren dort vorne in seinem Schloss gestorben war, blickte aus dem Sattel seines schweren, steinernen Schlachtrosses ungerührt über die langen Lichterschlangen hinweg, die langsam unter dem Dach der riesigen Kastanien und Eichen verschwanden. Denn seit der Markgraf diese Erde verlassen hatte, war sein Garten ein anderer geworden. Wo sich einst die sorgfältig voneinander abgegrenzten Quartiere des Lustgartens, die niedrigen Beete mit den komplizierten Blumenmustern und die millimetergenau gestutzten Buchshecken wie mit dem Lineal gezogen aneinander reihten, wanden sich nun geschlungene Wege in englischer Manier und hatten sich gewaltige Bäume ausgebreitet. Der Markgraf hätte es wohl kaum goutiert, dass man ausgerechnet jenem Herrn, diesem, diesem Herrn Schreber, der das zu verantworten hatte, auch noch ein Denkmal mit einer lateinischen Inschrift auf einem steinernen Säulensockel gewidmet hatte!

Aber darauf achtete keines der Kinder, die nun zwischen den großen Bäumen auf dem breiten, säuberlich gekehrten Sandweg ihre Laternen trugen und dazwischen einmal kurz nach rechts und links ausscherten, im dichten, feuchten Laub, das sich über die nassen Wiesen unter den Bäumen geschichtet hatte, mit ihren Schuhhacken lange Bahnen zogen und unter ihren Füßen das Knacken der kleinen Eicheln spürten.

Dann kamen die ersten Kinder schon wieder mit ihren Laternen unter den Blätterdächern hervor und erreichten den ovalen Weg, der die schmalen, säuberlich gezirkelten

Beete und das Becken des Hugenottenbrunnens umschloss. Immer mehr Kinder tauchten aus dem Dunkel der Baumschatten auf, umrundeten rechts und links den Brunnen und blieben stehen. Bald waren die steinernen Hugenottenfamilien, die graziösen Göttinnen und der gewichtige Markgraf auf ihrer Brunnenpyramide umringt von eingemummten kleinen Gestalten, auf deren Gesichtern der Schein der Laternenkerzen tanzte. Nur noch die Lichter aus den Verwaltungsräumen des Schlosses beleuchteten die Szene, von drüben aus dem Musikinstitut der Orangerie drangen Fetzen von Orgelspiel, die aber jetzt übertönt wurden vom Gesang der Kinder, denn der Lehrer mit seiner Trompete hatte wieder den Einsatz gegeben:

„Sankt Martin ritt durch Schnee und Wind
Sein Ross, das trug ihn fort geschwind.
Sankt Martin ritt mit leichtem Mut,
Sein Mantel deckt ihn warm und gut."

Ganz langsam sanken ein paar feuchte Schneeflocken vom finsteren Himmel herunter. Passanten, die von der Arbeit oder vom Einkaufen kamen, blieben stehen, hörten das Lied und manche dachten voll Wehmut an die eigenen Schulzeiten, als noch ein echter Martin auf einem echten Pferd mit klappernden Hufen über das Pflaster der Hauptstraße dem Zug der Kinder vorangeritten war.

Ein paar stolze Väter, die den Laternenkindern gefolgt waren, bemühten sich, die romantische Szene und ihre singenden Sprösslinge auf Video zu bannen, Mütter, die den Zug mit den kleineren Geschwistern der Schulkinder begleitet hatten, nahmen diese auf den Arm und summten ihnen den nächsten Vers ins Ohr:

*„Im Schnee da saß ein armer Mann,
Hatt' Kleider nicht, hatt Lumpen an.
‚O helft mir doch in meiner Not,
Sonst ist der bittre Frost mein Tod!'"*

Dann setzte sich der Zug wieder in Bewegung, umrundete noch einmal die steinerne Pyramide des Hugenottenbrunnens, um dann nach links zu einem der Tore abzuschwenken, die sich zum Schlossplatz öffneten.

Dort, vor der strengen Fassade des Markgrafenschlosses, zu Füßen der Bronzestatue des Markgrafen Friedrich, warteten schon zwei Lehrerinnen mit großen Körben voll Martinswecken – jenem geflochtenen, mit Butter bestrichenen und mit Mohn bestreuten Hefegebäck, das es nur heute gab, jenen „Seelenzöpfen", die vielleicht ein längst vergessener Tribut an die Toten und an die Dämonenwelt waren.

Die Kleinsten aus der ersten Klasse und der Lehrer mit seiner Trompete waren schon fast an dem Denkmal angekommen, während sich die Größeren noch an dem schmalen Ausgang aus dem Schlossgarten schubsten und drängelten.

Auch eine zierliche Viertklässlerin mit erdbeerroter Strickmütze und einer bunt schillernden Dinosaurier-Laterne stand dort mit den anderen aus ihrer Klasse noch am Tor, drängelte Richtung Ausgang und Schlossplatz, lachte mit ihren Freundinnen und trippelte dabei unentwegt von einem Bein auf das andere. Da fiel ihr Blick auf das unauffällige WC-Schild direkt neben ihr. Sie sah die Treppe, die an dem Haus, das den Schlossgarten begrenzte, wenige Meter neben dem Tor wie eine breite Rampe abwärts führte.

Sie wisperte ihren Freundinnen etwas zu, hüpfte, die Laterne in der Hand, die Treppe hinunter, war schon halbwegs unten, winkte vom Absatz, wo die Treppe einen scharfen Knick machte, nach oben, hüpfte weiter, sah schon den Lichtspalt der WC-Tür, stieß im Dunkeln mit dem Fuß gegen etwas Weiches, wäre fast gestolpert, leuchtete mit dem bunten Dinosaurier nach unten und sah in das zum Himmel gewandte Gesicht einer jungen Frau. Die hatte die Augen weit geöffnet, als wolle sie das Kind mit der erdbeerroten Mütze und seinen schwankenden, flackernden Dinosaurier, der so nah über ihrem Gesicht war, bestaunen. Auf die Sommersprossen auf ihren Wangen fielen ein paar große, feuchte Schneeflocken.

Sie tauten nicht.

IX

Nein, Lotte hatte nichts geahnt:

Nicht, als sie am nächsten Morgen eine halbe Stunde vor dem verschlossenen Frisiersalon wartete.

Nicht, als sie auf dem Rückweg in ihr Appartement von weitem eine aufgeregte Gruppe von Stiftsbewohnerinnen beieinander stehen sah, von denen eine immer wieder ein schrilles *„Schreck-lich!!!"* ausstieß.

Und immer noch nicht, als sie kurz vor zwölf Uhr dreißig wie jeden Tag den Speisesaal betrat, heute in Erwartung von Linseneintopf schwäbisch und Apfelkompott als Nachtisch.

Sie schien eine der Letzten zu sein, die von der toten Friseuse erfuhren. Und schon gab es Dutzende von Details, obwohl ja heute Morgen noch nichts in der Zeitung stand.

Hörte Lotte dies alles nicht?

Sie vergoss keine Träne, sie fragte nicht nach. Nur einmal murmelte sie: *„Pulvis et umbra sumus.* Staub und Schatten sind wir."

Sie aß mit gesenktem Kopf mechanisch ihren Eintopf, dann den Nachtisch, stand grußlos auf und ging. Starrte in ihrem Zimmer den ganzen Nachmittag in den regengrauen Himmel, vergaß das Abendessen und ihre Tabletten. Sie sah nur immerzu Yvonne vor sich, wie sie sich in ihrem Salon, die Hand auf dem Bauch, drehte und rief:

„Ich kann es einfach nicht glauben. Es ist verrückt, aber ich bin schwanger!"

Erst nachts schien der Damm zu brechen. Sie weinte sich durch vier Packungen Tempotaschentücher, fühlte sich einsamer denn je und wollte endlich tot sein und bei ihrem Karl.

Gegen Morgen – sie hörte schon die ersten Autos der Stiftsangestellten unter ihrem Fenster vorbeifahren, während es immer noch endlos dunkel war – merkte sie, wie die Kopfschmerzen aufstiegen und die Übelkeit. Sie hatte das Gefühl, dass in ihrem Gehirn ein Sturm tobte, und spürte, wie ihr Herz seinen Takt verlor. Panik befiel sie. Dieses Bum, bum, ... bum bum bum, bum ... bum bum in ihrem Brustkorb und in ihrem Hals, dieses Dröhnen in ihrem Kopf schien völlig die Herrschaft über ihren Körper und über ihre Gedanken übernommen zu haben.

Sie war unfähig, aufzustehen. Das Nachthemd klebte an ihrem Körper. Gedankenfetzen jagten durch ihren Kopf ... Das Nitrospray ... ihr Testament ... Jürgens Kliniknummer ... Karl, der gute Karl ... Ottos Gesicht, auf dem die Schatten der Regentropfen tanzten ... die tote Yvonne und ihr totes Kind ...

Sie warf sich in ihrem Bett herum, bis es endlich draußen dämmerte, und sah Yvonnes grasgrüne Haarspange und ihr Sommersprossenlachen vor sich. Schließlich tastete sie nach der Armbanduhr und nach dem Telefon, um Jürgen anzurufen. Aber zu Hause hob niemand ab und die Kliniknummer war besetzt.

Sie ließ sich wieder in ihr Kissen fallen, starrte auf den Schlafzimmerschrank und die Deckenlampe, die langsam wieder die Farben des Tages annahmen, und hörte nur immerzu diesen Orkan in ihrem Kopf und dieses Rumpeln in ihrem Herzen.

So fand sie die Etagendame gegen neun Uhr bei ihrem morgendlichen Rundgang und wollte sofort den Arzt holen. Aber Lotte wehrte, flach im Bett liegend, mit beiden Händen ab. Sie wolle keinen fremden Arzt, nur Dr. Kallfels, ihren Neffen, den Oberarzt, ob man den bitten könne, heute Abend nach dem Dienst auf einen Sprung vorbeizukommen? Und die Zeitung bitte, die heutige Zeitung hätte sie gerne ans Bett gebracht.

Die Etagendame telefonierte mit dem Apparat auf Lottes Nachttischchen mit Jürgen, holte die Zeitung herein, kochte einen Kamillentee und fragte Lotte, ob denn dieser furchtbare Todesfall sie vielleicht so mitgenommen habe.

Lotte wehrte nur mit einer müden Bewegung ab und schloss die Augen. Die Etagendame versprach, sich in Kürze wieder nach Frau Askoleit umzusehen, und machte im Gehen ganz leise die Tür zum Schlafzimmer zu.

Lotte blieb alleine, die Augen fast geschlossen, das Pfeifen und Rumpeln in den Ohren. Sie fühlte sich nicht mehr panisch, nur noch unendlich traurig und alleine.

Schließlich zwang sie sich doch dazu, sich aufzusetzen, die Zeitung aufzuschlagen, den Lokalteil zu suchen und diese schreckliche Geschichte zu lesen von einer toten jungen Frau im Schlossgarten und ihrem unbekannten Mörder.

Gegen vier Uhr nachmittags hörte Lotte, wie sich der Schlüssel zu ihrem Appartement im Schloss drehte. Gleich darauf öffnete sich die Schlafzimmertüre. Die Etagendame hatte Jürgen zu Lottes Wohnung geleitet und ihm aufgeschlossen. Er hatte seine Arzttasche dabei und sah besorgt und erschöpft aus, aber vielleicht waren das auch nur das graue Nachmittagslicht und der Schein der Nachttischlampe.

„Mein Gott, Tante Lotte, du hast ja immer noch nicht das Bett von Onkel Karl zum Sperrmüll gegeben."

Er warf seinen Wintermantel auf das frisch überzogene Federbett, das seit über vier Jahren unbenutzt neben dem von Lotte lag, und zog sich einen Stuhl heran.

„Ich kann es nicht, ich kann es nicht, Jürgen. Manchmal nachts denke ich, er ist ja noch da ..."

Lotte schluchzte auf.

Jürgen legte begütigend seine Hand auf Lottes Rechte und sah auf ihre zwei Eheringe, die bläulich hervortretenden Venen auf ihrem Handrücken und auf die unzähligen Altersflecken.

„Schon gut, schon gut, ganz ruhig ... nun erzähl erst einmal, was mit dir los ist!"

Er beugte sich vor und sah sie an.

Lotte wollte es nicht, aber die Tränen liefen und liefen, als sie Jürgen erzählte von diesem Rumpeln, Rasen und Pfeifen in ihrem Körper, von dieser Panik, diesem klebrigen, kalten Schweiß und vom Sterben, jetzt im November, wo alles zu sterben schien.

„Und dann sterbe nicht ich, sondern dieses Mädchen. Die muss doch leben und ihr Kind und nicht ich, Jürgen, ich kann das nicht verstehen. Warum macht der da oben das, Jürgen?"

Jürgen reichte ihr ein Tempo vom Nachttisch und Lotte nahm zum ersten Mal wahr, dass er keineswegs mehr jung war.

„Welches Mädchen meinst du und welches Kind?"

Lotte deutete auf die aufgeschlagene Zeitung auf dem Nachttisch mit der großen Überschrift *„Mord im Schlossgarten"*.

„Hast du nicht gelesen, was heute in der Zeitung stand?"

Jürgen zuckte die Achseln.

„Sicher, aber was hat das mit dir zu tun? Willst du dich über jedes Unglück auf dieser Welt so aufregen?"

„Aber du kennst sie doch, Jürgen", Lottes Stimme versank in Tränen und Jürgen reichte ihr ein neues Taschentuch.

„Das ist doch Yvonne, meine Friseuse. Erinnerst du dich nicht an das Karpfenessen am Tag vor deinem Geburtstag?"

In Jürgens Gesicht stand Ungläubigkeit.

„Du meinst die hübsche Blonde, die im Notarztwagen mitgefahren ist?"

Jürgen schwieg eine ganze Weile, während Lotte in ihr Taschentuch schniefte.

Dann fragte er:

„Sie war schwanger, habe ich dich da richtig verstanden?"

Lotte nickte.

„Davon steht aber nichts in der Zeitung, oder?"

Lotte schüttelte den Kopf.

„Widerlich", knurrte Jürgen.

„So ein Scheißkerl."

Er schwieg lange, dann seufzte er:

„Ich kann dir auch nicht sagen, wo der Plan ist und was der da oben sich manchmal so denkt, falls er sich was denkt. Ich frage mich das oft in der Klinik. Es gibt so viel Schreckliches ... Ich weiß nur, dass wir versuchen müssen, aufrecht zu gehen, solange wir hier sind, egal was geschieht. Du kannst es, Tante Lotte. Ich weiß es. Du bist stark. Du bist nicht schuld, dass da jemand jung stirbt und du bist alt."

Dann klappte er seine Arzttasche auf, beugte sich mit dem Stethoskop über sie, legte ein tragbares Mini-EKG auf ihre Brust und schnallte eine Blutdruckmanschette um ihren Arm.

Während Lotte versuchte, ruhig und regelmäßig zu atmen, dachte sie, dass Jürgen ihr wohl der liebste

Mensch war, den sie noch hatte auf der Welt, und dass sie ihm blind vertraute. Obwohl er doch gar nicht mit ihr verwandt war, denn Jutta war ja Lottes leibliche Nichte und Jürgen nur der angeheiratete Neffe. Aber was sagte das schon!

Schließlich hob Jürgen den Kopf, zwei steile Falten auf der Stirne.

„Ich muss dich in die Klinik einweisen."

Lotte fuhr mit einem Ruck aus ihrer flach liegenden Position nach oben:

„Nein!!! Bitte nicht ..."

Jürgens Augenbrauen zogen sich zusammen:

„Keine Widerrede bitte. Mir ist es ernst."

„Jürgen, bitte, das nicht. Was ist denn los mit mir?"

„Du hast das schon ganz richtig beschrieben mit dem Rumpeln, das du spürst. Dein Herz ist aus dem Takt. Tachyarhythmie nennt man das. Außerdem ist dein Blutdruck viel zu hoch. Hast du dich so über diese Geschichte aufgeregt? Hast du deine Tabletten genommen?"

Lottes Hand fuhr an den Mund.

„O Gott, ich glaube, die habe ich gestern wirklich vergessen, Jürgen. Das war alles so schrecklich."

Sie griff nach Jürgens Hand.

„Bitte, ich mache alles, was du willst, aber nicht in die Klinik. Ich werde hier doch gut versorgt. Weißt du, seit ich so viele Wochen damals bei Karl in der Klinik war ..."

Nun brachen die letzten Dämme unter Strömen von Tränen, von denen Lotte gar nicht gewusst hatte, dass sie sie noch weinen konnte.

Jürgen blieb nichts anderes, als ihre Hand zu tätscheln und gelegentlich „es ist ja gut, es ist ja gut" zu murmeln.

Endlich beruhigte sich Lotte, krächzte ein heiseres „Entschuldigung, Jürgen, dass ich mich so gehen lasse" und fuhr sich mit der Hand über die geröteten Augen.

Jürgen schnaufte tief und sagte dann zögernd:

„Also gut. Ich spritze dir jetzt ein paar Medikamente und wir warten noch bis morgen ab. Wenn dein Herz dann aber immer noch nicht umgesprungen ist, musst du wirklich ins Krankenhaus."

Lotte lächelte schwach.

„Ja, Jürgen. So machen wir es."

Sie spürte den Einstich in ihrer Ellenbeuge und das ziehende Brennen, mit dem die Medikamente langsam durch ihre Vene in den Oberarm stiegen, und sah die Schatten auf Jürgens Gesicht, der sich auf seine Arbeit konzentrierte.

Dann ließ sie sich in ihr Kissen zurückfallen und schloss die Augen. Es wurde langsam dämmrig im Zimmer.

Jürgen saß schweigend neben ihr, um abzuwarten, ob sie die Spritze vertrug, griff dann nach der Zeitung und überflog noch einmal den Artikel.

Da klingelte es an der Türe des Appartements. Lotte, die nach der schlaflosen Nacht fast eingedämmert war, fuhr hoch.

„Wer ist das? Die Etagendame hat doch einen Schlüssel!"

„Lass nur, ich gehe nachsehen."

Jürgen stand ein wenig schwerfällig auf.

Lotte hörte erst, wie Jürgen die Wohnungstüre aufmachte und dann, wie ein zweistimmig lachendes „Das-gibt's-doch-nicht-was-machst-du-denn-hier" ertönte.

„Ich kümmere mich um meine Tante."

Das war Jürgens Stimme.

„Ich habe die Geschichte mit der toten Friseuse am Hals."

Wer war das?

„Gut siehst du aus, alter Junge. Schlanker. Und der Bart ist ab."

Das war wieder Jürgen.

„Tja, habe mich privat ein wenig verändert. Da muss man in Form bleiben, haha!"

Die andere Stimme lachte schallend.

„Sag bloß!? Und was ist mit Dagmar? Ihr wart doch schon seit der Schulzeit zusammen."

„Wir haben uns getrennt. Im Guten natürlich."

„Natürlich."

Jürgens Stimme klang nachdenklich. Dann setzte er hinzu:

„Jedenfalls, Manni, alter Junge, wir sollten mal wieder ein Bier zusammen trinken gehen. Dann erzählst du mir die ganze Geschichte. Man sieht sich ja sonst nur zur Bergkirchweih."

„Sorry, Jürgen", hörte Lotte den anderen, „mit dem Alkohol ist es jetzt vorbei. Man muss Prioritäten setzen."

Der andere dämpfte die Stimme, aber Lotte hörte ihn gerade noch:

„Ich trinke nur noch Mineralwasser. In unserem Alter ist Alkohol schlecht für die Potenz, das solltest du als Arzt doch wissen."

So sehr sie auch die Ohren spitzte, Jürgens Antwort verstand Lotte nicht.

Dann wurden die beiden Stimmen wieder lauter.

„Ich muss unbedingt deine Tante sprechen. In der Mordsache."

„Tut mir Leid, Manni. Unmöglich. Sie ist krank. Herzrhythmusstörungen. Sie hat sich zu sehr aufgeregt. Komm wann anders wieder."

„Mensch Jürgen, sie hat das Mädchen am Tag vor ihrem Tod noch gesprochen. Sie ist wichtig. Also lass mich rein!"

„Ich sagte dir doch schon ..."

„Jürgen! ... Jürgen!"

Lottes Stimme war belegt vom vielen Weinen:

„Komm doch bitte mal zu mir."

Jürgen erschien in der Schlafzimmertüre, dahinter, halb zwischen ihrem Miniflur und dem kleinen Wohnzimmer, sah sie einen Mann in Lederjacke stehen.

„Mach die Tür zu, bitte!"

Jürgen gehorchte.

„Das ist der Kommissar, dieser Manfred Groß, mit dem du in die Schule gegangen bist, nicht wahr? Ich kenne ihn, stimmt's?"

Jürgen nickte.

„Bitte, ich möchte unbedingt mit ihm sprechen. Vielleicht kann ich ihm irgendwie helfen. Wenigstens das muss ich noch für Yvonne tun."

Jürgen zögerte.

„Du wirst dich wieder aufregen."

Lotte schaute ihn flehentlich aus ihrem Bett an.

„Wenn ich ihn nicht sprechen kann, rege ich mich noch mehr auf."

„Aber du musst wenigstens im Bett bleiben."

Lotte nickte folgsam.

„Mach den Schrank auf, da hängt mein blaues gehäkeltes Nachtjäckchen!"

Jürgen machte den Schrank auf und stand wortlos kopfschüttelnd vor einer säuberlich aufgehängten Reihe von Anzügen des verstorbenen Karl. Schließlich fand er ein unförmiges hellblaues Volljäckchen.

Lotte setzte sich auf, mühte sich vergeblich, ihre verschwitzten Haare zu ordnen, und zog das Jäckchen über ihrem Flanellnachthemd eng an die Brust:

„Er kann hereinkommen."

Sie hätte den Kommissar fast nicht wiedererkannt.

Sein trauriger Bart war fort. Er trug einen Stoppelhaarschnitt, ein schwarzes Hemd und eine enge schwarze Jeans zur Lederjacke und hatte Turnschuhe an den Füßen und eine Sporttasche in der Hand. Verglichen mit Jürgen sah er erstaunlich jung aus.

Jürgen schaltete das Deckenlicht ein und holte aus dem Wohnzimmer einen zweiten Stuhl. Der Kommissar kam direkt zur Sache.

„Ich will es kurz machen, da es Ihnen gesundheitlich nicht gut geht, Frau Askoleit. Sie haben heute in der Zeitung gelesen, was passiert ist?"

Lotte nickte stumm.

„Man hat die Leiche gegen achtzehn Uhr dreißig gefunden. Frau Yvonne Winter war zu diesem Zeitpunkt etwa eine Stunde tot. Der Täter hat vermutlich hinter der Hausmauer des Akademischen Auslandsamtes am Eingang zum Schlossgarten gewartet, dem Opfer ohne Vorwarnung von hinten eine Fahrradkette um den Hals geworfen und es an Ort und Stelle erdrosselt. Das Opfer war so überrascht, dass es keine nennenswerte Gegenwehr leisten konnte. Um diese Zeit ist der Schlossgarten meist leer, weil es schon dunkel ist. Bisher hat sich jedenfalls noch kein Augenzeuge gemeldet."

Der Kommissar machte eine kurze Pause und sah Lotte prüfend an:

„Geht es Ihnen gut genug, dass ich fortfahren kann?"

Lotte murmelte ein „Es geht schon, bitte, erzählen Sie weiter, Herr Kommissar".

Jürgen knurrte:

„Mach's kurz, Manni. Sie braucht jetzt Ruhe."

„Nun gut. Der Täter hat sein Opfer offenbar dann mit der Fahrradkette um den Hals ein paar Meter weiter geschleift. Da ist der Abgang zu einem öffentlichen WC, das vor allem tagsüber von den Gemüsehändlern auf dem Markt benutzt wird. Der Mörder hat Frau Winter die Treppenstufen hinuntergezogen bis vor den Eingang des WCs und sie dort liegen lassen. Wenn der Laternenzug nicht stattgefunden hätte und eines der Kinder nicht auf die Toilette gemusst hätte, wäre die Tote vermutlich erst am nächsten Tag gefunden worden."

Lotte schluckte und fingerte nach ihren Tempotaschentüchern.

„Im Moment beschäftigen uns zwei Fragen."

Der Kommissar fuhr mit der Hand über seine Stoppelhaare:

„Erstens: Frau Winter hat am Tag ihres Todes bei einer Dame hier im Stift einen Friseurtermin abgesagt, den diese um siebzehn Uhr gehabt hätte. Frau Winter hat erklärt, sie habe einen unaufschiebbaren Termin und müsse heute ihren Salon früher schließen. Der Gedanke liegt natürlich nahe, dass sie eine Verabredung mit dem Mörder gehabt haben könnte. Oder kam so etwas öfter vor?"

Lotte schüttelte den Kopf.

„Nein, nicht dass ich wüsste. Yvonne war sehr zuverlässig und hat enorm viel gearbeitet. Manche Damen hier im Stift sind wirklich nicht einfach. Es war ja ein Ein-Mann-Betrieb und sie hat den Laden erst vor einem guten Jahr übernommen. Ich glaube, sie brauchte das Geld."

Der Kommissar nickte.

„Und nun zur zweiten Frage."

Er rückte seinen Stuhl etwas näher ans Bett:

„Der Mörder ist sehr geschickt zu Werke gegangen. Es gibt so gut wie keine Spuren. Frau Winter hatte keine Chance, sich zu wehren, da sie völlig überraschend von hinten angegriffen wurde. Entsprechend fehlen alle Spuren eines Kampfes unter ihren Fingernägeln oder an ihrer Kleidung, die uns Hinweise auf den Mörder geben könnten. Das einzige Beweisstück ist die Fahrradkette.

Die haben wir ein Stück weiter, am Ausgang des Schlossgartens zum Markgrafentheater, in einem Gebüsch gefunden. Leider hat der Täter aber Handschuhe getragen. Also auch nichts Verwertbares."

Er sagte das in einem anklagenden Ton, als sehe er darin eine besondere Schikane des Mörders gegenüber der Polizei.

„Im Moment haben wir nur eine Spur, und von der wissen wir nicht, ob sie mit der Tat in Zusammenhang steht."

Er langte in die Innentasche seiner Lederjacke und förderte eine ganz kleine, durchsichtige Plastiktüte zu Tage:

„Dieser Knopf wurde nicht weit vom Tatort gefunden. Er ist allerdings nicht in einem Kampf abgerissen worden, sondern, wie man an diesen herunterhängenden Fäden gut erkennen kann, einfach von einem Kleidungsstück abgefallen. Verloren worden. Ob er mit der Tat in Zusammenhang steht, wissen wir nicht. Er kann auch schon tagelang herumgelegen haben."

Er reichte das kleine, durchsichtige Päckchen mit dem Knopf darin erst an Jürgen, der es ohne Interesse kurz musterte und an Lotte weitergab. Sie setzte sich auf und beugte sich zu ihrer Nachttischlampe, um den Knopf näher in Augenschein nehmen zu können.

„Aber das ist ja gar kein Männerknopf, Herr Kommissar!"

Manfred Groß nickte.

„So ist es, Frau Askoleit."

Lotte drehte das eingeschweißte Beweisstück zwischen den Fingern. Es war ein großer, grüner Knopf mit einem Goldrand und zwei ineinander verschlungenen großen goldenen „Cs".

„Ja denken Sie denn, der Mörder war gar kein Mann, sondern eine Frau?"

Manfred Groß zuckte die Schultern:
„Wir denken gar nichts."
Jürgen grinste:
„Das solltet ihr aber, alter Junge. Dafür werdet ihr bezahlt."
Manni holte aus und knuffte seinen alten Schulfreund freundschaftlich, aber kräftig in die Seite.
„Du weißt, was ich meine. Im Moment sind wir offen für alle Theorien. Sie war ungewöhnlich zierlich und klein. Natürlich hätte das auch eine halbwegs kräftige Frau machen können."
Lotte drehte und wendete mit zittrigen Fingern noch immer den Knopf im Licht der Lampe.
„Das ist ein Chanel-Knopf, nicht wahr?"
Der Kommisar machte „ähhhhhhhhh ..." und war sichtlich etwas aus dem Konzept gebracht.
„Darüber hat mir die Spurensicherung nichts gesagt."
Lotte lächelte:
„Nun ja, Herr Kommissar, als Frau weiß man so etwas. Coco Chanel. Ihre Initialen."
Der Kommissar langte wieder in seine Lederjacke, holte einen kleinen Schreibblock heraus, machte sich eine Notiz, räusperte sich und sagte:
„Danke für den Hinweis."
Dann räusperte er sich noch einmal und setzte sich sehr gerade auf seinen Stuhl:
„So viel zu den Indizien. Sie sehen selbst, es ist äußerst mager und spätestens in zwei Wochen wird die Presse anfangen, uns öffentlich zu prügeln, weil wir den Mörder noch nicht präsentiert haben."
„Oder die Mörderin", murmelte Lotte. Sie fühlte sich plötzlich unendlich müde.
„Oder die Mörderin, ganz recht. Wir müssen uns also auf den psychologischen Hintergrund der Tat konzen-

trieren. Das Umfeld ausleuchten. Es heißt, dass Sie ein recht gutes Verhältnis zu der Toten hatten und noch am Tag vor ihrem Tod bei ihr im Salon waren. Ist Ihnen da irgendetwas aufgefallen?"

Lotte nickte matt.

„Ja, das ist richtig, ich habe sie am Abend vor Martini noch gesehen. Sie wollte mir eigentlich die Haare machen."

„Hat sie das denn nicht? War etwas Besonderes an diesem Tag?"

„Es ging ihr nicht gut. Sie war durcheinander. Kein Wunder, sie hatte es ja am Vortag erst erfahren."

Lotte hatte das Gefühl, dass der Kommissar, der seinen Stuhl mit einem Ruck näher an ihr Bett gestellt hatte, hinter einer Nebelwand zu ihr redete:

„Was hat sie am Tag vorher erst erfahren, Frau Askoleit?"

Mit aller Gewalt zwang sie sich zur Konzentration:

„Ihre Schwangerschaft, ihre Schwangerschaft, Herr Kommissar."

Sie sah, wie der Kommissar hinter dieser schwankenden Nebelwand aufsprang und ganz nah an ihr Bett kam, aber der Nebel war immer noch zwischen ihr und ihm.

„Sie haben Recht. Der Autopsiebefund ist eindeutig. Frau Winter war im zweiten Monat. Wir dachten, sie wusste es selbst noch nicht. Jedenfalls hat sie keinem davon erzählt, nicht einmal ihrem Lebensgefährten. Und Sie wussten davon? Das ist ja höchst bemerkenswert!"

Er kramte wieder seinen Notizblock heraus.

„Ja, Herr Kommissar, sie war schwanger, sie hat es mir am Tag vor ihrem Tod gesagt. Eigentlich habe ich ihr versprochen, niemandem davon zu erzählen. Aber jetzt, wo sie tot ist ..."

Lottes Stimme klang verwaschen.

Die Lampe begann sich zu drehen, der Nachttisch, der Schrank, das Bett. Sie hatte das Gefühl, jemand habe ihren Körper in einen dicken Wattesack gesteckt und schleudere sie nun im Kreis herum. Wenn doch nur dieses Dröhnen, dieses Rauschen, dieses Hämmern in ihrem Kopf endlich aufhören würden. Wenn doch nur ...

Von ferne, ganz ferne hörte sie Jürgens Stimme:

„Lass sie jetzt in Ruhe, Manni. Ich habe ihr vorhin etwas zur Beruhigung gespritzt. Du siehst ja, sie schläft schon fast."

Sie sah schemenhaft, wie die zwei Männer aufstanden.

„Ich gehe jetzt joggen. Kommst du mit?", fragte der eine.

„Bist du verrückt, es ist doch schon dunkel draußen", sagte der andere.

„Na und?", sagte der eine. „Du solltest auch was für dich tun. Du wirst zu dick."

„Ich weiß. Ich fühle mich beschissen", sagte der andere.

„Grüß Jutta von mir", sagte der eine.

„Würde ich gerne. Aber sie hat mich gestern verlassen", sagte der andere.

Lotte wollte irgendetwas erwidern, aber es gelang ihr nicht mehr. Die beiden Gestalten versanken endgültig in den Tiefen eines traumlosen, leeren, zwölfstündigen Schlafes.

X

Aber am nächsten Morgen waren das Stolpern und das Rumpeln in ihrem Brustkorb, der lähmende Kopfschmerz und die krampfartige Übelkeit noch immer da. Man brachte Lotte in die Klinik. Da lag sie in einem weißen Eisenbett, an EKG und Infusion angeschlossen, starrte stundenlang auf die kahlen Buchenwipfel, die sich in der hintersten Ecke des Schlossgartens bis vor ihr Fenster reckten, und fragte sich, was das alles hier mit ihr zu tun hatte. Denn die Beruhigungsmittel hatten einen Wall der Gleichgültigkeit und Lethargie um sie herum aufgeschüttet. Manchmal träumte sie sich davon in einen Traum, den sie schon als Kind geliebt hatte, und flog wie der kleine Hävelmann im Bett über Flüsse, Wälder und Städte, sah in die Häuser der Menschen, sah sie essen, streiten und lieben. Manchmal flog sie in ihren Träumen auch zu Jutta und zu Yvonne und sah auch sie lieben und streiten.

Jürgen kam jeden Tag frühmorgens und am Spätnachmittag. Er sah fremd aus in seiner weißen Klinikhose und dem weißen Arztkittel. Er studierte ihr Krankenblatt, besprach sich mit dem Stationsarzt, setzte sich auf ihre Bettkante, drehte mechanisch ein wenig am Rädchen ihrer Infusionsflasche und sagte jedes Mal:

„Mach dir keine Sorgen, das kriegen wir schon wieder hin!"

Sogar Lisbeth schaute einmal vorbei. Sie brachte ein Blumentöpfchen mit kleinen rosa Moosrosen, stand verlegen herum, erklärte, dass Max schön grüßen lasse, aber den Dackel nicht allein lassen könne, und dass sie selbst jetzt leider auch gleich wieder weg müsse, weil Tristan draußen warte. Von Jutta sprach niemand.

Es war wohl der sechste oder siebte Tag in der Klinik, da hörte das Stolpern plötzlich auf und Lottes Herz pochte mit einem Mal wieder in diesem beruhigenden, gleichförmig pulsierenden Rhythmus, den man sofort wieder vergaß.

Sie sah es Jürgen an, wie erleichtert er war. Man behielt sie vorsorglich noch ein paar Tage in der Klinik, schon zur Sicherheit und weil sie verwandt mit dem Oberarzt war, und dann endlich brachte ein Taxi Lotte zurück nach Hause.

Als sie mit ihrer kleinen Reisetasche das Foyer durchquerte, stellte sie mit Erstaunen fest, dass der Hausmeister schon dabei war, den Adventskranz, groß wie ein Lastwagenreifen, an der Decke zu befestigen.

Die Etagendame hatte ihr Appartement gelüftet, die Heizung hochgedreht und Post und Tageszeitungen säuberlich auf dem Wohnzimmertisch gestapelt. Lotte stand noch im Mantel, als sie den Brief aus dem Polizeipräsidium aufriss. Man forderte sie auf, innerhalb der nächsten fünf Tage ihr Aussageprotokoll im Mordfall Yvonne Winter in Zimmer 145 (Mordkommission/Kommissar Groß) zu unterschreiben und sich für weitere Aussagen zur Verfügung zu halten.

Lotte sah auf den Poststempel. Der Termin war längst abgelaufen. Sie sank auf einen Stuhl. Sie fühlte sich so schwach. Etwas Schreckliches fiel ihr ein: Sie war so lange in der Klinik gewesen. Yvonne war wahrscheinlich schon beerdigt und niemand hatte ihr etwas gesagt.

Dann klingelte das Telefon.

„Jürgen hat mir eben mitgeteilt, dass du wieder zu

Hause bist. Gratuliere. Dann ist ja noch mal alles gut gegangen."

Margots Stimme war von einer entschlossenen Munterkeit, aber mit einem anklagenden Unterton:

„Ich habe wegen Juuutta (sie dehnte den Namen mit einer schneidenden Schärfe) die Woche in Bad Füssing, die ich wirklich *driiiingend* nötig hätte, verschieben müssen. Ich will dich nicht drängen. Es ist nur wegen der Terminplanung. Wann meinst du, dass du den Haushalt übernehmen könntest?"

„Wie meinst du, übernehmen?" Lotte war völlig konsterniert.

„Ich meine kochen, Wäsche et cetera. Die Kinder brauchen ihre Ordnung. Die Armen können ja nichts dafür, wenn *siiieee* einfach so verschwindet."

Lotte saß da, den Hörer in der Hand. Nein, es war also kein schlechter Traum gewesen. Yvonne war tot und Jutta war wirklich weg. Sie horchte angstvoll auf ihr Herz. Es schlug ganz regelmäßig, gleichmütig und beruhigend.

„Was ist, Lotte? Schaffst du das? Es ist nur wegen der Kinder."

„Natürlich, die Kinder."

Lotte seufzte.

„Gib mir einen Tag, Margot. Ich bin so müde. Ich komme morgen vorbei. Dann besprechen wir alles."

Am nächsten Tag nahm sich Lotte ein Taxi zum Polizeipräsidium. Sie war noch nie dort gewesen. Damals, als ihre braune Geldbörse beim Einkaufen aus ihrer Handtasche gestohlen worden war, befand sich das Polizeipräsidium noch in einem unauffälligen Betonbau hinter dem Rathaus. Nun brachte das Taxi sie nach Bruck hinaus zu einem überdimensionalen roten Backsteinbau, der so einladend wie der Hochsicherheitstrakt von Stammheim aussah – eine abweisende Trutzburg gegen das Schwerverbrechen, das in dieser biederen Stadt offensichtlich hinter jeder Ecke lauerte: Fahrräder stehlende Schüler, betrunkene Studenten und Hausfrauen, die auf dem Großparkplatz ihre Parkgebühren nicht entrichteten.

Lotte fragte sich zur Mordkommission durch. Im Zimmer 145 saßen ein schnauzbärtiger blonder Polizist und eine junge Polizistin mit Pferdeschwanz an zwei Schreibmaschinen und mühten sich, irgendwelche Protokolle abzutippen.

Nach einiger Zeit stand der junge Polizist auf. Nein, Kommissar Groß sei in einer wichtigen Besprechung. Worum es denn gehe?

Lotte zeigte ihren Brief und begann damit, ihre Krankengeschichte der letzten zwei Wochen vor dem jungen Polizisten auszubreiten, um zu erklären, warum sie erst jetzt ins Präsidium kam. Aber den jungen Mann schien das nicht weiter zu interessieren. Er wandte sich ab, kramte in einer Ablagemappe, fischte ein maschinengeschriebenes Protokoll heraus, sagte: „Frau Askoleit, das sind also Sie?", legte das Blatt auf den Tresen und reichte Lotte einen grünen Kugelschreiber mit der Aufschrift *„Ihre Polizei – bürgernah und kompetent"* zur Unterschrift.

Lotte las die dürren Worte, mit denen da von einem letzten Gespräch zwischen der Toten und Frau Lotte Askoleit die Rede war und davon, dass bei dieser Gelegenheit Frau Yvonne Winter auch eine bestehende Schwangerschaft gegenüber Frau Askoleit erwähnt habe. Lotte zögerte, den Kuli in der Hand.

„Da ist noch etwas, Herr ...", sie wusste nicht, wie sie den jungen Polizisten anreden sollte.

„Ich muss noch etwas zu Protokoll geben."

Der schnauzbärtige Polizist sah sie gleichgültig und gottergeben an.

„Dann kommen Sie bitte."

Er winkte sie hinter den Tresen, rückte einen Stuhl neben seinen Schreibtisch und spannte ein neues Formular in seine Maschine.

Lotte erzählte von dem Abend, zwei Tage vor dem Mord, als beim Freibad West das schlingernde Auto der Friseuse fast Ottos Wagen gerammt hatte. Und dann überwand sie sich, gestand ihre Neugier und erzählte auch, dass sie am Martinstag nachmittags zur Neumühle hinüber gelaufen war und dort einen Mann gesehen hatte, der aus einer alten Fabrikhalle Päckchen in sein Auto lud.

Der Polizist zögerte bei jedem Buchstaben, bevor er ihn auf der Tastatur niederdrückte, und warf dazwischen immer wieder einen Blick auf den Text, den er schon geschrieben hatte. Schließlich war er fertig und sah Lotte an.

„Zwei Fragen müssen Sie mir noch beantworten. Um wie viel Uhr haben Sie Ihre Beobachtungen gemacht?"

Lotte zögerte einen Moment.

„Es war gerade noch hell. Es muss zwischen vier und halb fünf gewesen sein."

Der Polizist machte sich wieder ans Schreiben.

„Kannten Sie den Mann?"

Lotte warf dem jungen Polizisten einen vorwurfsvollen Blick zu:

„Natürlich nicht!"

„Könnten Sie ihn beschreiben?"

„Natürlich."

Der schnauzbärtige Polizist sah sie mit stoischer Miene an.

„Er war ... relativ groß."

„Ahhhhh", machte der Polizist.
„Wie alt?"
„Nicht alt. Vielleicht vierzig oder fünfzig?"
„Oder sechzig?", versetzte der Polizist.
Lotte sah ihn irritiert an.
„Nein, äh ... ich glaube eher nicht."
„Brille?"
„Ja ... das heißt, nein, doch, doch, ich bin mir eigentlich sicher ..."
Der Polizist seufzte kaum hörbar und starrte auf seine Schreibmaschine.
„Er sah ganz normal aus."
„Natürlich", sagte der Polizist und zog mit einem Ratsch das Protokoll aus der Maschine.
„Aber ich würde ihn sofort wiedererkennen."
Lotte hatte das Gefühl, sich verteidigen zu müssen.
„Also da bin ich mir ganz sicher."
„Natürlich", sagte der Polizist und fixierte erst Lotte und dann wieder seine Schreibmaschine.
„Wenn wir mal theoretisch davon ausgehen, dass Ihre Beobachtung für unseren Fall wirklich so wichtig ist", er seufzte leise, „dann müssen Sie sowieso nach Nürnberg. Die Kollegen dort haben das Programm. Wir erstellen hier keine Personenportraits mehr. Das geht heute alles zentral über den Computer in Nürnberg. Ist viel genauer."
„Wie me-i-j-nen Sie das, nach Nürnberg?" Lotte hielt sich am Tresen fest.
„Na, Sie wollen doch, dass wir ein Phantombild von dem Mann erstellen? Das machen wir hier nicht, das machen nur noch die in Nürnberg."
„Me-i-j-n Gott ... ein Phantombild ... nach Nürnberg ... wie soll ich denn nach Nürnberg ..."
„Lass mich mal", die junge Polizistin schob ihren Kol-

legen zur Seite. „Wir haben doch noch den Stapel mit den alten Karten. Wir können es ja erst mal so versuchen. Ich weiß nicht, ob es einen Sinn hat, die Dame nach Nürnberg zu schicken."

Sie verschwand im Nebenzimmer und kam mit einem Stapel von schmalen Karten wieder, auf denen Hakennasen, Stupsnasen, Adlernasen, Höckernasen, Boxernasen, Kussmünder, Fischmünder und Wulstlippen zu sehen waren. Lotte merkte, wie ihre Hände anfingen zu zittern.

Geduldig setzte sie mit Lotte eine hohe Stirn mit Geheimratsecken an ein paar eng stehende Augen mit buschigen Brauen, fügte eine lange Nase mit hochgezogenen Nasenflügeln an ein Paar aufgewölbte Lippen, schob hier eine neue Nase dazwischen und änderte dort ein breites Grübchenkinn gegen ein schmales.

Es war hoffnungslos. Lotte wurde mit jedem Versuch unsicherer. Sie versuchte, sich den Mann vorzustellen. Aber es gelang ihr immer weniger. Schließlich gab die Polizistin auf.

„Das macht nichts, Frau Askoleit. Den meisten geht das so. Man hat ein Gesicht im Kopf, man würde es mit Sicherheit auch wiedererkennen, aber man kann es nicht beschreiben. Wenn Ihnen noch etwas einfällt, rufen Sie einfach an."

Sie schob Lotte das Protokoll zu, auf dem sie als letzten Satz noch hinzugefügt hatte:

„Die Zeugin kann die fragliche männliche Person auf Nachfrage nicht beschreiben, gibt aber an, den Mann bei einer eventuellen Gegenüberstellung wiedererkennen zu können."

Lottes Gesicht war von Röte überflutet, als sie unterschrieb, nach Stock und Handtasche griff und sich hastig verabschiedete. Selten war ihr etwas so peinlich gewesen ... diese mitleidigen Blicke der Polizistin auf eine senile Alte, schrecklich!

Sie hastete den langen Gang des Präsidiums entlang und schrak zusammen, denn unmittelbar vor ihr ging eine Türe auf. Von innen hörte sie eine Stimme:

„Wir klären das, und ich komme morgen oder übermorgen wieder bei Ihnen vorbei!"

War das die Stimme des Kommissars?

Fast wäre sie zusammengestoßen mit dem jungen Mann, der aus dem Zimmer stürmte. Er murmelte ein geistesabwesendes „Tschuldigung" in ihre Richtung und lief in großen Schritten Richtung Ausgang. Natürlich, jetzt erkannte sie ihn:

„Willy ... äh, Herr ... Herr ... Keller ... kann ich Sie einen Moment ...???"

Aber der war schon weit voraus und hörte sie nicht. Seine Absätze klapperten auf dem blanken Boden. Vermutlich wusste er gar nicht, wer sie war. Woher auch? Ihre einzige Begegnung lag Wochen zurück und Lotte war für ihn nur eine alte Frau an irgendeinem Nebentisch in einem Karpfenlokal gewesen.

Lotte selbst hatte ihn natürlich sofort wiedererkannt. Er war ja lange genug auf dem Boden des Gasthauses gelegen, bis endlich der Notarzt gekommen war ...

Während sie hinter ihm über den Flur des Präsidiums hastete und noch immer versuchte, ihn einzuholen, dachte sie, dass er ihr stattlicher und breitschultriger vorkam als an jenem Abend.

Er war viel schneller als sie und der Abstand zu ihm wurde zusehends größer.

Lotte verlangsamte ihren Schritt. Was wollte sie ihm eigentlich sagen?

Ihm kondolieren? Wie lächerlich. Er kannte sie ja gar nicht.

Als sie den Ausgang des Präsidiums erreichte, war er schon auf dem Parkplatz. Sie blieb unter der Türe stehen, sah ihn von weitem in einen Wagen einsteigen und losfahren.

Er gab beim Rückwärts-Ausparken kräftig Gas, die Reifen quietschten. Dann legte er den Vorwärtsgang ein, der Motor heulte auf, der Wagen beschleunigte.

Lotte hörte das Wummern von tiefen Bässen auf sich zukommen und dann brauste das Auto an ihr vorbei.

Sie starrte ihm entgeistert nach. Es war ein gelber Beetle. Auf dem hinteren Kotflügel klebte eine kleine rote Ente.

Sie brauchte ein paar Momente, um sich wieder zu fangen. Dann ging sie zu der gläsernen Empfangsloge und bat den freundlichen Polizisten darum, ihr ein Taxi zu bestellen. Sie musste zu Jürgen, Max und Lisbeth. Und zu Margot.

Margot öffnete ihr. Sie trug eine blütenweiße Schürze mit scharfen Bügelkanten über ihrem seegrünen Nachmittagskleid, breitete die Arme aus, drückte Lotte kurz und herzhaft an ihren Busen und erklärte resolut:

„Komm herein, meine Liebe, und fühl dich wie zu Hause!"

Ein intensiver Duft von frischer Zitrone und Weihnachtsgewürzen stieg Lotte in die Nase. Während sie ihren Mantel auszog, sah sie sich um. Im Flur stand eine Leiter. Margot hatte offenbar gerade die dicke Girlande aus künstlichem Tannengrün mit goldenen Kugeln und kleinen, halleluja singenden Engeln über der Wohnzimmertüre angebracht. Auf Juttas gläsernem Flurtisch stand ein riesiger barocker Engel, der mit aufgeblasenen Backen in eine Posaune stieß. Auch der schmale Glasspiegel neben dem Garderobenschrank war bereits mit Schneespray, Engelshaar und künstlichen Zweigen dekoriert.

Margot sah sich zufrieden um:

„Ich habe heute mal ordentlich geputzt hier. Ich sage dir, das war nötig! Und dann habe ich es ein bisschen weihnachtlich gemacht. Ich habe Otto gesagt, er soll mir die ganze Kiste mit meinen Weihnachtssachen vorbeibringen."

„Ist er denn auch da?", versetzte Lotte und spürte, wie ihr Herz klopfte.

Margot schüttelte resolut den Kopf.

„Er steht nur im Weg bei der Arbeit. Ich habe ihn nach dem Mittagessen wieder heimgeschickt."

Lotte deutete auf den riesigen Barockengel:

„Ist das nicht der teure Engel, den du dir letztes Jahr gekauft hast?"

„Richtig. Während meiner Kur in Bad Gastein. Von einem echten Schnitzer. Aber ich dachte mir, ich stelle ihn hier auf. Ich fahre ja jetzt sowieso nach Füssing, Otto hat keinen Sinn für so etwas und die Kinder sollen wenigstens etwas Schönes haben, wenn schon ihre Mutter auf und davon ist", versetzte Margot vorwurfsvoll.

„Nun, sie wird doch wieder zurückkommen, denke ich?"

Margot zuckte vielsagend die Achseln und öffnete die Türe zum Esszimmer.

„Wo ist denn der Dackel, man hört ihn heute gar nicht?"

„Er sitzt in seinem Körbchen. Ich habe ihm abgewöhnt, jeden Besucher halb aufzufressen. Im Grunde ist er ein liebes Tier."

„Doch, das ist er", nickte Lotte, dachte an ihre zerrissene Stützstrumpfhose und die Wiener Würstchen und fügte hinzu:

„Man muss ihn nur zu nehmen wissen ..."

Margot nickte zustimmend.

„So, Lotte, aber nun setz dich! Ich habe uns Kaffee gemacht."

Lotte sah, dass auf dem mit Kaffeegeschirr gedeckten Esszimmertisch ein großer Adventskranz stand, der über und über mit Schleifen, Plastikäpfeln, vergoldeten Nüssen, Schlittschuh fahrenden Weihnachtsmännern und aus voller Kehle singenden Engeln dekoriert war.

Margot nahte mit einem Kuchentablett und einer Kaffeekanne.

„Tut mir Leid, Margot, ich vertrage keinen Kaffee. Mein Herz ..."

„Papperlapapp, der tut dir gut. Nimm doch von dem Kuchen dazu. Weihnachtlicher Gewürzkuchen. Mit Honig, Zimt, Kardamom, einer Prise Nelken und viiiiel Mandeln. Möchtest du das Rezept?"

Sie tat Lotte ein großes Stück Kuchen auf und bediente sich dann selbst.

„Oder möchtest du lieber erst mal etwas Herzhaftes? Es ist noch vom Mittagessen genug übrig. Wir hatten heute klare Bouillon, Rindersaftgulasch mit Spätzle und hinterher Vanillepudding."

Sie sah Lottes ungläubigen Blick und fügte dann hinzu:

„Glaube mir, das ist alles eine Frage der Organisation."

Lotte dachte an die verkohlten Fleischküchle und die trockenen Salzkartoffeln, die sie letzthin hier serviert hatte.

„Der Junge hat so was ja nie bekommen. Ich habe mehr gekocht für ihn, zum Abendessen. Ich weiß doch, wie gerne er Gulasch isst", erklärte Margot, während sie ein paar Krümel des Gewürzkuchens von ihrem Busen schnippte.

„Welchen Jungen meinst du, Margot?"

„Na Jürgen natürlich, *sie* hat ihm doch nur noch dieses vegetarische Viehfutter gemacht, *deine* Nichte."

„Stimmt, meine Liebe", versetzte Lotte, „sie ist *meine* Nichte. Aber Jürgen ist auch *mein* Neffe. Ich habe da nie einen Unterschied gemacht."

„Und nun ist sie weg, *deine* Nichte. Lässt ihre Kinder alleine, noch dazu jetzt, in der Vorweihnachtszeit ..."

„Weißt du, Margot, ich denke, sie liebt ihre Kinder. Und sie liebt auch Jürgen. Sie wird schon wiederkommen. In jeder Ehe gibt es mal ..."

Margot schnaubte und machte eine wegwerfende Handbewegung.

„Ich war immer gegen diese Verbindung. Sie nimmt sich selbst zu wichtig. Was kann sie denn? Was wäre sie denn ohne ihn? Wenn du mich fragst, er hätte sie nie heiraten sollen. Ein Wunder, dass der Junge es so lange mit ihr ausgehalten hat."

Sie beugte sich zu Lotte hin und senkte die Stimme:

„Ich habe in ihren Wäscheschrank geschaut. Sie bügelt ihre Bettwäsche nicht."

„Wie meinst du?"

„Es ist so, wie ich es dir sage, sie bügelt ihre Bettwäsche nicht. Der arme Junge musste all die Jahre in *ungebügelter* Bettwäsche schlafen."

„Prinzipiell ist das natürlich erstaunlich, aber ganz ehrlich gesagt, so schlimm kann ich das nun auch wieder nicht ..."

„Du willst doch nicht behaupten ... oder bügelst du etwa deine Bettwäsche auch nicht, Lotte?"

„Gott, Margot, bei uns macht das die Hauswäscherei, ich finde das jetzt nicht so erwähnenswert."

„Ja aber, es kommt noch besser", Margot stand auf, öffnete die Esszimmertür, um zu sehen, ob jemand in der Nähe war, und kam dann wieder auf Lotte zu:

„Das Schlimmste kommt erst noch."

Sie rutschte ganz nahe an Lotte heran und ihre Armreifen klirrten nervös:

„Ich habe in ihr Wäschefach geschaut. Sie trägt *schwarze* Unterwäsche. Wirklich."

Margot machte eine Pause.

„Und nicht etwa Schlüpfer, sondern *sooooo* kleine ..."
Ihre Stimme erstarb.

„Vielleicht, ich meine, möglicherweise hat er das ja gerne", wandte Lotte zaghaft ein.

„Jürgen???"
Margot schnaubte auf.

„Lotte, ich bitte dich!!! Ich muss mich wirklich über dich wundern. Der Junge wird fünfzig!!!"

„Eben", murmelte Lotte.

„Nein, nein, da steckt ein anderer Mann dahinter. Mir tun nur die Kinder Leid, was *deine* Nichte denen antut!"

Margot schwieg und schnaufte schwer, doch nach einer Weile fasste sie sich und strich die Bänder ihrer weißen Schürze glatt:

„Aber jetzt zum Organisatorischen. Wir sind in der Pflicht, Lotte, den Kindern gegenüber. Ich habe dir einen Plan geschrieben."

Sie holte einen sorgfältig beschriebenen Zettel aus ihrer Schürzentasche.

„Ich habe für die nächsten zwei Tage vorgekocht. Dadurch bist du erst mal entlastet und kannst dich noch etwas von deinem Klinikaufenthalt erholen. Dann kommt dein Einsatz. Hier ist der Küchenplan. Es ist alles genau vermerkt. Suppe, Hauptgang, Nachtisch. Ich habe lauter einfache Sachen ausgesucht. Du kochst ja nicht gerne."

„Oooch", machte Lotte. „Das klappt schon."

„Jedenfalls sind hier die Rezepte. Nur für alle Fälle.

Für Mittwoch habe ich Siegfried bestellt. Er soll sich um die Hausaufgaben der Kinder kümmern."

„Ich weiß nicht, ob sie davon sehr begeistert sein werden ..."

„Lass nur, Lotte, du hast ja keine Kinder gehabt. Kinder brauchen ein Heim."

Margot strich liebevoll über den üppigen Adventskranz.

„Und Kinder brauchen ihre Ordnung."

„Wenn du meinst", sagte Lotte.

XI

Lotte hatte also zwei Tage Zeit, um Margots Küchenplan zu studieren. Für ihren ersten Tag als Köchin hatte Margot Tomatencremesuppe, Schweinskotelett mit Rosenkohl und Salzkartoffeln und als Nachtisch Orangenquark vorgeschlagen.

Lotte beschloss als Erstes, die Tomatensuppe wegzulassen. Dennoch war ihr Einkaufszettel beängstigend lang, als sie zwei Tage später am zeitigen Vormittag von zu Hause aufbrach: Kartoffeln, Butter und Semmelbrösel, Quark, Orangen und Sahne, Rosenkohl und Schweinskotelett. Und irgendwas für den Dackel.

Es regnete. In der einen Hand hatte sie den Schirm, in der anderen den Stock. Also keine Möglichkeit, die große Einkaufstasche mit den Rädern hinter sich herzuziehen. Das würde eine schöne Schlepperei.

Sie war so in Gedanken, dass sie ihre Haltestelle verpasste und erst an der Hauptpost ausstieg. Die Fußgängerzone war noch öde. Nur ein paar Hausfrauen machten bereits wieder entnervt Jagd auf Weihnachtsgeschenke für ihre Lieben. Und ein paar ältere Herren mit verdächtig dünnen Aktentaschen waren von ihren Gattinnen schon in die Stadt geschickt worden, um – nach genauer schriftlicher Anweisung – einen fränkischen Roggenlaib (nicht wieder den mit dem Kümmel!), ein Pfund Clementinen (aber nur welche ohne Blatt!), ein halbes Pfund Butterplätzchen (es können die billigen sein, sie sind zum Verschenken!) und ein Pfund Kaffee (milde Sorte, für den Handfilter bitte schön!) zu besorgen. Die älteren Herren oblagen diesen Aufgaben mit der gleichen Ernsthaftigkeit, mit der sie einst bei einem führenden Elektrokonzern ganze Abteilungen auf den internationalen Märkten durch die Turbulenzen der Weltwirtschaft gesteuert hatten.

Lotte hatte keinen Blick für die Weihnachtsteddybären mit den dicken roten Schärpen um den Bauch, die zu ihrer Rechten in den Schaufenstern Uhren, Spielzeug, Kochtöpfe und Unterwäsche bestaunten. Und auch nicht für die Reklame des Hamburger-Ladens zu ihrer Linken, der seiner Kundschaft den XXL-Christmas-Burger mit extra viel Zwiebeln ans Herz legte. Mein Gott, wo war denn hier ein ganz normales Lebensmittelgeschäft???

Sie überquerte den Hugenottenplatz, warf einen flüchtigen Blick auf die riesige Blautanne, die die städtischen Arbeiter wieder einmal ein bisschen schief in die Erde gepflockt hatten, und auf die zwei jungen Männer mit ihren Hunden, die zu dieser frühen Stunde schon mit Bierdosen am Brunnen vor der Sparkasse hockten.

Auf der anderen Straßenseite, an dem frisch renovierten Richthaus an der Ecke, baumelte eine lange Kette voll silbrig glänzender Geschenkpakete an der Fassade entlang. Über der Eingangstüre saß ein überlebensgroßer silberner Nikolaus aus Pappmaché. Er hatte die Beine übereinander geschlagen, hielt ein silbriges Sektglas in der Hand und schien den Vorübergehenden zuzuprosten.

Lotte wollte schon weiterhasten, da fiel ihr Blick auf das Schaufenster. *„Feiern Sie mit uns die Eröffnung unserer 10. Filiale! Relaxen mit Vitalis – wir kochen für Sie!"* stand da.

Lotte blieb abrupt stehen.

In der Auslage des Ladens war eine kunstvolle Pyramide aus tiefblauen Proseccoflaschen zur Form eines

Weihnachtsbaums aufgetürmt. Silberne Pappmaché-Engel schwebten an unsichtbaren Fäden von der Decke und trugen Spruchbänder vor sich her, auf denen stand: *„Vitalis – die frohe Botschaft für Ihre Küche"* und *„Wellness und Happiness, die Sie essen können, halleluja!"*

Lotte konnte nicht anders, sie trat ein. Marmor, Chrom und Glas blitzten ihr entgegen. An ein paar weihnachtlich dekorierten Stehtischen standen schon Grüppchen von Kundinnen mit Gläsern in der Hand. Ehe sie sich versah, war eine bildhübsche Rothaarige mit langer weißer Kellnerschürze neben ihr und drückte ihr mit einem strahlenden Lächeln und den Worten „Herzlich willkommen in unserem neuen *Vitalis*-Gourmet-Treff" ein Glas Prosecco in die Hand.

„Ich wollte eigentlich nur ..."

„Prosit", strahlte die Rothaarige.

Lotte lehnte den Stock an ein Stehtischchen und setzte voll Widerwillen das Glas an den Mund.

„Sie kennen schon unser Konzept?", strahlte die Rothaarige wieder.

Lotte setzte ihr Glas ab und schüttelte den Kopf.

„Wir bieten Ihnen jeden Tag zwei Menüs zur Auswahl. Zum Hier-Essen und zum Mitnehmen. Heute bieten wir Ihnen ‚Involtini alla Milanese' oder ‚Bami Goreng'. Und zum Nachtisch Orangencreme."

„Was für ein Zufall", erwiderte Lotte. „Zum Mitnehmen, sagten Sie?"

Lotte nahm noch einen Schluck.

„So ist es. Alles praktisch portioniert und eingeschweißt. Wer hat denn heute noch Lust zu kochen?!"

„Wem sagen Sie das", Lotte genehmigte sich noch einen Schluck.

„Vielleicht sollte ich dann ..."

Die Rothaarige strahlte sie schon wieder an:

„Ja???"

Lotte überlegte fieberhaft. Was waren Involtini? Jürgen mochte doch lieber Hausmannskost, Rouladen und Ähnliches. Bami Goreng kannte sie aus dem Fernsehen, aus der Reklame für Tiefkühlkost.

„Ich nehme viermal Bami Goreng und viermal Nachtisch."

Lotte nahm entschlossen noch einen Schluck aus ihrem Glas.

„Sehr gerne. Sie werden begeistert sein. Obwohl unsere kleinen italienischen Rouladen heute auch sehr gut sind."

Lotte zögerte eine winzige Sekunde, trank ihr Glas leer und fügte dann hastig hinzu:

„Nein, nein, machen Sie mir das Bami Goreng fertig!"

Billig war er nicht, der Inhalt ihrer großen Tüte mit der silbernen „*Vitalis*"-Aufschrift, aber Lotte befand, dass es das wert sei, während sie sich von der Rothaarigen das Wechselgeld aushändigen ließ.

„Bleiben Sie doch noch ein paar Minuten. Um zehn Uhr kommt unser Chef. Dann fängt unsere Eröffnungstombola an", strahlte die Rothaarige sie noch einmal an.

„Danke, sehr freundlich, aber ich habe es eilig."

Lotte schüttelte den Kopf, grüßte, drehte sich dann aber im Gehen noch einmal um:

„Ach Fräulein, ob Sie vielleicht noch den Wochenplan mit Ihren Menüs für mich hätten?"

„Ich wusste, dass unser Konzept Sie überzeugt."

Die Rothaarige reichte ihr den Menüplan.

„Morgen haben wir toskanisches Ossobuco oder Entenbrust thailändisch. Ich lege Ihnen gleich noch unser Bonuskärtchen mit bei. Falls Sie in Zukunft öfter bei uns kaufen."

Lotte war schwindelig. Kein Wunder – Alkohol am frühen Morgen!

Sie kaufte noch schnell auf dem Marktplatz bei einem rollenden Metzgereiverkaufsstand ein Paar Wiener für den Dackel. Heute nur ein Paar. Magere Putenwiener.

„Sonst kotzt er wieder, der ekelhafte Dackel", dachte sie und ihr Kopf drehte sich von dem Prosecco.

„Ich werde ihn den ganzen Tag ins Gästeklo sperren. Ich gebe ihm gar nichts zu fressen. Und wenn er Gassi muss, sein Problem. Das hat er davon, wenn er zu Margot so scheinheilig ist und mir zerreißt er meine Strumpfhosen ... Nein, er bekommt sie nicht, die Putenwiener ..."

Das musste der Prosecco sein: Lotte war in Kampfesstimmung, als sie die Türe aufsperrte. Sie sah, dass Margots dicker, teurer Barockengel aus Bad Gastein weg war. Der Dackel zeigte sich nicht.

Sie ging in die Küche. Da lag er in seinem Körbchen. Artig. Treuherzig. Er sah Lotte, sprang auf und fing zu knurren an. Lotte fingerte nach den Putenwienern, brach ein Stück ab, der Dackel schnupperte kurz daran, das Knurren ging in ein wütendes Gebell über. Offenbar mochte er keine Putenwiener.

Lottes Blick fiel auf den Küchentisch und sie erstarrte. Der Dackel kläffte um sie herum. Sie fuchtelte mit dem Stock nach ihm und starrte wieder auf den Küchentisch. Der Dackel kläffte wie wild, Lotte bückte sich, zerrte ihn halb schwindelig an seinem Halsband bis zur Gästetoilette, schob ihn durch den Türspalt hinein, machte die Türe wieder zu, hörte nicht mehr auf sein hysterisches Gebell, hastete in die Küche zurück und sah sich um.

Der Küchentisch war bedeckt mit Bierflaschen. Leeren und halb leeren, einige waren umgekippt, eine süßlich-klebrige Bierlache hatte sich breit gemacht. Dann lag da noch eine Schnapsflasche, die bis auf den letzten Tropfen ausgetrunken war. *„Nordhäuser Doppelkorn, 48 %"* stand darauf. Mein Gott, armer Jürgen. Aber das Schlimmste lag in der Mitte des Tisches: eine nackte, vollbusige Barbiepuppe. Die Haare waren ihr abgeschnitten bis auf eine stoppelige Punk-Frisur. Beine und Arme waren schwarz versengt. An der Stelle, an der sie auf dem Küchentisch lag, hatte die Tischplatte einen schwarzen Brandfleck. Lotte sank auf einen Stuhl. Mein Gott, hasste er Jutta so sehr???

Armer Jürgen. Arme Kinder. Und arme Jutta.

Sie brauchte lange, bis sie sich wieder hochraffen konnte, die Bierflaschen einsammelte, die Schnapsflasche zum Altglas in den Keller trug, den Tisch sauber machte und aufräumte. Dann füllte sie das Bami Goreng aus den Styroporbehältern in eine große Pfanne, dekorierte die Orangencreme in einer Glasschüssel, verstaute die leeren Behälter in einer Plastiktüte, warf die verbrannte Barbiepuppe mit dazu, verknotete die Tüte säuberlich und brachte sie direkt hinaus zur Mülltonne. Es musste ja niemand wissen, wer heute gekocht hatte.

Sie lauschte an der Tür zur Gästetoilette. Es war ganz still. Sie sah auf die Uhr. Die Zwillinge mussten jeden Moment aus der Schule kommen. Sie stellte die Pfanne mit dem Bami Goreng auf den Herd und drehte die Platte an. Es war schon über die Zeit. Wo blieben sie denn? Halb zwei. Später kamen sie nie. Dreiviertel zwei. Sie begann sich Sorgen zu machen. Zwei Uhr. Das Bami Goreng wurde zusehends unansehnlicher. Sollte sie in der Schule anrufen? Oder bei Jürgen?

Da hörte sie ein Geräusch. Der Dackel? Nein, das kam von oben. Sie ging die Treppen hoch. Das grünliche Gesicht von Max tauchte am Geländer auf.

„Tante Lotte? Ist es schon Morgen?"

Weiter kam er nicht. Er würgte, rannte zur Toilette. Lotte hörte, wie er sich übergab.

Dann tauchte er wieder in der Toilettentüre auf. Er hatte nur eine Boxershort an.

„Kleine Feier gestern Abend", murmelte er schwach. „Mit ein paar Kumpels. Papa hatte Nachtdienst."

Seine dünne Gestalt schlotterte vor Kälte und Übelkeit.

„Ach deshalb", versetzte Lotte.

„Und die Barbiepuppe?"

Max starrte sie mit verhangenen Augen an und zuckte die Schultern.

„Kann mich jetzt nicht so direkt erinnern."

Dann hellte sich sein Blick etwas auf.

„Ich glaube, wir wollten eine indische Witwenverbrennung nachstellen. Erst haben wir es mit Oma Margots Engel probiert. Aber der brannte schlecht. Er steht jetzt im Garten", fügte er erklärend hinzu.

„Er ist ein bisschen verkohlt und stinkt. Dann haben wir Lisbeths alte Lieblings-Barbie genommen. Das ging besser. Ich glaube, Lisbeth war ziemlich sauer."

„Wo ist sie eigentlich?"

Max konnte nicht antworten, denn er war schon wieder auf dem Weg zur Toilette.

Lotte ging entschlossen auf Lisbeths Zimmer zu und machte die Türe auf. Es war stockdunkel im Zimmer. Sie knipste das Deckenlicht an. Da sah sie Lisbeth, die sich mit einem Ruck in ihrem Bett aufsetzte. Neben ihr schauten ein paar sprungfederartige Haarbüschel unter der Bettdecke hervor.

„Ist es schon Morgen?"

„Die Frage hat mir dein Bruder gerade schon mal gestellt."

„Papa hatte Nachtdienst."

„Ich finde, das erklärt nicht alles."

Nun tauchte Tristans verschlafenes Gesicht unter der Bettdecke auf.

„Hy", murmelte er. „Ich bin gleich weg hier. Kein Problem."

„Ich glaube, darauf kommt es jetzt auch nicht mehr an", versetzte Lotte, „aber mein Essen wird kalt. Es gibt Bami Goreng."

„Papa kommt heute früher aus der Klinik heim, hat er gesagt. Meinst du, wir müssen ihm das hier erzählen? Ich meine, er hat doch selbst im Moment genug Probleme ..."

„Ja", sagte Lotte, „Probleme hat er im Moment selbst genug."

Um halb vier Uhr kam Jürgen nach Hause. Lotte war gerade dabei, das Essen für ihn zu wärmen.

„Bami Goreng? Um Gottes willen. Nein danke. Haben wir vielleicht ein Magerjoghurt?"

Jürgen machte den Kühlschrank auf.

„Jürgen, ich finde, du übertreibst mit deiner Angst vor meinem Essen. Iss doch das Bami. Die Kinder haben gesagt, es schmeckt sehr gut. Das heißt, Lisbeth hat das gesagt. Max hatte heute irgendwie keinen Hunger."

„Soso", murmelte Jürgen und starrte weiter in den Kühlschrank.

„Haben wir vielleicht eine Gurke?"

„Ich fürchte nein, Jürgen. Iss doch das Bami!"

„Knäckebrot? Diätmargarine?"

Lotte zuckte bedauernd die Achseln. Dann hellte sich ihr Gesicht auf:

„Wenn du das Bami partout nicht willst, ich habe Putenwiener. Die sollte eigentlich der Dack... Ich meine, die habe ich für alle Fälle besorgt."

Jürgen lehnte neben dem Kühlschrank, schaute das Würstchen an und biss nach kurzem Zögern hinein.

„Pute sagst du? Kann ja eigentlich nicht viel Kalorien haben."

„Bist du auf Diät?"

„Ach, Tante Lotte ..."

Er ließ das Würstchen sinken.

„Es muss sich etwas ändern."

Er sah sie müde an, mit Ringen unter den Augen:

„Ich habe die letzten Tage lange mit Jutta telefoniert. Sie ist jetzt bei einer Freundin in München. Sie hat Recht, ich hatte nie Zeit für sie und für die Kinder. Die Klinik ging immer vor. Und ich ruiniere mich mit diesem Stress. Schau mich doch an ..."

Er sah an sich herunter.

„Ich werde dick und alt ... . Und deshalb" – er straffte sich – „wird sich jetzt alles ändern. Manni holt mich gleich ab."

Es klingelte. Jürgen legte sein Würstchen weg.

„Das wird er sein. Ich gehe mich nur schnell umziehen."

Lotte spähte durch die Küchentüre auf den Flur. Sie sah den Kommissar, der wie verrückt von einem Bein auf das andere trippelte und dabei die Arme rückwärts wie rasende Windmühlenflügel durch die Luft sausen ließ. Dazu stieß er immer wieder laut zischend den Atem aus. Er trug eine hautenge Laufhose mit aufgenähten Reflektoren, die nichts über seine Anatomie im Unklaren ließ, grün-orangefarbene dicke Laufschuhe, die ihm etwas Salamanderhaftes gaben, und hatte um den Kopf ein Stirnband mit einer daran montierten Taschenlampe.

„Ah, Herr Kommissar, schön Sie zu sehen. Lassen Sie sich nicht stören."

Manfred Groß verlangsamte sein Trippeln, die Windmühlenflügel hielten an.

„Frau Askoleit, Sie hier. Ich versuche schon den ganzen Tag, Sie zu erreichen. Ich muss dringend mit Ihnen sprechen. Sind Sie nachher noch da? Jetzt bin ich nämlich schon gestretcht und aufgewärmt."

Er trippelte weiter und Lotte sah ihm zu.

Dann kam Jürgen aus dem Keller. Er hatte eine ausgebeulte dunkle Trainingshose an, ein sehr enges Kapuzenshirt, das er sich von Max geliehen hatte, und seine alten Turnschuhe, die er sonst nur zur Bergkirchweih anzog.

„Dann drehn wir mal 'ne Runde, was?"

Manfred Groß boxte Jürgen aufmunternd in die Seite.

„Mal sehn, ob du noch in Form bist."

Er schlug ihm herzhaft mit der flachen Hand auf den Bauch.

Dann begann er, leichtfüßig um Jürgen herumzutänzeln.

„Ich würde sagen, wir fangen erst mal klein an. Fünf Kilometer. Einen Sechser-Schnitt solltest du in deinem Alter noch schaffen. Bei fünf Kilometern macht das dreißig Minuten. Dann sind wir wieder da", wandte er sich an Lotte.

„Wie, du meinst, ich renne jetzt fünf Kilometer durch den finsteren Wald?"

Jürgen bückte sich, um seine Turnschuhe wieder auszuziehen. Manni tänzelte weiter um ihn herum.

„Was hast du zu mir gesagt, du alte Flasche? So geht es nicht weiter, hast du zu mir gesagt. Ich will wieder in Form kommen, hast du gesagt. Schon wegen Jutta, hast du gesagt. Also los. Laufen macht glücklich, die Endorphine ..."

„Ich war immer schon der Meinung, dass die Forschung da einem Trugschluss aufgesessen ist", murmelte Jürgen und trottete hinter dem tänzelnden Manni zur Türe hinaus.

Nach einer knappen Stunde machte Lotte zwei dampfenden Gestalten die Haustüre auf. Draußen war es stockfinster. Nur Mannis Taschenlampe blendete Lotte ins Gesicht. Jürgens Gesicht war rot wie eine Paprika. Schweiß lief ihm über die Wangen. Manni tänzelte schon wieder. Seine Lurchi-Turnschuhe waren schlammverschmiert, die enge Hose bis zur Taille voller Schmutzspritzer. Jürgen sah nicht besser aus.

„War 'n super Lauf", pustete Manni, „'n bisschen langsam, aber 'ne super Luft."

Er schlüpfte aus seinen Schuhen und kam in den Flur.

„War leider nicht mal 'n Achter-Schnitt, aber das wird schon, wenn wir dreimal die Woche laufen."

„Ich glaube nicht, dass ich jemals wieder mit dir laufe."

Jürgen beugte sich ächzend zu seinen Schuhen.

„Am schlimmsten war dein ununterbrochenes Gequassel: Ist doch 'n super Lauf! – Und diese super Luft! – Du schaffst das schon! – Bleib doch nicht schon wieder stehen! – Muss ja heute noch kein Sechser-Schnitt sein! – Man fühlt sich wie neugeboren! – Nun reiß dich doch mal zusammen, du Pflaume! – Ist doch wirklich heute 'ne super Luft! – Schöner Lauf, sehr schöner Lauf, nur noch 'n bisschen langsam, aber 'n super Lauf! – Hach, geht's uns gut! – Nun komm doch endlich, du Pflaume! Ich wusste nicht, dass du so nervig sein kannst. Von wegen Endorphine. Ich geh jetzt duschen. Mir reicht's."

Er verschwand nach oben.

Manni tänzelte auf Socken hinter Lotte her ins Wohnzimmer.

„Es macht Ihnen doch nichts aus, wenn ich bei unserem Gespräch noch ein bisschen stretche, Frau Askoleit?"

Lotte schüttelte den Kopf, setzte sich in einen Sessel und versuchte, nicht auf die schlammbespritzte Laufhose des Kommissars zu schauen. Der war inzwischen in einen tiefen Ausfallschritt gefallen, seine Knie berührten fast den Boden. Irritierenderweise war sein Ton dabei so sachlich, als säße er hinter seinem Schreibtisch.

„Leider war ich in einer Vernehmung, als Sie neulich auf dem Kommissariat waren. Wir sind Ihrer Aussage selbstverständlich nachgegangen. Vier Streifenwagen waren auf der Neumühle."

Seine Stimme hatte einen anklagenden Unterton. Er drückte sich aus dem Ausfallschritt hoch, sprang auf den anderen Fuß um und ging wieder in die Knie.

„Das hat uns einen ganzen Vormittag gekostet. Leider ganz umsonst. Nichts, gar nichts haben wir gefunden. Nur Staub und Mäusedreck. Es war ein Schlag ins Wasser."

Lottes Gesicht wurde von Röte überflutet.

„Ich dachte ja nur, es könnte wichtig sein ..."

Der Kommissar richtete sich wieder auf, stand jetzt auf einem Bein und hatte den anderen bestrumpften Fuß rückwärts ans Gesäß gezogen.

„Unsere Ermittlungen gehen jetzt verstärkt in eine andere Richtung."

Er schwankte leicht auf seinem einen Bein.

„Herr Willy Keller, der Lebensgefährte, hat nach einer intensiven Befragung schließlich doch gestanden, dass er von der Schwangerschaft der Ermordeten wusste. Sie hat es ihm am Abend vor ihrem Tod erzählt."

„Ja, aber warum hat er das der Polizei denn nicht gleich gesagt?"

Der Kommissar stellte sich jetzt aufs andere Bein und fuhr fort:

„Sehen Sie, das ist eine ganz entscheidende Frage. Warum in drei Teufels Namen hat er das verschwiegen? Vielleicht wusste er, dass er nicht der Vater des Kindes war. Herr Keller gilt als extrem eifersüchtig. Sie verstehen, was ich sagen will?"

„Aber Herr Kommissar, ich bitte Sie! Ich sehe Yvonne noch vor mir. Sie sagte: ‚Wir zwei, wir schaffen das schon, der Willy und ich.' Wie kommen Sie auf die Idee, dass das Kind nicht von ihm sein könnte und dass er aus Rache, aus Eifersucht ...?"

Der Kommissar lächelte sie mit leiser Ironie an:

„Es ist nicht immer alles so, wie es scheint, liebe Frau Askoleit. Vielleicht erstaunt es Sie, aber das Opfer, also Frau Winter, hat es mit der Treue nicht immer so ganz genau genommen. Die Freundin von Frau Winter hat uns das erzählt."

„Das kann ich mir nicht vorstellen, sie war so ein nettes Mädchen ..."

„Und nette Mädchen tun so etwas nicht?"

Er lächelte wieder ironisch, während er jetzt ein Bein steif nach vorne ausstreckte, das andere beugte und in dieser ungemütlichen Haltung verharrte.

„Wie gesagt, es ist nicht immer alles so, wie es scheint. Nehmen wir doch Ihre Beobachtung zwei Tage vor dem Mord. Woher wollen Sie wissen, ob tatsächlich Frau Winter in dem Beetle saß?"

„Das habe ich mich inzwischen auch schon gefragt", murmelte Lotte und die Röte schoss ihr wieder ins Gesicht.

„Vielleicht saß ja jemand anderes in dem Wagen? Herr Keller zum Beispiel? Er könnte seine Freundin bei einem Rendezvous auf der Neumühle beobachtet haben."

„Sie reden immerzu von Willy. Hat er denn kein Alibi?"

Der Kommissar begann damit, Kniebeugen zu machen, von seiner Laufhose fielen kleine Schlammbrösel auf den Teppich.

„Wie gesagt, Herr Keller gilt als ungewöhnlich eifersüchtig und das nicht ohne Grund."

Er grinste.

„Er arbeitet als Feinmechaniker bei der Universität. Sein Institut grenzt direkt an den Schlossgarten. Ein Alibi für die Tatzeit hat er leider nicht."

„Der Arme. Glauben Sie mir, ich kenne ihn ja fast nur aus Yvonnes Erzählungen. Ich bin sicher, das Kind war von ihm. Für mein Gefühl ist er unschuldig."

„Gefühle sind etwas sehr Unsicheres, Frau Askoleit. Sehr wandelbar. Haben Sie noch nie diese Erfahrung gemacht?"

Endlich stand der Kommissar einen Moment ruhig da und sah sie direkt an.

Lotte schwieg. Sie dachte an Jutta und Jürgen, an Lisbeth und Tristan, an ihren toten Karl und an Otto.

„Sie haben Recht, Herr Kommissar, Gefühle sind etwas sehr Merkwürdiges. Man weiß nicht, ob man ihnen trauen soll."

In diesem Moment klingelte es.

„Schönen guten Abend", sagte Siegfried, die Aktentasche unter dem Arm, „ich sollte mich um die Hausaufgaben der Zwillinge kümmern."

„Oh", sagte Lotte, „fast hätte ich's vergessen. Komm doch rein. Darf ich vorstellen, das ist Herr Groß von der Mordkommission."

„Aber Tante Lotte, ich kenne doch den alten Schulfreund meines Bruders!"

„O Verzeihung, natürlich, ich vergaß ..."

Manfred Groß kam in Socken und mit der schlammigen Laufhose auf Siegfried zu und machte sein offizielles Gesicht.

„Ich ermittle in der Sache Schlossgartenmord."

„Und das hat dich in diesem Aufzug in dieses Haus geführt?"

Siegfried machte das Gesicht, das er in der Schule immer machte, wenn er Achtklässler beim Rauchen auf dem Klo erwischte.

„Das hat schon seine Ordnung, Siegfried, ich erkläre dir das später", schaltete Lotte sich hastig ein.

„Setz dich doch."

Sie deutete auf einen Wohnzimmersessel.

„Soll ich jetzt die Kinder rufen?"

Siegfried warf dem Kommissar noch einen vernichtenden Blick zu und wandte sich dann an Lotte.

„Sag mal, wo ist denn der Dackel, man hört ihn gar nicht?"

„O Gott", sagte Lotte, „ich bin gleich wieder bei euch."

Der Dackel schoss wie ein Pfeil aus der Gästetoilette an Lotte vorbei, schnüffelte einmal durch den Flur, fand Lottes Handtasche in einer Ecke stehen und hob dann das Bein.

„Ich hätte doch mit ihm Gassi gehen sollen", murmelte Lotte.

Da tauchte Siegfried in der Türe vom Wohnzimmer zum Flur auf.

„Kommst du denn zurecht mit den Kindern?"

„Sicher, Siegfried, mach dir keine Sorgen."

„Kinder brauchen einfach ihre Ordnung."

„Das sagte Margot auch schon zu mir."

„Wie war's heute in der Schule bei ihnen?"

„Tja", meinte Lotte. „Das ist schwer zu sagen. Max erzählte mir mittags etwas von Indien. Witwenverbrennung."

„Ach was", sagte Siegfried. „Indien? Da sind sie aber schon weit."

„Den Eindruck hatte ich auch", versetzte Lotte.

XII

So konnte es nicht weitergehen. Das *Vitalis*-Bonuskärtchen war schon fast voll. Es hatte toskanisches Ossobuco gegeben, Duftreis mit Shrimps, Fettuccine mit Pesto Genovese, Schwertfisch in Zitronensauce und Gnocchi Milanese. Niemand im Hause Kallfels schien sich über den exotischen Speiseplan zu wundern. Und Jürgen aß sowieso nur Gurken und Magerjoghurt, sprach kaum und joggte im Finstern durch den Wald. Nur weniger arbeiten, das tat er nicht. Lotte machte sich Sorgen.

Nein, so konnte es nicht weitergehen. Zwar blieb Lotte in all dem ungewohnten Trubel wenig Zeit zum Überlegen. Aber abends, wenn sie nach einem langen Tag mit müden Füßen zu Hause ankam, drängten sich die Bilder in ihren Kopf.

Und nachts lag sie wach. Sah Jürgens Geburtstagsfeier in dem Karpfenlokal vor sich, sah Yvonne, wie sie sich schluchzend an den Arm ihrer Freundin klammerte, sah, wie sie sich in panischer Hilflosigkeit über ihren ohnmächtigen Freund beugte, sah ihre fröhlichen Rauschgoldlocken und ihre grasgrüne Hose, sah sie in ihrem Salon stehen, die Hand auf dem Bauch, zwischen Tränen und Zuversicht: Der Willy und ich, wir schaffen das schon.

Sah auch, was sie doch nie gesehen hatte:

Sah jemanden in der fallenden Nacht an den Eingangspfosten des Schlossgartens gedrückt, sah Yvonne kommen mit ihren kurzen, schnellen, ahnungslosen Schritten, sah ihren Pferdeschwanz wippen, den Rucksack auf ihrem Rücken. Sah sie durch das geschmiedete Tor laufen, sah den Mann einen großen Sprung auf sie zu machen. War es Willy? Sah, wie die Kette durch die Luft flog, in ihrem Schwung abrupt stoppte und sich spannte um das Widerlager des schmalen Halses, hörte das Gurgeln nach Luft und das Knirschen der Kette, die sich enger und enger zog. Sah das Gekringel der blonden Locken, schweißnaß im kurzen, aussichtslosen Kampf um Luft. Sah Yvonne im Fallen nach ihrem Bauch greifen, in einem letzten verzweifelten, halb schon bewusstlosen Gedankenrest.

Sah sie zusammengesunken mit totenstarren Augen, die schwärzlich-roten Male am Hals. Sah, wie ihr Körper an der Kette geschleift wurde, die Herbstblätter, die feuchte Erde, spürte das Aufschlagen der schlaffen Arme beim Abwärtszerren über die Stufen, bis sie dort lag, im dunklen Urindampf vor einer Toilettentür. Wie lange lebte ein Kind noch in seiner toten Mutter?

Einmal ging sie auf den Friedhof, zu dem frisch aufgeschütteten Hügel aus Erde, auf dem sich noch die Kränze aus erfrorenen, verwelkten Blumen türmten, las die Inschrift auf dem provisorischen Holzkreuz. *„Ruhe sanft. Yvonne Winter"*. Von einem Kind stand da nichts. Natürlich nicht.

Im Stift hatte mittlerweile der Salon wieder aufgemacht. *„Unter neuer Leitung. Wir sind jetzt auch montags für Sie da."*

Die Damen berichteten allgemein nur Gutes. Eine seriöse Friseuse mittleren Alters. Solide. Irgendwie passender. Nicht so jung und flatterhaft wie die Vorgängerin. Natürlich war ihr Tod tragisch. Aber warum trug sie auch immer diese kurzen Röcke, diese engen Lackhosen und dazu diese Aufmachung? Fast schon provokativ war das gewesen. Natürlich war sie bildhübsch gewesen. Aber – die Damen im Stift mit ihren Altersflecken und den Faltentälern im Gesicht hatten das beruhigende Gefühl einer höheren, ausgleichenden Gerechtigkeit – zu hübsch, das war auch nicht gut. Und dann passierten eben solche Sachen.

Lotte hörte all diesen Gesprächen schweigend zu. Yvonne wurde ihr darüber immer fremder. Sie träumte, dass Yvonne sich auf einer weißen Mittelmeerjacht in ihrer Lackhose in der Sonne räkelte, sich von willenlosen Liebhabern die Zehen lackieren ließ, Champagner trank und reihenweise die Männer von Bord in die Schiffsschraube stieß, bis schließlich Willy – oder war es der Thronfolger von Monaco? – sie von hinten mit einer leeren Champagnerflasche erschlug.

Nein, so ging es nicht weiter. So war sie nicht gewesen. Lotte fühlte es. Willy war der Vater dieses Kindes. Yvonne war sich ganz sicher. Man hatte es ihr angesehen. Und Willy musste es auch gewusst haben. Man brachte nicht das eigene Kind um. Lotte dachte an das ironische Lächeln des Kommissars. Gefühle sind etwas sehr Unsicheres, sehr wandelbar, Frau Askoleit, hatte er mit diesem herablassenden Lächeln gesagt und angedeutet, Yvonne habe es mit der Treue nicht so genau genommen. Was hatte Yvonnes Freundin dem Kommissar da erzählt?

„Sie arbeitet im Handelshof, an der Wurstheke", hatte Yvonne damals gesagt. Nein, so ging es nicht weiter. Lotte beschloss, einkaufen zu gehen.

Die Karawane der überdimensionalen Einkaufswagen quietschte und ratterte durch die sich lautlos öffnenden und schließenden Eingangstüren und schob sich zunächst in geschlossener Formation zwischen den

Gemüseständen hindurch, vorbei an riesigen Sellerieknollen und Türmen von Rotkrautkugeln, dann entlang an Bergen von leuchtenden Orangennetzen, schließlich hindurch zwischen Flugzeugladungen voll mit Zitronengras, Ingwer, Granatäpfeln, Kumquats, Karamboles, Papayas, Litschees, Mangos, Tamarillos, Maracujas und all den anderen Köstlichkeiten, die der weltläufige Erlanger auf seinen Studiosus-Reisen rund um den Erdball kennen gelernt hatte und die die ambitionierte Hausfrau ihren Lieben nun mit leichter Hand unter Anleitung diverser Gourmet-Magazine servieren wollte. Aber bereits hier kam es zu ersten ernsten Nervenkrisen („Was, Sie haben keine Cherimoyas mehr? Ich *brauche* sie aber für mein Weihnachtsrezept!").

Dann schob sich die Kavalkade weiter Richtung Nüsschen, Süßwaren, Salzgebäck. Ein braun geschminkter Sarottimohr verteilte Nusshäufchen an die Vorbeihastenden.

Die großen Körbe begannen sich zusehends zu füllen, während man, angestrengt den Einkaufszettel memorierend, das nächste Ziel aufnahm: Jacobs Krönung, Hummerfond, vier Flaschen Champagner, Fertigglühwein, Tiefkühlbaguette und drei Underberg für Opa. Links bot eine freundliche Dame ein „italienisches Mandel-Likörchen" zum Probieren an, von rechts zwängte eine andere der wehrlos schiebenden Hausfrau ein Mon Cherie („die mit der Piemont-Kirsche – schon weihnachtlich verpackt für Ihre Lieben!") zwischen die Zähne.

Der Countdown lief. Noch neun Tage bis zum Fest der Liebe und der Freude! Da durfte es schon von allem ein bisschen mehr und teurer sein. Über den Köpfen der hastenden Hausfrauen und über den immer voller werdenden Einkaufswägen schluchzten die Kinderstimmen des Tölzer Knabenchores in einer Endlosschleife alles, was ein entspanntes Lächeln auf die Gesichter der genervten Käuferinnen zaubern sollte, alles, was die deutsche Weihnacht zu bieten hatte: Jingle Bells, O du fröhliche, White Christmas und Leise rieselt der Schnee.

Lottes Einkaufswagen war immer noch leer, nur ihr Stock lag darin. Sie schwitzte unter ihrem Wollhut, kurvte an einem riesigen Aufsteller mit Weihnachtsschokolade, Weihnachtsmännern, Weihnachtstrüffeln vorbei, rammte fast das Regal mit den Weihnachtsnudeln, wehrte irritiert ein Holzspießchen mit getrüffeltem Weihnachtsschinken ab, das ihr eine freundliche Dame schon fast in den Mund geschoben hatte, passierte den Weihnachtstee, das Kühlregal mit dem Walnuss-Weihnachtsquark light, den Fischstand mit dem geräucherten Weihnachtslachs, sah schon von weitem drei lange Schlangen vor der Wursttheke und reihte sich gottergeben in eine Reihe der Wartenden ein.

Es war so voll, dass sie im Moment noch nicht erkennen konnte, ob Yvonnes Freundin dort vorne bediente. Ihre Blicke streiften die Vorbeieilenden. Mütter mit Kleinkindern, die vorne im Einkaufswagen strampelten und an einer Laugenbreze lutschten, türkische Frauen mit Wägen voll Paprika, Zwiebeln, Okraschoten, Reis und eingeschweißten Weißbrotfladen, Damen mittleren Alters, die dort drüben in der endlosen Kette von riesigen Tiefkühltruhen zwischen gefrorenen Hummern, Seezungen, Gänsebrüstchen und King Prawns wühlten.

Die Schlange schob sich langsam vorwärts. Hinter ihr drängelte es, jemand stieß ihr einen Einkaufswagen in die Kniekehle, dass sie zusammenfuhr.

Doch – da vorne, eine von den Verkäuferinnen im weiß-rot gestreiften Kittel, die mit der lila Haarsträhne, das musste sie sein. Lotte reckte den Hals, drehte sich entnervt um, weil sie schon wieder den Einkaufswagen in der Kniekehle spürte, hörte es von oben „Stille Nacht, heilige Nacht" säuseln, erfuhr dazwischen aus dem Lautsprecher, dass heute der Asbach Uralt „im Weihnachtskleid" nur vierzehn Mark neunundneunzig kosten sollte und dass Klopapier heute günstig sei, und überlegte, was sie nun eigentlich sagen sollte.

Lottes Wartereihe war inzwischen so weit zur Theke vorgerutscht, dass sie erkennen konnte, dass Yvonnes Freundin die andere Schlange bediente. Lotte beschloss nach kurzem Zögern, mit ihrem leeren Einkaufswagen auszuscheren und sich in der Nachbarschlange noch einmal ganz hinten anzustellen. Jemand sah sie verwundert und kopfschüttelnd an. Sie merkte, wie sich Schweißtropfen auf ihrer Stirne bildeten, knöpfte den Wintermantel auf, verfluchte die dicken Fellstiefel, hörte „O Tannenbaum" und anschließend „Unser Tagesangebot an der Fleischtheke: Filet vom Angus-Rind – das Beste für Ihre Festtafel" dazu, wie gesagt, „Asbach Uralt besonders günstig im Weihnachtskleid".

Jetzt ging es endlich wieder ein Stückchen vorwärts. Hinter ihr besprach ein Ehepaar den ersten Feiertag im Kreise der Lieben, unter besonderer Berücksichtigung der Schwiegertochter:

„Wenn sie uns bis morgen noch nicht eingeladen hat, dann gehen wir sowieso nicht hin."

„Aber wir sind doch seit zehn Jahren jeden ersten Feiertag da. Sie muss uns doch nicht extra einladen, Hermine."

„Ich *möchte* aber richtig eingeladen werden. Sind wir denn *niemand*, Eberhard?"

„Nun *sei* doch nicht so!"

„Sie kann sowieso keine Klöße machen. Letztes Jahr gab es *Nudeln* am ersten Feiertag. *Nudeln* und Putenrollbraten! Hansi hätte sie nicht heiraten sollen."

Eberhard seufzte.
Die Schlange schob sich ein paar Dezimeter weiter nach vorne. Hermine begann inzwischen damit, die Undankbarkeiten und Ungeheuerlichkeiten der Schwiegertochter an den Weihnachtsfesten der letzten zehn Jahre aufzulisten. Eberhard sprach beruhigend auf sie ein. Die Schlange wurde langsam kürzer.

Jetzt waren nur noch zwei Kundinnen vor Lotte. Eine Mutter mit einem quengelnden, schwitzenden Kind im Winteranorak kaufte einen Berg vom Frischwurstaufschnitt im Sonderangebot. Yvonnes Freundin klatschte die Scheiben von Bierschinken, Göttinger und Fleischkäse zu einem stattlichen Turm aufeinander, packte dann einen Ring Stadtwurst und ein großes Stück Leberwurst dazu, häufte einen Berg Hinterschinken darauf, schob das Ganze ohne hinzusehen in eine Plastiktüte, knipste schlafwandlerisch schnell den Kassenzettel daran, fragte das quengelnde, schwitzende Kind: „Mogst a Woschtele?", reichte eine daumendicke Scheibe Gelbwurst über die Theke und schon war die nächste Kundin dran.

Die fuhr sich durch die blond gesträhnte Frisur und setzte zu einer längeren Bestellung an. Zunächst erkundigte sie sich in reinstem Hochdeutsch nach den vorrätigen Sorten an luftgetrocknetem Schinken, schwankte zwischen Serrano, Parma und San Daniele, wollte dann doch lieber einen luftgetrockneten Südtiroler, um sich schließlich für Bündner Fleisch zu entscheiden.

„Was, das haben Sie nicht? Ich habe gerade nebenan schon keinen Rohmilchkäse aus den Pyrenäen bekommen."

Ihr Blick giftete *„Provinzler!"* über die Wursttheke, aber Yvonnes Freundin sah sie nur stoisch und mit leerem Blick an.

„Dann nehme ich doch den Serrano. Aber frisch aufgeschnitten und ganz hauchdünn, bitte schön."

Als Nächstes gab es ein Problem mit der Gänseleberterrine. Die Dame wollte lieber Entenleberterrine. Die gab es aber auch nicht. Die Schlange hinter Lotte wurde langsam rebellisch. Dann wählte die Dame ein Stückchen Kalbsleberwurst, verlangte nach etwas Lachsschinken („Aber machen Sie den Fettrand ab!") und ließ sich die Mailänder Salami („Lassen Sie nur, Wildschweinsalami haben Sie ja doch nicht!") in pergamentdünnen Scheibchen vorschneiden. Bevor die aufgebrachte Schlange der Wartenden dazu ansetzen konnte, die Dame mit ein paar schwer gefüllten Einkaufswagen zu überrollen, war die mit ihren Einkäufen am Ende und Lotte war dran.

Yvonnes Freundin sah gar nicht auf und murmelte ein mechanisches „Bitteschön?".

„Jaaaaa", sagte Lotte und las auf dem Schildchen am Busen von Yvonnes Freundin: *„Hier bedient Sie gerne: Kerstin Wellein"*.

„Fräulein Wellein", sie machte eine Pause.

„Könnte ich Sie e-i-j-nen Augenblick sprechen?"

Kerstin hob irritiert den Blick und sah Lotte an. Lotte fand, dass sie mit ihren gut gepolsterten weißen Armen und den tellerrunden braunen Augen wie ein freundliches junges Kalb aussah.

„Es geht um Yvonne. Yvonne Winter. Ihre Freundin."

Kerstin starrte Lotte an und ließ ihre Wurstgabel sinken.

„Ich möchte Sie etwas fragen."

„Ja, sagen Sie mal", tönte es von hinten, „wollen Sie jetzt hier Ihre Privatgespräche führen? Schaun Sie sich mal die Schlange an!"

Das musste die Stimme von Hermine sein.

Lotte versuchte, sich nicht aus dem Konzept bringen zu lassen.

„Es geht um diesen schrecklichen Mord. Ich würde gerne mit Ihnen darüber sprechen."

Kerstin stützte ihre runden, geröteten Hände auf die Auslage mit den Türmen von Leberkäse, Streichwurst und Schinken, beugte sich vor und versetzte:

„Ja maana Sie, ich waaaaaß, wer des woar?"

Sie lachte trocken auf.

„Gengas doch zur Bolizei und frang di, wer der Dreggskerl woar!"

Hinter Lotte wurde es unruhig. Hermine verlangte lauthals danach, endlich bedient zu werden, aber Lotte machte noch einen Anlauf.

„Ich habe sie ganz gut gekannt, Ihre Freundin. Ich war auch dabei, als das mit Willy passiert ist, in dem Karpfenlokal."

Kerstins braune Augen wurden noch weiter:

„Allmächt, etz kenn ich Sie erscht. Sie woarn des mit dem Schbray, gell?"

Lotte nickte, über Kerstins Gesicht huschte ein Lächeln.

Hermine war inzwischen neben Lotte getreten, schob sie zur Seite und forderte jetzt imperativ, endlich bedient zu werden.

„Des had den Willy geredded, hat fei die Yvonne gsacht. Also, wenn Sie mich unbedingt schbrechn wolln, ich hob um fimfe Feieroomd. Mir kenna uns am Weihnachtsmarggt treffn. Beim Glühweinschdand, wenn's Ihna recht is."

Lotte nickte und gab endlich der erbosten Hermine den Weg zur Wurst frei. Dann sah sie auf die Uhr. Du lieber Himmel, es war erst kurz nach vier. Noch eine ganze Stunde Zeit. Sie schob ihren leeren Einkaufswagen zur

Kasse und war froh, endlich den Laden verlassen zu können.

Draußen empfing sie ein eisiger Wind. Alles wartete auf Schnee. Aber der wollte nicht kommen, so sehr die Lautsprecher landauf landab auch White Christmas dudelten. Es war grau und dämmrig. Ein Stück links vom Eingang saß der kalksteingehauene, bayerische Löwe aus patriotischen Zeiten, der jetzt als Hofhund dazu verdammt war, nachts die Schlangen von leeren Einkaufswagen zu bewachen.

Lotte sah über den Hausdächern die fahle Spitze der Altstädter Kirche und den Burgberg und überquerte den öden Platz vor dem großen Kaufmarkt. Aludächer, Dönerbuden, Ramsch-Läden – da nützte auch die Weihnachtsdekoration nichts.

Schließlich passierte sie den Durchgang zur Hauptstraße und sah hinauf zu dem steinernen Adler, der einst das Symbol des markgräflichen Gerichts gewesen war und den jetzt keiner mehr beachtete. Die Lichterketten schwankten im Winterwind, in der Drogerie war Hochbetrieb. Kurz vor Weihnachten. Zeit der Panikkäufe und Parfumgeschenke. Die Verkäuferinnen banden Goldschleifen im Akkord an repräsentative Duftflakons mit schwülen Düften, die nach Weihnachten keiner mehr haben wollte.

Lotte ging weiter, auf ihren Stock gestützt, sah sich Wollhüte in einem Schaufenster an, schnupperte den Heringssemmeln nach, die in der Auslage des Fischgeschäfts lagen, betrachtete die Auslagen eines Pralinengeschäfts, hörte ein Weilchen dem elegischen A-cappella-Gesang einer dreiköpfigen Gruppe von Weißrussen zu, legte etwas Geld in deren Hut, ließ sich dafür „Freeehliche Weihnacht" wünschen und erreichte schließlich den Schlossplatz.

Gleich links ragte im Dämmerlicht ein dunkler Wald von Nordmannstannen aller Größen auf. Ein Verkäufer in gelbem Ölzeug stieß gerade einen der Bäume mit einem dumpfen Ton auf dem Pflaster auf, damit die Zweige sich ausbreiteten, während ein kaufinteressiertes Ehepaar den Baum umrundete, um seinen Wuchs in Augenschein zu nehmen.

Auf der anderen Straßenseite standen die Marktleute im Wind, hatten sich starke Leuchten in die Streben ihrer Marktschirme gehängt und suchten die Treibhaussalatköpfe und südafrikanischen Erdbeeren mit Decken vor der Kälte zu schützen.

Lotte ging achtlos an der Reihe der Weihnachtsbuden vorbei, die sich zu Füßen des Schlosses ausbreiteten, wärmte sich ein wenig in der großen Buchhandlung an der Ecke die Füße, stöberte, blätterte, fragte sich kopfschüttelnd, was an dieser Stadt so interessant sei, dass jemand schon den zweiten Krimi darüber geschrieben hatte, und ging dann, einem spontanen Impuls folgend, Richtung Schlossgarten.

Da war das Tor, der sandige Weg, der schwarze Treppenabgang zu den Toiletten. Jemand hatte ein paar Rosen auf die oberste Treppenstufe gelegt. Lotte stand da in der Kälte und die Tränen liefen ihr übers Gesicht.

Endlich raffte sie sich wieder auf, ging die wenigen Meter zum Schlossplatz zurück und kaufte sich bei dem Maroni-Mann eine Tüte Esskastanien. Sie verbrannte sich die Finger beim Schälen, aber da war er wieder, der bröselige, süßliche, mehlige und leicht verbrannte, der tröstliche Geschmack ihrer Kindheit.

Sie wartete. Menschen hasteten vorbei, schleppten Tüten, Päckchen, in Netze geschnürte Weihnachtsbäume. Jemand trug ein Paar Schier auf der Schulter. Ein paar Mädchen in aufgeplusterten weißen Anoraks schlenderten vorbei, kicherten und fingerten auf ihren Handys herum.

Endlich kam sie, groß und kräftig, mit etwas rudernden Bewegungen, in einer auffälligen silbrig-weißen Winterjacke mit Kunstfellkragen.

Lotte gab ihr lächelnd die Hand:

„Danke, dass Sie gekommen sind, Fräulein Wellein."

„Ich hab Sie ned gleich erkannd an der Worscht-Dege. Aber mir warn fei gscheit froh, des damals jemand da woar, der wo dem Willy hat helfn kenna."

Kerstin war sichtlich bemüht, ihren fränkischen Akzent zu zügeln.

„Ja, das war ein großes Glück, dass mein Neffe da war. Er ist Oberarzt."

Kerstin lächelte höflich.

„Darf ich Sie denn wenigstens zu einem Glühwein einladen, wenn Sie sich schon die Zeit für mich nehmen?"

Kerstin nickte bereitwillig. Sie gingen hinüber zu der ersten Bude, wo schon grüppchenweise die Weihnachtsmarktbesucher mit ihren dampfenden Tassen beieinander standen. Lotte kaufte pflichtschuldig zwei Becher Glühwein, obwohl sie sich erinnerte, darauf Sodbrennen zu bekommen.

Sie suchten sich einen freien Platz an einem Stehtisch. Kerstin holte eine Packung Zigaretten aus ihrer Jacke, knipste ihr Feuerzeug an und nahm einen ersten seufzenden, gierigen Zug. Dann griff sie nach dem heißen Glühweinbecher. Dampf stieg hoch und setzte sich als kleine feuchte Perlen in ihrer lila Haarsträhne ab. Sie sah Lotte erwartungsvoll an.

„Ich war gerade im Schlossgarten. Dort, wo es passiert ist."

Lotte suchte nach Worten:

„Jemand hat ein paar Rosen dort hingelegt."

Kerstin inhalierte tief und schnippte die Asche von ihrer Zigarette auf den Boden.

„Des woar ich. Sie fehld mir dodal."

„Sie waren sehr gut befreundet, nicht wahr?"

Kerstin nickte schweigend. Ihre Augen schimmerten. Aber das konnte auch der Reflex der Glühbirnen in den Weihnachtsgirlanden sein.

„Ich habe sie auch sehr gerne gehabt, Fräulein Wellein. Sie war so fröhlich und lebenslustig. Wer kann das nur getan haben?"

„Ich versteh des alles ned. Sie war so a subber Kumpel. Die hat keim was gmacht. Immer gut drauf. Mir ham so eine Gaudi zusammen ghabt."

„Und trotzdem ..."

Kerstin trat ihre halb geraucht Zigarette aus, legte ihre beiden weißen Hände um den Glühweinbecher und starrte in die dampfende Flüssigkeit:

„Genau. Und trotzdem is des bassiert. Und deshalb denk ich", sie hob mit einem Ruck die Augen und sah Lotte direkt ins Gesicht, „dass des nur der Willy gwesen sein kann."

Fast trotzig klang ihre Stimme.

„Aber die beiden haben doch zusammengelebt und wollten heiraten?"

„Scho, aber der Willy, der is a eifersüchtiger alter Matscho. Der in seinem Institut hat natürlich immer pünktlich um vier Feierabend ghabt. Der hat kaan Stress ghabt. Dann is er erscht amol in sei Fitnessstudio, danoch woar er müd, dann is er ham und wollt sei warms Essen und sei Ruh ham. Und die Yvonne hat halt an eignen Laden ghabt. Oft is es spät gworn. Sie hat ja noch die Bücher gmacht und die Rechnunga. Ich versteh dadervon nix, aber wos eben so is in am eignen Loden. Geputzt hat's aa selber. Des woar scho viel. Und der Herr sitzt daham und mosert. So woar des."

Lotte nahm widerwillig einen Schluck von dem pappsüßen Glühwein und fragte:

„Und Yvonne?"

„Die hat kaa Lust ghabt, immer daham auf ihrm Sofa zu sitzen und Schbordschau zu glotzen, wenn's endlich amol mit der Arbeit fertig woar. Deshalb sin mir zwaa manchmal los. So diskomäßig. Zum Hofen nüber. Big Seffen. Oder nach Nermberch. Ins Mach Eins odder so. Halt amol abtanzen un so."

„Und so ...??? Was hat denn Willy dazu gesagt? War der nicht eifersüchtig?"

„Des kennas aba glaum." Kerstin blies ihre runden Backen auf und rollte die Augen:

„Soooo hat der ausgschaut. Narrisch eifersüchtig woar der. Aber die Yvonne hat bloß gsagt: Dann geh halt mit."

Kerstin sah Lotte triumphierend an.

Lotte schob die halbvolle Glühweintasse auf die Seite.

„Yvonne hat mir erzählt, dass Sie beide letztes Jahr auch gemeinsam im Urlaub waren ..."

Kerstin ballte ihre runden Fäuste.

„Der Willy wollt daham bleibm und die Wohnung frisch dabeziern. Da hat sie gsagt: Ich will aber auch amol fodd. Dann woarn mir zwei last minute in Ibiza."

Kerstin machte eine Pause und fügte dann halb entschuldigend hinzu:

„Ich hob an so an Krachhunger. Maana Sie, mir kenntn a Braadworscht essn?"

„Aber natürlich. Eine wundervolle Idee."

Sie gaben die leere und die halb volle Glühweintasse ab und drängelten sich zwischen den Besuchern hindurch Richtung Bratwurststand.

Kerstin ging voraus. Sie war stämmig und mindestens einen Kopf größer als Lotte, die versuchte, sich dicht hinter ihr zu halten, und überlegte, wie man nach einem ganzen Tag in dem süßlichen Fleischgeruch hinter der Wursttheke ausgerechnet Hunger auf eine Bratwurst haben konnte.

Kerstin hatte über die Köpfe der anderen hinweg an einem Stand etwas entdeckt, was ihr gefiel, und steuerte auf eine Bude mit Christbaumschmuck zu.

„Allmächt, is des net goldich? So a scheena Christbaumschbitze!"

Lotte starrte entgeistert auf ein aufgeblasenes lila Ungetüm, überzogen mit silbernem Flitter, von dessen Spitze ein ebenfalls lila Weihnachtsmann grinste.

„Gefällt sie Ihnen? Ich würde sie Ihnen gerne schenken. Dafür, dass Sie sich Zeit für mich genommen haben."

Kerstin sah sie mit ihren kugelrunden Kuhaugen an und strahlte.

„Echt? Deshalb hobb ich des abba fei net gsagt. Aber ich mach doch des Jahr mein Baum ganz auf lila."

„Schön", sagte Lotte. „Dann passt sie bestimmt."

Sie warf noch einen Blick auf Kerstin und setzte hinzu:

„Zu Ihrer Haarsträhne passt sie übrigens auch ganz genau."

Kerstins Mund blieb einen Moment offen stehen. Dann sagte sie im Ton tiefster Überraschung:

„Joo ... Des stimmt fei."

Sie war gerührt über das Geschenk und trug es ganz vorsichtig durch das Gewühl bis zu dem Kinderkarussell, das jedes Jahr hier aufgebaut war. Mütter und Väter standen im Kreis außen herum. Ihre Kleinen saßen auf bunten Hühnern, stolzen Pfauen und behäbigen Elefanten und warteten darauf, dass die Fahrt endlich losging. Schließlich klingelte der Mann in der Mitte in dem alten Parka mit seiner Glocke, legte einen Schalter um, die Musik setzte ein und dann drehten die Kinder ihre Runden in ihrer glitzernden, leuchtenden, duftenden Weihnachtswelt, schwindelig und winkend, lachend und voller Erwartung: Nur noch neun Mal schlafen, dann kommt das Christkind ...

Lotte und Kerstin blieben stehen. Kerstin schaute eine ganze Weile mit leicht geöffnetem Mund zu und schien Kindheitserinnerungen nachzuhängen. Schließlich fiel ihr aber wieder ihr Hunger ein und sie ging mit Lotte weiter Richtung Bratwurststand.

Lotte gab Kerstin das Geld für zwei Paar Bratwürstchen und dann standen sie beide mit ihren Brötchen, von denen das Fett und der Senf tropften.

„Sie wollten mir noch von dem letzten Urlaub erzählen."

Kerstin kaute.

„Allmächt. Genau. Ibiza. Da hat sie aan kenna glernt. An richtiggen Schbonier. Schwarzhoorig. A ganz a scheener Kerl. Musggln und braungebrannd. Und sehr scharmand. Des hat sie voll erwischd. Un wie mir widder zu Haus warn, is der Willy ihr nadürlich drauf kommen. Hat a Bild vo dem Schbanier gfunden. Au weh ... Des war a Dheather. Er hat gedobt ... Deshalb hat er sie des Joar auch nimmer mit mir wech glassn. So eifersüchtig war der."

Kerstin fuhr mit der Zunge über ihre bratwurstfetten Lippen, während Lotte sich nach vorne beugte, um sich nicht mit Senf zu bekleckern.

„Aber nun war sie ja schwanger. Das Kind war doch von ihm, oder?"

Kerstin war gerade dabei, das letzte Stück ihres Brötchens herunterzuessen. Sie sprach mit vollem Mund und Lotte verstand sie nur mit Mühe.

„Ich hobb ka Ahnung. Ehrlich. Mir hat sie nix erzählt, dess sie schwanger is. Keinem. Bloß dem Willy."

„Und mir", dachte Lotte, aber sie sagte nichts.

„Un der", fuhr Kerstin fort, „der hodd sich ned gedraud, des der Bolizei zu erzähln. Hodd wahrscheinlich dacht, die nehma ihn gleich hobs, wo er doch so eifersüchtig is."

Sie warf einen begehrlichen Blick auf den Bratwurststand.

„Möchten Sie vielleicht noch ein Paar?"

Kerstin nickte heftig, Lotte gab ihr das Geld und Kerstin kam mit einer rosig glänzenden Bockwurst wieder.

„Aber warum sollte die Polizei ihn festnehmen, wenn doch das Kind von ihm ist?", suchte Lotte den Faden wieder aufzunehmen.

„Fei ehrlich, ich glaub nedd, dass des von ihm woar. Des ist nämlich so ...", im Hintergrund dudelte der Lautsprecher des Kinderkarussells *„Ihr Kinderlein kommet"* und Kerstin fixierte ihre Bockwurst.

„Die Yvonne hat mir erzählt, er hat immer seltener gekonnt."

„Wie meinen Sie?"

Lotte starrte auch das Würstchen an.

„Na ja, wie ich des sag. Er hodd immer seltener gekonnt. Er woar ..." Kerstin biss nach kurzer Überlegung entschlossen in die Wurst und setzte dann mit vollem Mund, zu Lotte heruntergebeugt, hinzu:

„... er woar eben scho a bissl imbodend."

„Impo...", Lotte schluckte.

„Sind Sie sicher???"

„Doll woar's jedenfalls nimmer. Bloß noch ganz seldn."

„Ach ..."

Lotte schwieg, Kerstin kaute, die Weihnachtsmusik dudelte. Dann war auch die zweite Wurstsemmel aufgegessen und Lotte suchte immer noch nach Worten.

„Ich habe ihn ja nur zweimal kurz gesehen. Er sah so sportlich aus, so männlich. Nicht zu glauben, dass er Schwierigkeiten im Bett hatte ... Und Sie meinen, sie hat ihn vielleicht deshalb betrogen ...? Und das Kind war gar nicht von ihm und deshalb hat er sie ...?"

Sie warf einen Blick auf Kerstin, die vielsagend die Achseln zuckte, sich dann aber nervös umsah.

„Möchten Sie vielleicht noch ein Bratwurstbrötchen?"

Kerstin wehrte ab:

„Eigentlich scho gern, aber ich muss los. Weihnachtsgschenke kaufn. Ein Schdress."

Sie gingen langsam wieder zurück Richtung Kinderkarussell und Glühweinstand.

„Sie meinen also, er könnte es gewesen sein", murmelte Lotte mehr zu sich selbst. Sie dachte wieder an Yvonne, wie sie die Hand auf den flachen Bauch gelegt und gesagt hatte: „Wir schaffen das schon, der Willy und ich."

Nein, so durchtrieben war sie nicht, dass sie ihrem Willy das Kind eines anderen untergeschoben hätte. Oder doch? Und Willy in seiner Eifersucht ...

Sie zupfte Kerstin am Ärmel, die sich vor ihr an den Kunden der Glühweinbude vorbeischlängelte.

„Sagen Sie, Fräulein Wellein, ich würde gerne einmal mit Willy sprechen. In welchem Fitnessstudio trainiert er eigentlich?"

Kerstin drehte sich um und sagte:

„In Buckenhof. In dem neua *Well-fit*. Aber des kenna Sie vergessn. Seit die Yvonne dod is, geht der doo nimmer hin. Nix macht der mehr. Gar nix. Hoggt bloß noch daham rum. Nix macht der mehr."

Sie waren wieder auf der Straße angekommen und standen beide etwas unschlüssig. Lotte sah zu dem bronzenen Standbild des Markgrafen hinüber, der hoch über den Vorweihnachtstrubel hinausragte und im Schein des großen illuminierten Tannenbaumes schwarz-grünlich schimmerte. Hier auf dem Platz war immer Betrieb. Und niemand hatte bemerkt, dass ein paar Meter weiter eine junge Frau ermordet wurde.

Kerstin sah nervös auf die Uhr. Gleich würde sie weg sein. Lotte hatte das Gefühl, mit verbundenen Augen immer wieder im Kreis zu laufen.

Kerstin streckte ihr die Hand hin:

„Also dann. Vieln Dank. Des woar schee. Und die Braadworscht. Und die Christbaumschbitze. Also echt. Dange."

Lotte sah sie einen letzten begehrlichen Blick zurück auf die lange Budenstraße zu einem Stand mit gebrannten Mandeln und rot glasierten Weihnachtsäpfeln werfen.

„Wollen wir nicht noch schnell eine Tüte Mandeln für Sie kaufen, Fräulein Wellein?"

Kerstins Augen leuchteten auf:

„Echt?"

Sie drängten sich noch einmal bis zu dem Verkaufsstand vor, Lotte zückte noch einmal ihren Geldbeutel, ließ sich eine große Tüte mit Mandeln reichen, faltete die Tüte auf und hielt sie Kerstin hin.

„Oooooh", hauchte Kerstin und griff nach einem großen braunen Brocken.

„Sagen Sie, die Frage mag Ihnen seltsam erscheinen, aber gibt es jemand in Ihrem Bekanntenkreis, der ein Chanel-Kostüm besitzt?"

Kerstin hielt die klebrige Mandel noch immer zwischen den Fingern:

„A wos? A Schanell? Mana Sie so a französisches Gostüm? Na Sie sin gud!!!"

Ihre Kälberaugen waren runder denn je. Dann schob sie die Mandel in den Mund und ihre Kiefer begannen zu mahlen.

„Ach", murmelte Lotte, „das war nur so eine Idee ..."

XIII

Dr. Kallfels hörte das Klingeln schon, während er noch nach dem Hausschlüssel in seiner Manteltasche wühlte, mit dem Schlüssel nach dem Schloss stocherte und im Hineingehen über mehrere Turnschuhe, einen Rucksack und ein Skateboard stolperte. Das Telefon schrillte und schrillte durch seinen schmerzenden Kopf.

„Vielen Dank, dass Sie mich nach Hause gebracht haben. Kommen Sie doch einen Moment herein", murmelte er, während er Schuhe, Rucksack und Skateboard mit dem Fuß zur Seite schob.

„Nun sag doch nicht schon wieder *Sie* zu mir. Wir haben doch gestern Abend Brüderschaft getrunken. Wenigstens daran erinnerst du dich doch noch? Mäuschen, du hast immer Mäuschen zu mir gesagt."

Dr. Kallfels knurrte.

„Du hast noch ganz andere Sachen zu mir gesagt. Kätzchen. Schnuckelchen. Möpschen."

Sie schürzte in gespielter Empörung die Lippen.

„Und eben Mäuschen. Mein Karbolmäuschen hast du gesagt."

Sie kicherte und machte Anstalten, ihren Mantel auszuziehen.

„Mäuschen. Mein *Karbolmäuschen*. O Gott. Wirklich sehr originell, Herr Kollege", dachte Jürgen, schielte die Treppe hinauf, ob womöglich einer der Zwillinge zuhörte, und hielt instinktiv beide Hände auf den Telefonhörer, als könnte er dadurch diesen nervtötenden Apparat zum Schweigen bringen.

„Also ich fand es sehr nett mit dir, gestern Abend."
Jetzt schlang sie tatsächlich beide Arme um ihn.
„So kannte ich dich ja noch gar nicht. In der Klinik bist du immer so dienstlich, Herr Oberarzt. Aber so kann man sich täuschen."

Sie kicherte und machte Anstalten, an Jürgens Ohr zu knabbern.

Jürgen räusperte sich nervös und versuchte, ihr durch eine scheinbar beiläufige Drehung zu entkommen.

„Ja, ja, Spaß muss auch einmal sein, Schwester Brigitte."

Sein Lachen sollte möglichst unverkrampft klingen.

„Aber nun wollen wir diesen Abend mal schnell wieder vergessen. Vielen Dank, dass Sie mich nach Hause gebracht haben."

Er versuchte, sie ein Stück von sich wegzuschieben. Das verdammte Telefon klingelte immer noch.

„Aber das habe ich doch gerne getan, mein Katerli."

Hatte sie Katerli gesagt???

„Tun Sie mir einen Gefallen, Schwester Brigitte, und sagen Sie nie mehr Katerli zu mir. Ich habe zwar heute Morgen einen Kater, aber ich bin mir sicher, dass ich noch nie, wirklich noch nie in meinem Leben gewollt habe, dass jemand zu mir …"

Nein, er brachte dieses Wort beim besten Willen nicht über die Lippen.

„Wieso", ihre Stimme war voll gespielter Entrüstung, „gestern fandest du, dass Mäuschen und Katerli sehr gut zusammenpassen."

Nie würde er bei klarem Verstand so einen Schwachsinn reden. Jetzt begann sie damit, schnurrende Laute neben seinem Ohr zu produzieren …

Katerli … das war der Gipfel… die ganze Uniklinik würde sich biegen in wieherndem Gelächter …

Und im Grunde war Manni an der ganzen Katastrophe schuld. Manni und die verdammte Joggerei.

Das Telefon hörte endlich auf zu klingeln.

Ja, Manni war schuld. Er hatte diese Idee gehabt, die ersten fünf Kilometer, die Jürgen am Stück ohne Gehpause und Herzanfall durchgehalten hatte, ein wenig zu begießen:

„Na also, du alte Pflaume, das klappt doch noch ganz gut. Da siehst du mal, wozu dein Luxuskörper noch in der Lage ist. Und das ist erst der Anfang, hahaha!!! War doch ein super Lauf und eine super Luft, oder?", hatte er euphorisch getönt und hinzugefügt, aus bekannten Gründen würde er ja kaum noch etwas trinken, aber heute sollte man mal eine Ausnahme machen.

Und dann waren sie zu der Bar im alten Erich-Haus gefahren. Jürgen hatte sich einen alkoholfreien Fruchtdrink bestellt, passend zu den Gurken und Magerjoghurts, die er tagsüber aß – auch wenn er fand, dass der italienische Chef-Keeper ihn ein wenig mitleidig anschaute. Und Manni hatte von seinem Mordfall erzählt und dass der Haftbefehl für den Kerl, der seine Freundin umgebracht habe, schon auf seinem Schreibtisch liege.

Um sie herum brodelte das Samstagnacht-Fieber.

Die tiefblauen Wände der Gründerzeitvilla, in der sich die Bar befand, verschwanden fast hinter den dicken Nikotinschwaden. Eros Ramazotti röhrte mit Reibeisenstimme immer lasziver von den *cose della vita*. Die blondesten Mädchen der Stadt saßen in angenehmer Begleitung und mit übereinander geschlagenen Beinen mit ihrem Prosecco an der Bar. Der Keeper jonglierte mit Schnapsflaschen in allen Regenbogenfarben, crashte mit seinem Mörser Berge von Eisbrocken, schnitzelte in atemberaubender Geschwindigkeit Körbe voll Limetten, wirbelte die Cocktailshaker und drapierte exotische

Früchte an hochstielige Gläser. Alles, was auf sich hielt, war da.

Immer mehr unternehmungslustige Mittzwanziger und Mittdreißiger drängten die Treppe hoch und setzten sich so gut in Szene, wie es die drangvolle Enge zuließ. Allesamt gewiefte Börsenbroker, dynamische Unternehmensberaterinnen, innovative Firmengründer, stilsichere Chefsekretärinnen. So sahen sie jedenfalls aus. Ein paar Mittvierziger in schwarzen Rollis versuchten, durch möglichst aufrechte Haltung Doppelkinn und Bauchansatz zu kaschieren und gleichzeitig mit dem geschulten Blick langjähriger Erfahrung die hübschesten Mädchen aufs Korn zu nehmen.

Und dann waren Schwester Brigitte und ihre Freundin von der Station 2B aufgekreuzt. Jürgen hatte versucht, hinter seinem Fruchtcocktail in Deckung zu gehen – vergebens. Manni hatte sich hocherfreut gezeigt und trotz Jürgens Tritten gegen sein Schienbein gefragt, ob man die beiden Damen auf ein Glas Prosecco einladen dürfe. Jürgen hatte notgedrungen mittrinken müssen. Dann hatte sich Manni, wie zu erwarten war, sofort auf die Hübschere von beiden gestürzt und Jürgen sah sich genötigt, sich mit der etwas drallen Schwester Brigitte zu unterhalten, die unbedingt von ihm Schwester Biggi genannt werden wollte und ihn ausführlichst in den Intrigendschungel der Station 2B einweihte.

Ohne auf Jürgens Blitze schleudernde Blicke zu achten, hatte Manni irgendwann vorgeschlagen, man solle jetzt endlich Brüderschaft trinken und vier Caipirinhas bestellt. Auf Jürgens Protest, er sei keinen Alkohol mehr gewöhnt, hatte er nur erwidert, da seien auch „praktisch nur Limetten und Eis" drin.

Nach dem ersten Caipirinha fand Jürgen, dass Schwester Biggi zwar füllig, aber gut geformt sei.

Nach dem zweiten Caipirinha fand er, dass er selbst im Vergleich zu den anderen Herren an der Bar doch noch recht sportlich und attraktiv wirke, und begann wie die anderen Mittvierziger den Bauch einzuziehen. Nach dem dritten Caipirinha verabschiedeten sich Manni und Biggis Freundin.

Nach dem vierten Caipirinha sagte Biggi das erste Mal „Katerli", ohne dass Jürgen noch protestieren konnte.

Und nach dem fünften Caipirinha erbot sie sich, ihn in ihrem Wagen mitzunehmen, und lud ihn noch „auf einen Kaffee" ein.

Und dann kam es unweigerlich so, wie es kommen musste:

Sie machte gedämpftes Licht, legte eine Schmuse-CD auf und bat ihn, es sich auf ihrem roten Ledersofa „schon mal bequem" zu machen.

Und dort hatte das Schicksal seinen Lauf genommen, ja, dort war es passiert …:

Innerhalb von Sekunden war er eingeschlafen. Hatte vermutlich, himmelnochmal, sofort angefangen zu schnarchen. Jutta behauptete, dass er immer schnarche, wenn er blau sei. Ein schnarchendes Katerli auf Biggis rotem Ledersofa. Wirklich toll.

Er schüttelte sich, hörte, wie jetzt das Telefon im Flur wieder anfing zu schrillen, und spürte Biggis Hand, die unter sein Jackett krabbelte. Er nahm den Hörer ab.

Großer Gott, es war die Tante!

Wo er denn stecke? Seit gestern Abend und heute den ganzen Morgen versuche sie schon, ihn zu erreichen! Ob er denn schon wieder Nachtdienst gehabt habe?

Biggi fingerte an seinem obersten Hemdknopf herum. Er versuchte, sie mit der freien Hand abzuwehren und gleichzeitig unverbindlich ins Telefon zu plaudern.

Und die Kinder? Wo die denn gesteckt hätten?

Lisbeth habe bei einer Freundin schlafen wollen, sagte Jürgen und mühte sich gleichzeitig, den obersten Hemdknopf wieder zuzuknöpfen.

Ob er sich da so sicher sei, fragte die Tante in einem merkwürdigen Ton, während gleichzeitig Biggi den obersten Knopf wieder geöffnet hatte und sich am nächsten zu schaffen machte.

Und wo denn Max sei?

Biggis Hand kitzelte ihn auf der Brust.

Der Unordnung im Flur nach zu schließen, sei Max zu Hause, meldete Jürgen ins Telefon.

Und ob denn sonst alles in Ordnung sei, wollte die Tante wissen. Jürgen komme ihr so seltsam vor.

Er sei gestern Abend mit Kommissar Groß ein Bierchen trinken gegangen und habe einen kleinen Kater, versuchte Jürgen zu erklären.

Wie auf Kommando begann Biggi damit, schnurrende Geräusche von sich zu geben.

Sie sei schon seit den Vorkommnissen damals auf der Bergkirchweih der Meinung, dass dieser Kommissar kein Umgang für ihn sei, tadelte die Tante durchs Telefon und fragte dann, was das denn für ein komisches schnurrendes Geräusch in der Leitung sei.

Keine Ahnung, erwiderte Jürgen, er höre nichts.

Ob Jürgen denn einen Moment Zeit für sie habe. Sie habe da ein paar wichtige Fragen. In der Mordsache.

„Natürlich", antwortete Jürgen und spürte, wie Biggis Hände an seinem Hemd hinab abwärts wanderten.

Sie habe sich dieser Tage mit Kerstin Wellein, der Freundin der ermordeten Friseuse, getroffen, und das habe ihr sehr zu denken gegeben, berichtete die Tante. Ob er sich noch an den Abend mit der Dichterlesung erinnere?

Jürgen murmelte ein unkonzentriertes „Ja" ins Telefon.

Da habe Jürgen doch von einem Fitnessstudio erzählt, in dem der tote russische Handballspieler gejobbt habe. Jürgen murmelte ein noch unkonzentrierteres „Jaja" ins Telefon.

Und wie das denn geheißen habe, beharrte die Tante.

Das sei ihm momentan nicht erinnerlich, schnaufte Jürgen.

Well-fit? Well-fit, das sei doch der Name gewesen, nicht wahr?

„Das neue *Well-fit* in Buckenhof, genau", bestätigte Jürgen und versuchte gleichzeitig, Biggis forschenden Händen auszuweichen.

Eigenartig, sagte die Tante, da habe auch Willy regelmäßig trainiert.

Jürgen war zu unkonzentriert, um zu fragen, was denn daran eigenartig sei.

Und dann habe sie noch eine Frage, setzte die Tante zögernd hinzu.

„Es ist mir sehr unangenehm, von so etwas zu reden, aber du bist ja Arzt, also ..."

Die Tante druckste am Telefon herum und Biggi kam jetzt ganz dicht an ihn heran, schlang den Arm um seinen Hals und legte ihr Ohr mit an den Hörer.

„Wenn ein Mann nicht mehr ..., ich meine ..., wenn er nicht mehr ... also wenn er impotent ist ..."

Ihre Stimme erstarb.

Biggi prustete los.

„Was war das für ein Geräusch, Jürgen? Ich glaube, ich muss wirklich die Störstelle anrufen."

Dann nahm sie einen neuen Anlauf:

„Also wie gesagt, wenn ein junger Mann, na ja, eben mehr oder weniger ... na ja, wenn es mit seiner Manneskraft nicht mehr so weit her ist … Du hast mal gesagt, Anabolika machen impo…, na du weißt schon."

Jürgen legte Biggi die Hand auf den Mund und rang um einen fachlichen Ton:

„So ist es, Tante Lotte. Zwar nicht von einem Tag auf den anderen, aber langfristig gesehen machen Anabolika impotent."

„Caipirinhas auch?", flüsterte Biggi und näherte sich wieder mit ihren Händen.

„Und Anabolika können auch eine hypertensive Krise auslösen, wie sie Willy Keller an deiner Geburtstagsfeier hatte?"

„Exakt."

Biggi war nicht zu stoppen.

„Also hat Willy dieses Zeug auch genommen! Und das hat ihn krank und … na ja gemacht. Anabolika. Das passt auf beide", sinnierte Lotte. „Auf Willy und auf den toten Ukrainer. Anabolika und das *Well-fit*. Ich bin sicher, da gibt es eine Verbindung."

„Ich kann dir momentan nicht ganz folgen."

Jürgen musste sich räuspern. Biggis üppiger Busen drängte sich beängstigend dicht an seine Brust.

„Der Ukrainer ist daran gestorben. Und Willy auch um ein Haar. Und seine Krankenakte wurde gestohlen. Und beide waren im *Well-fit*. Es passt alles. Aber was hat Yvonne damit zu tun? Meinst du, sie hat ihn wirklich betrogen und musste deshalb sterben?"

„Ich weiß nicht", nuschelte Jürgen.

„Ich meine, sie hat ihn doch geliebt. Würdest du Jutta jemals mit einem deiner Karbolmäuschen betrügen?"

„*Karbolmäuschen*, was soll das denn sein, Tante Lotte?"

Im Telefon entstand wieder so ein merkwürdiges Geräusch.

Dann schien Jürgen der Hörer entglitten zu sein.

Es dauerte eine halbe Minute, bis er wieder in der Leitung war. Er schnaufte.

„Tut mir Leid, Tante Lotte, ein kleines Missgeschick. Ich fürchte, ich bin heute nicht ganz bei der Sache. Ich glaube, ich habe Max gerade oben gehört. Wir unterhalten uns demnächst noch einmal in Ruhe über die ganze Geschichte. Einverstanden?"

Max dünne Gestalt tauchte oben am Treppenabsatz auf. Jürgen legte den Hörer auf.

„Hy", murmelte Max mit verschlafenem Gesicht Richtung Biggi.

„Hy", trällerte Biggi, „ich bin die Biggi. Ich habe bloß deinen Vater heimgebracht."

Max schaute verständnislos.

„Guten Morgen, mein Sohn, gut geschlafen?", räusperte sich Jürgen, nestelte die beiden obersten Kragenknöpfe zu und stopfte sein Hemd in die Hose.

„Ich geh dann mal", flötete Biggi und kam ein letztes Mal ganz nahe an Jürgen heran.

„Ich finde, ich habe noch etwas gut bei dir, Katerli", flüsterte sie.

„Wir sehen uns morgen in der Klinik, Schwester Brigitte. Vielen Dank für das Nachhausefahren", erwiderte Jürgen und tat einen tiefen Seufzer, als die Türe endlich hinter Schwester Brigitte zufiel.

Jürgen hatte ihr gar nicht gefallen, überlegte Lotte am nächsten Tag, als sie im Bus Richtung Stadt saß. Er war merkwürdig am Telefon gewesen. Zerstreut. Bestimmt war er einsam. Wenn doch Jutta endlich wieder nach Hause kommen würde! Nur noch fünf Tage, dann war Heiligabend ...

Der Bus bog vom Martin-Luther-Platz in die Hauptstraße ein. Obwohl es erst vormittags war, brannten die

Lichterketten über der Straße schon wieder. Lotte sah aus dem Fenster die vielen hastenden, mit Tüten beladenen Menschen. In all dem Trubel war sie selbst noch nicht einmal dazu gekommen, Weihnachtsgeschenke zu besorgen. Wenigstens für Jürgen war ihr etwas eingefallen, wenn sie sich auch mit schlechtem Gewissen eingestand, dass es ihr bei diesem Geschenk eigentlich gar nicht so sehr um Jürgen ging. Es ging um Yvonne. Es ging um Willy Keller und um diesen Russen, Victor Kurkow. Gestern hatte sie den ganzen Tag überlegt, ob sie zur Polizei gehen sollte. Erzählen, dass Willy und Victor beide Anabolika genommen hatten, dass beide im gleichen Sportstudio gewesen waren.

Aber dann stellte sie sich das süffisante Lächeln des Kommissars vor, mit dem er sagen würde:

„Anabolikakonsum ist leider ein weit verbreitetes Übel, gnädige Frau. Aber es ist keine notwendige Voraussetzung, um eine zierliche junge Frau mit einer Fahrradkette zu erdrosseln. Ich kann Ihnen versichern, das schafft man ganz gut auch ohne dicke Muskeln."

Dann könnte sie höchstens noch etwas stottern von einer nächtlichen Schleuderfahrt ihrer Friseuse nahe der Neumühle und von einem ominösen Mann, der dort Pakete verlud. Darauf würde er ihr nur vielsagend antworten, das sei ihm bekannt und ob sie denn den Mann mittlerweile beschreiben könne. Sie würde erbost aufstehen und sagen, wenn er ihr schon nicht helfen wolle, solle er wenigstens ihren Neffen nicht zu nächtlichen Sauftouren verführen. Nein – sie hatte beschlossen, die Dinge selbst in die Hand zu nehmen.

Am Bahnhofsplatz stieg sie in die neue Buslinie um, die in den Stadtosten fuhr. Der Bus röhrte die Goethestraße entlang, bog dann mit unvermindertem Tempo nach links ab, überquerte, ohne die Geschwindigkeit im

Mindesten zu drosseln, die Kreuzung mit der Nürnberger Straße und verschwand dann in der tiefen, düsteren Schlucht der Henkestraße. Lotte sah links in dem Biochemischen Institut junge Studenten in weißen Kitteln mit Reagenzgläsern hantieren, sah den Pulk von Fahrrädern vor der Mensa, den grauen Betonbau der Organischen Chemie, dann nach einer Weile ein hohes Gebäude der Erlanger Weltfirma. Dann bog der Bus in die Hartmannstraße ein und gleich darauf nach links in die kerzengerade, baumbestandene Allee, die das aufgelassene Gelände der US-Armee durchschnitt. Über die riesigen öden Schuttflächen rechts und links der vierspurigen Straße zog sich allmählich wieder eine Haut von neuem Leben: hypermoderne Fabrik- und Bürogebäude, Verbrauchermärkte, schicke Eigentumswohnungen und Lofts. Der Bus hielt, fuhr weiter, erreichte die Stadtgrenze, kurvte durch Buckenhof, bis zum Ortsende. Dann blieb er stehen.

„Endstation", schnarrte der Busfahrer.

Lotte sah den stählernen Baukörper des *Well-fit* mit dem Pultdach und der flirrenden Leuchtschrift schon beim Aussteigen. Die komplette Front des Hauses war verglast. Auf drei hell erleuchteten Etagen präsentierte sich die ganze chromglänzende High-Tech-Welt körperlicher Ertüchtigung: Spinning und Stepping, Butterfly und Beincurling, TaiChi und TaeBo.

Lotte starrte auf die gläserne Schaufront mit ihren verschiedenen Ebenen und auf die unzähligen Menschen, die sich da hinter den riesigen Glasscheiben des Gebäudes wie auf einer angestrahlten Bühne maschinenhaft in immer gleichen Bewegungen an den kompliziertesten Maschinen betätigten. Rechts und links von der gläsernen Doppelschwingtüre brannten zwei übermannshohe Fackeln. Schließlich überwand sie sich und trat ein.

Gleich links neben dem Eingang hing eine Schautafel mit der Überschrift:

„UNSER TEAM! Fit for Fun! Eure Profi-Trainer stellen sich vor!"

Lotte sah sich die Bilder an: Carla, Daggi, Benny, Jo, Ritchie und Bine – lauter strahlende Mädels in knappen Bustiers, lauter Jungs mit kurzen, gegelten Haaren und in Muskelshirts, allesamt braungebrannt, gesundheitsstrotzend und energiegeladen.

Lotte betrachtete alle Bilder genau. Ein Feld war frei. War hier das Bild von Victor gewesen? Sie suchte noch einmal alle Bilder durch. Nein, sie erkannte niemanden. Keiner der Abgebildeten war über dreißig. Der Mann von der Neumühle war natürlich auch nicht dabei.

„Grüß dich. Bist du neu hier? Kann ich dir helfen?"

Sie schrak zusammen, als sie im Umdrehen eine junge Frau in einem bauchfreien rosa Sportbustier mit Reebok-Aufschrift und einer hellgrauen Hüfthose vor sich stehen sah, die ihr die Hand hinstreckte.

„Ich bin die Ulla. Und du?"

Lotte hatte es die Sprache verschlagen.

„Wir duzen uns alle hier, das ist dir doch recht?"

Ulla schaute erwartungsvoll unter ihrem schwarzen Pony vor.

„Nun ja. Ja sicher. Also gut. Ich heiße Lotte."

„Schön dich zu sehen, Lotte", sagte Ulla.

„Was kann ich für dich tun?"

„Ich interessiere mich für eine Mitgliedschaft. Erst mal auf Probe", fügte Lotte hastig hinzu.

„Na klar, ist doch kein Problem, Lotte. Möchtest du was trinken?"

Ulla machte eine einladende Bewegung in Richtung zu einer großen Acryltheke mit meergrünen Barhockern. Lotte zögerte unentschlossen.

„Das ist Lotte", sagte Ulla zu der jungen Frau hinter dem Tresen.

„Hallo Lotte", sagte die. „Ich bin die Caro. Was soll's denn sein?"

Lotte starrte auf eine Galerie mit riesigen Dosen. Auf denen stand *„Multi Vita Plus"*, *„Super Formula 100"*, *„Multi Energy"*, *„Mega-Gainer"* und *„Giant Block"*.

„Herzlichen Dank. Ich glaube, ich habe keinen Durst", sagte Lotte.

„Nimm doch *Super Formula 100*. Das ist biologisch hochwertiges Milch- und Eiprotein für Regeneration und Muskelaufbau mit maximaler biologischer Wertigkeit. Natürlich fett- und purinfrei", schlug Ulla vor.

„Ja, dann ist es das Richtige", murmelte Lotte und sah angstvoll auf die hohen Barhocker.

„Lemontwist oder Wildberry?", fragte die nette junge Frau hinter der Bar.

„Geht auch Banane?"

„Logo", erwiderte Caro und rührte einen Messlöffel *Super Formula 100 Banane* in ein großes Wasserglas.

„Willst du dich nicht setzen?"

„Danke, ich stehe lieber."

Lotte lehnte ihren Stock an den Tresen und griff nach dem Glas.

„Du musst da keinerlei Bedenken haben, Lotte."

Ulla lehnte sich neben sie:

„Wir machen einen Fitness- und Cardiocheck mit dir. Muskelfunktion, Fahrradergometer, Blutdruck, Körperfettanalyse und so weiter. Und nach den Testwerten stellen wir dein individuelles Trainingsprogramm zusammen. Unser ältester Kunde ist achtundachtzig."

Sie warf einen kurzen Blick auf Lottes Stock und fügte dann optimistisch hinzu:

„Glaube mir, wir kriegen dich schon wieder fit!"

„Körperfettanalyse ... Fitnesscheck ... Um Gottes willen, da haben Sie mich vollkommen missverstanden. Das soll ein Gutschein sein. Ein Weihnachtsgeschenk für meinen Neffen. Ein Monat Training im *Well-fit*."

Ulla wollte sich schütteln vor Lachen.

„Schade", sagte sie, „überleg's dir doch noch mal. Wir machen dir wirklich ein super Programm. Stretchen, kräftigen, alles mit Low-Impact. Kannst natürlich aber auch einen Gutschein kriegen."

Lotte nickte zustimmend.

„Mein Neffe möchte aber nicht nur so ein bisschen trainieren. Er ist sehr sportlich und joggt sehr viel. Er möchte richtige Muskeln aufbauen. Schnell und viel."

„Klar", lachte Ulla, „das wollen sie alle. Kein Problem. Dafür sind wir ja da."

Ihre Stimme ging in einem plötzlichen Schwall ohrenbetäubender Musik unter. Lotte schrak zusammen und hielt sich die Ohren zu.

„Was ist denn das?", schrie sie.

„Unsere High-Impact-Bodyshaping-Aerobic-Stunde fängt an!", schrie Ulla zurück.

„Vielleicht am Anfang noch etwas zu schwierig für dich."

Aus den Tiefen des *Well-fit* dröhnte und stampfte es in einem monotonen Rhythmus:

„Call me Mister Bump ... call me Mister Bump ... call me Mister Bump ..."

Dann setzte eine hohe weibliche Kommandostimme ein:

„Und sieben ... sechs ... fünf ... vier ... noch drei ... zwei ... eins ... and here we go!!! ... nooooch maaaal!! ... und sieben ... sechs ... fünf ... vier ... noch drei ... zwei ... eins ... and here we go!!! ... uuuuuund Sidesteeeeeep ... Hobscoooootch ... und Straddle ... noch maaaaal ..."

Ihre Stimme überschlug sich fast:

„*Aaaaaaand here we gooooooo!!! Durchhalten, Ladies!!! Das Ganze noch mal von vooooooorne ... Und sieben ... sechs ... fünf ... call me Mister Bump ... call me Mister Bump ...*"

„Ich nehme den Gutschein!", schrie Lotte.

„Alles klar", schrie Ulla zurück, „Augenblick!"

„Ich habe nur noch eine Frage!", schrie Lotte.

„Ihr Chef, dem das *Well-fit* gehört ... Ich glaube, ich kenne ihn. Sie haben nicht zufällig ein Bild von ihm?"

„Sorry, Lotte!", schrie Ulla zurück.

„Ich bin die Chefin!"

„Oh!", schrie Lotte. Dann wurde ihre Stimme ganz leise:

„Das ist aber schade!"

XIV

Vier Tage vor Weihnachten kam Jutta nach Hause.

Lotte atmete auf. Nicht nur, weil ihr die Verantwortung für die Zwillinge und für den Haushalt von den Schultern genommen war, sondern vor allem, weil sie sich die ganze Zeit Sorgen um Jürgen gemacht hatte.

Am Heiligabend war sie, wie in all den Jahren seit Karls Tod, bei der Familie Kallfels eingeladen. Niemand sprach von den Gründen, warum Jutta plötzlich ihre Sachen gepackt und nach München zu ihrer Freundin gefahren war. Jürgen und die Zwillinge behandelten Jutta so rücksichtsvoll und vorsichtig wie einen wertvollen, zerbrechlichen Gegenstand. Jürgen deckte sogar den Tisch für das Abendessen selber.

Lotte hatte ein schlechtes Gewissen, dass sie für die Zwillinge nur je einen Umschlag mit Geld unter den Tannenbaum legen konnte und auch für Jutta nur so ein dummes Parfümerie-Geschenk hatte, aber für mehr hatte in den letzten Tagen ihre Kraft nicht gereicht.

Als Jürgen seinen Gutschein für einen Monat Training im *„Well-fit"* auspackte, warf er Lotte einen schrägen, wenig begeisterten Blick zu und meinte:

„Well-fit? Ausgerechnet das *Well-fit?* Brauchst du einen Kundschafter, Tante Lotte?"

Lotte wurde prompt rot. Erst als die ahnungslose Jutta den Arm um ihn legte und sagte, sie fände es einfach toll, dass Jürgen so sportlich geworden sei, und habe direkt Lust, auch mit ins Fitnessstudio zu gehen, hellte sich Jürgens Blick auf.

Lotte freute sich ehrlich über den schönen Schal und über die Dallmayr-Pralinen, die ihr Jutta aus München mitgebracht hatte. Am meisten aber freute sie sich über Lisbeths Geschenk. Während alle noch mit dem Auspacken ihrer Päckchen beschäftigt waren, hatte Lisbeth sie zur Seite gezogen, ihr einen bunt verpackten, ganz flachen Gegenstand in die Hand gedrückt und ihr zugeflüstert:

„Das ist von Tristan und von mir. Tristan hat es seinem Vater abgequatscht. Du hast doch bloß so 'nen alten Plattenspieler und du hast mal gesagt, dass du die Musik ziemlich Klasse findest. Der Wagner hat da ja wohl auch so 'ne Art Liebesgeschichte geschrieben."

Lotte riss das Papier auf. Es war eine alte Langspielplatte mit einem Mitschnitt aus *Tristan und Isolde*.

„Danke, dass du uns nicht verraten hast", flüsterte Lisbeth.

„Ach Kind ...", seufzte Lotte und musste weinen.

Drei Tage nach Weihnachten brachte die Zeitung in dicken Lettern die Nachricht, dass der Schlossgartenmörder nun endlich gefasst sei. Der Lebensgefährte der Ermordeten war festgenommen worden.

In einer Pressekonferenz, die auf großes Medieninteresse gestoßen war, hatte der Leiter der Ermittlungen, Kommissar Groß, mitgeteilt, man sei sehr zufrieden, den Fall nun abschließen zu können, auch wenn ein Geständnis des mutmaßlichen Täters Willy K. noch ausstünde. Der Mann, der ganz in der Nähe des Tatortes gearbeitet habe, könne für die Tatzeit kein Alibi vorweisen. Im Zuge der Ermittlungen habe er sich in äußerst verdächtige Widersprüche hinsichtlich seiner Beziehung zu dem Opfer verstrickt. Es handle sich ganz offensichtlich um ein Eifersuchtsdrama mit tödlichem Ende ...

War es ein Zufall, dass Lotte noch am gleichen Tag entsetzliche Zahnschmerzen bekam? Nach einer schlaflosen Nacht fand sie sich am nächsten Morgen im Behandlungsstuhl ihres Zahnarztes wieder. Wie immer hatte ihr Doktor von Hollfeld galant die Hand zur Begrüßung geküsst – er wusste schließlich, was er seinen großteils privat versicherten Patientinnen aus dem nahen Stift schuldig war – und ihr wenige Minuten später taktvoll, aber unmissverständlich erklärt, er sei untröstlich, müsse ihr jetzt aber den Vierer links oben extrahieren. Während die Spritze langsam ihre Wirkung zeigte, plauderte er mit Lotte über Gott und die Welt und ihre Zahnprothese und befreite sie dann zügig von ihrem Vierer links oben.

Danach fühlte sich Lotte schauderhaft, nicht nur, weil sie die nächsten Tage ohne Prothese herumlaufen musste. Sie verkroch sich in ihr Zimmer, legte einen Kühlbeutel auf ihren pochenden Oberkiefer, las immer wieder den Bericht über den Schlossgartenmörder und hörte *„Tristan und Isolde"*.

Am Silvestermittag – die ersten Raketen stiegen schon in den Himmel – versuchte Jutta sie zu überreden, den letzten Abend des Jahres mit ihr und Jürgen zu verbringen. „Ich bin dir so dankbar für alles", sagte Jutta.

Aber Lotte war nicht dazu zu bewegen, meinte, die beiden bräuchten endlich Zeit für sich, bestand darauf, diesen Abend alleine zu sein, ging um zehn Uhr ins Bett, hörte um Mitternacht die Raketen krachen und lag um fünf Uhr morgens immer noch wach.

Dann kam der Schnee, Berge von Schnee, und dann das Eis.

Lotte ging kaum noch vor die Türe. Im Stift wurde die Weihnachtsdekoration abgeräumt und diese gähnende, dunkle Leere nach den Festtagen machte sich breit. In der Zeitung stand, dass nun der große Schnäppchenmarkt bei Horten eröffnet sei, dass die kluge Hausfrau sich jetzt mit günstigem Geschirr und neuen Pfannen eindecken könne und dass der Schlossgartenmörder immer noch kein Geständnis abgelegt habe.

Lotte lag meistens auf ihrem Sofa und ließ sich fallen, hinein in diese endlose, liebestrunkene, betäubende, todessehnsüchtige Musik:

„O sink hernieder
Nacht der Liebe,
gib Vergessen,
dass ich lebe;
nimm mich auf
in deinen Schoß,
löse von
der Welt mich los ..."

Sie lag in ihrem dämmrigen Zimmer und dachte an den sterbenssüchtigen Tristan und seine liebende Isolde, an die tote Yvonne und ihr totes Kind, an ihren toten Karl und woran sonst noch ...

„Verloschen nun
die letzte Leuchte;
was wir dachten
was uns deuchte;
all' Gedenken
all' Gemahnen ..."

Sie sah an ihrem Fenster das bläuliche Licht über dem Schnee, kurz bevor es dunkel wurde, und setzte noch einmal die Diamantnadel auf die schwarzen Rillen:

*„Gib Vergessen
dass ich lebe;
nimm mich auf
in deinen Schoß,
löse von
der Welt mich los ..."*

An einem Sonntag Mitte Januar rief Otto an:

„Jürgen meint, du hast ein kleines Wintertief. Hast du Lust, mit mir spazieren zu gehen? Ich bin mal wieder Strohwitwer."

„Du musst mich nicht trösten", versetzte Lotte viel harscher, als sie das eigentlich wollte, und überlegte im gleichen Moment schon, welchen Mantel sie anziehen sollte und welchen Hut aufsetzen.

Sie fuhren mit Ottos Wagen zum Dechsendorfer Weiher. Es war ein glitzernder, eisblauer Tag. Schnee auf den Fichten und über den weißen Stämmen der kahlen Birken. Die Sonne blendete und der Frost knirschte unter den Füßen. Schon auf dem Weg zum See hörte Lotte das tiefe Summen und Brummen des Eises und die knackenden Laute, die es von Zeit zu Zeit von sich gab.

Rund um die zugefrorenen Bootsstege drängelten sich die Eisläufer in dicken Trauben, schnürten im Sitzen ihre Stiefel zu, banden ihren Sprösslingen den Schal vors Gesicht und rieben sich die eiskalten Hände.

Otto begann sogleich, mit zügigem Schritt am See entlang Richtung Campingplatz zu laufen, und Lotte mühte sich, ihm zu folgen.

Wattewolken von feuchter Luft bildeten sich vor ihren Mündern, Lotte sah Otto in seinem Wanderanorak und mit den bloßen Haaren neben sich, wie er kräftig ausschritt, und zum ersten Mal in diesem Jahr fühlte sie sich etwas besser.

Jeder Schritt wirbelte ein Häufchen von pulvrigen Schneekristallen auf, die wie Puderzucker auf ihre Schuhe zurückfielen. Die Sonne und die kalte Luft trieben ihr ein paar Tränen in die Augen. Sie sah, wie Ottos Wangen sich röteten, und hörte seinen regelmäßigen Atem.

Sie liefen ohne zu reden immer weiter, immer weiter und das war gut so – vorbei an den kleinen, sandigen Badebuchten, die jetzt im Eis erstarrt lagen, vorbei an dem Schilfgürtel, wo im Frühjahr die Wasservögel brüteten, zwischen Föhren und Birken hindurch, über den glitschigen Bohlendamm zum hintersten Teil des Sees, wo man zurückblicken konnte bis zum anderen Ende: über die glitzernde, von ein wenig Schnee überpuderte Eisfläche bis zu dem dunklen Rand der Fichten, die das grünliche Blau des Eises von dem tiefen Blau des Himmels schieden.

Otto blieb stehen und machte eine ausladende Handbewegung, als wolle er Lotte dies alles zum Geschenk machen:

„Sieh dir das an ..."

Lotte war ein wenig schwindelig vom schnellen Gehen und sie hielt sich an Ottos Anorakärmel fest:

„Ja, es ist schön. Es ist wie damals."

Otto wandte jetzt den Kopf zu ihr und sah sie fragend an.

„Wie damals zu Hause. Als ich jung war. Bei uns zu Hause sah es genauso aus. Die Seen, die Föhren ..."

Sie sah einem einsamen Schlittschuhläufer nach, der hier, weit entfernt von der Masse der anderen Läufer, mit weit schwingenden Armen seine Bahn über die eisige Fläche zog.

„Wir waren tagelang auf den Seen in Masuren unterwegs, meine Freundinnen und ich. Ich hatte einen alten Segeltuchrucksack mit Butterbroten und Kakao dabei.

Wir sind gelaufen und gelaufen. Ach was, ich glaube, wir sind geflogen übers Eis."

Ihre Blicke folgten dem Schlittschuhläufer:

„Ich würde etwas dafür geben, wenn ich das einmal noch tun könnte."

Otto lachte, dass die Wolke von weißer Atemluft vor seinem Mund ganz groß und rund wurde:

„Lotte als ostpreußischer Engel über dem Eis."

Doch dann fügte er mit plötzlichem Ernst hinzu:

„Sei nicht nostalgisch, Lotte. Es gibt einen alten Indianer-Spruch. Der lautet: Das Glück ist jetzt."

Er sah ihr mitten ins Gesicht.

Sie räusperte sich irritiert und schüttelte den Kopf.

„Ja, Otto, in manchen Augenblicken möchte man es glauben. Aber ..."

„Aber was?"

„Ich finde keine Ruhe. Ich mache mir Sorgen um Jürgen und Jutta. Was ist passiert zwischen ihnen? Wird sie wieder weglaufen?"

Otto zuckte die Achseln.

„Sie müssen wissen, was sie tun. Sie sind erwachsen, Lotte."

„Und dann weiß man, was man tun muss? Bist du erwachsen, Otto?"

Er sah sie wieder an.

„Du hast Recht."

Fast gleichzeitig wandten sie sich beide wieder zum Gehen, überquerten einen kleinen Bachlauf, der den See mit der Kette der anderen Weiher verband und der nur noch als Rinnsal zwischen den Eisschollen sickerte, und machten sich auf den Weg zurück zum anderen Ende des Sees.

„Und um ehrlich zu sein", nahm Lotte den Gesprächsfaden wieder auf, „ich komme auch nicht über diese Mordgeschichte hinweg. Margot und du, ihr wart ja die ganze Zeit in Salzburg."

Otto nickte:

„Margot liebt Salzburg zu Weihnachten. Aber ich habe es nachträglich in der Zeitung gelesen. Sie haben ihn."

„Sie haben ihn? Sooooo? Wer sagt das? Dieser Kommissar?"

Lotte beschleunigte ihren Schritt.

„Für ihn war das alles von Anfang an klar, wenn du mich fragst. Er hat einen Verdächtigen. Der hat kein Alibi. Der ist eifersüchtig. Der verwickelt sich in ein paar Widersprüche. Sagt, er wüsste von keiner Schwangerschaft, muss es dann aber doch zugeben. Und da haben wir den Mörder schon!!! Mord aus Eifersucht!!! Alles ist klar!!! Und wir können uns wieder ganz aufs Joggen und aufs Trinken konzentrieren!"

„Lotte", sagte Otto, „so habe ich dich ja noch nie erlebt! Du tust dem Kommissar Unrecht. Ich kenne ihn, seit er ein Junge ist. Er macht gute Arbeit."

Lotte war nicht zu bremsen:

„Dieser Kommissar hat nie versucht, in eine andere Richtung zu denken. Es stimmt, Willy hat erst gesagt, er habe nichts von Yvonnes Schwangerschaft gewusst. Aber vielleicht hat er das nur deshalb gesagt, weil er wusste, dass Yvonne es mit der Treue nicht so genau nahm und weil er sich sagte, dass er bei seiner allseits bekannten Eifersucht sofort der Hauptverdächtige sein würde. Ich will dir etwas sagen, Otto: Ich habe Yvonne kurz vor ihrem Tod noch gesprochen. Sie hat mir erzählt, dass sie ein Kind erwartet. Sie war überzeugt, dass dieses Kind von Willy ist, und wollte es mit ihm zusammen haben! Er war es nicht!"

„Weißt du was, Lotte", sagte Otto und der gefrorene Boden knirschte unter seinen Füßen, „ich bin ein hoffnungsloser Optimist. Wenn er es nicht war, wird die Wahrheit ans Licht kommen und sie werden ihn freilassen. Vergiss ihn jetzt einfach und genieße den Tag ..."

Hier, auf dem sandigen Weg zwischen den Kiefern, lag kaum Schnee. Ein paar Meter weiter, zwischen den niedrigen Stämmen am Ufer, blitzte die eisige Fläche des Sees, der sich nun langsam wieder bevölkerte, je näher sie ihrem Ausgangspunkt kamen.

Bald hatten sie den See ganz umrundet. Kleine Kinder saßen in ihren Schlitten, in dicke Fellsäcke gepackt, und ließen sich juchzend von ihren Vätern über das Eis ziehen. Halbwüchsige hatten sich mit ihren Winterstiefeln Hockeyfelder abgegrenzt und jagten in Horden hinter dem Puck her. Hunde bellten über das Eis. Gruppen von Erwachsenen ließen ihre Eisstöcke über lange, blank gefegte Bahnen schlittern und jedes Mal, wenn ein Eisstock gegen einen anderen stieß, war das helle, hölzerne „Plogg" bis in die Bäume zu hören.

Sie blieben beide gleichzeitig stehen. Lotte stützte sich mit der Rechten an einen Birkenstamm. Sie spürte Otto hinter sich stehen. Er legte seine linke Hand auf ihre Schulter und seine Rechte auf ihre Hand. Der Wind trieb die weiße Wolke seines Atems genau vor ihr Gesicht. Alles verschwand hinter dem wolkigen Schleier seiner Nähe. Die ganze glitzernd grüne Eisfläche schimmerte für sie in der Sonne. Die unzähligen bunten Gestalten darauf drehten sich für sie in großen, schwingenden Schleifen. Das Wasser gluckerte für sie unter dem Eis. Der Eispanzer brummte, knarrte und sang für sie. Das Glück ist jetzt ...

Erst als Lotte vor Kälte zu zittern begann, tauchten sie beide wieder aus diesem atemlosen Augenblick auf.

„Da vorne neben den Grillplätzen gibt es etwas zu

trinken. Warte einen Moment! Ich hole uns etwas zum Wärmen", sagte Otto und ging mit raschen Schritten auf den großen Betonflachbau zu, vor dem ganze Gruppen von eingemummten Gestalten mit dampfenden Tassen und Bratwurstbrötchen standen.

Lotte sah ihm nach, wie er sich mit einer typischen Geste über die Haare strich, dann die Hände in den Anoraktaschen vergrub und sich in der Schlange vor dem Kiosk einreihte. Sie lächelte.

Eben wurde eine Bank vorne am See frei. Lotte setzte sich, warf einen Blick auf die Stapel von Winterstiefeln, Thermoskannen und Hockeyschlägern, die neben ihr auf dem gefrorenen Sand der flachen Böschung lagen, schaute hinaus auf das Treiben, sah einem Kind zu, das gerade zwischen Vater und Mutter die ersten Stolperer auf den neuen Kufen machte, und beobachtete ein junges Pärchen, das selbstvergessen Hand in Hand über das Eis glitt.

Schließlich drehte sie sich um. Da kam er, in jeder Hand einen dampfenden Becher, aus seiner Anoraktasche lugte eine zusammengefaltete Zeitung. Lotte lächelte. Er kam näher. Irgendetwas stimmte nicht. Seine Augen. Er kniff seine Augen so merkwürdig zusammen.

„Lotte ... Ich habe dir einen Tee mitgebracht. Ist dir das recht? Trink erst mal!"

Lotte nahm den braunen Keramikbecher, in dem ein billiger Teebeutel und ein Zitronenschnitz schwammen, stellte ihn hastig neben sich und zog Otto zu sich auf die Bank.

„Was ist passiert? Die Zeitung ..."

„Nun trink erst mal!"

„Lass mich lesen! Was ist passiert? Ich kann mir gar nicht vorstellen, was da stehen soll, dass du so merkwürdig aussiehst ..."

Otto zog die Zeitung aus der Tasche und reichte sie ihr:

„Sonntagsbild" stand da in roten Lettern.

Darunter ein großer schwarzer Balken:

„Schlossgartenmörder erhängt – Schuldbekenntnis hinterlassen!"

Darunter ein Bild von Willy:

„Der Mörder mit der Fahrradkette hat sich selbst gerichtet".

Daneben ein zweites Bild:

„Yvonne W. (24), Opfer und Geliebte des Schlossgartenmörders".

Dann noch ein Bild:

„Der Schlossgarten in Erlangen – Ort der Bluttat".

Lotte schlug die Hand vor den Mund und flüsterte tonlos:

„Um Gottes willen, Willy ..."

Mit fliegenden Fingern strich sie die Zeitung glatt, Otto beugte sich zu ihr herüber, um mitzulesen:

„Am frühen Samstagabend hat sich Willy K., der Schlossgartenmörder aus Erlangen, in seiner Zelle erhängt. Schon kurz nach der Tat wurde er gefunden, als im Untersuchungsgefängnis Nürnberg das Abendessen ausgeteilt werden sollte. Dazu der Justizbeamte, der ihm das Essen bringen wollte: ‚Da war aber schon nichts mehr zu machen. Er war schon ganz blau.'

Willy K. saß seit etwa drei Wochen in Untersuchungshaft. Im November letzten Jahres soll er in einem Eifersuchtsdrama seine Geliebte Yvonne W. (24) im Erlanger Schlossgarten mit einer Fahrradkette erdrosselt haben. Ihre Leiche wurde während eines Laternenzuges von Kindern entdeckt. Obwohl die Indizien klar gegen ihn sprachen, hat Willy K. die Tat bis zuletzt geleugnet. Erst im Tod hat er gestanden! In seiner Zelle wurde ein kurzer Abschiedsbrief gefunden. Er lautet:

,*Es ist alles meine Schuld. Ich wollte das nicht. Ich kann nicht ohne sie leben.'"*

Lotte ließ die Zeitung sinken und starrte Otto an.

„Lotte ... Das tut mir so Leid. Nun war er es also doch."

„Was war er??? Du lieber Himmel, Otto, kannst du nicht lesen??? Könnt ihr alle nicht lesen??? Er schreibt: ,Es ist meine Schuld. Ich wollte das nicht.'"

„Lotte, du verrennst dich da in etwas ..."

„Otto, nun hör mir doch mal zu!", ihre Stimme war so laut, dass ein paar Spaziergänger stehen blieben und kopfschüttelnd auf das streitende alte „Paar" schauten.

„Er schreibt: *,Es ist meine Schuld.'* Er schreibt aber nicht: *,Ich habe es getan.'*"

„Aber das ist doch dasselbe ..."

„Das ist es eben nicht. Er kann mitschuldig daran sein, dass Yvonne sterben musste, und war es eben trotzdem nicht! Man kann an etwas Schuld haben, ohne selbst etwas getan zu haben. Eine Tat auslösen, verstehst du?"

„Lotte, das sind doch Germanisten-Finessen. An solche Sprachfeinheiten denkt kein Mensch, wenn er sozusagen schon den Strick in der Hand hat."

„Was würdest du schreiben, Otto, wenn du in deinen letzten Lebensminuten dein Gewissen erleichtern wolltest? *,Ich war es. Ich habe es getan. Verzeiht mir'*, würdest du schreiben."

„Lotte, du verrennst dich ..."

Lotte griff so heftig nach ihrer Teetasse, dass die braune Flüssigkeit überschwappte und ihr über den Handschuh lief. Sie fingerte nach der Schnur des Teebeutels und schleuderte ihn in hohem Bogen auf die Erde:

„Ich finde es widerlich, wie diese Zeitung ihn zum Mörder stempelt, obwohl nichts bewiesen ist. Ich weiß nicht, in was Willy verstrickt war. Ich ahne es nur. Ich weiß auch nicht, was Yvonne damit zu tun hatte und warum sie sterben musste. Ich weiß nur, dass er nicht der Täter ist. Sonst würde er schreiben: ‚*Ich habe es getan*', Otto ..."

„Lotte, beruhige dich ..."

„Ich *will* mich nicht beruhigen, Otto! Ich gebe keinen Moment Ruhe, bis der wahre Mörder endlich gefasst ist. Jetzt hat er schon zwei Menschen auf dem Gewissen. Nein, ich glaube, es sind sogar drei. Und dieses ungeborene Kind ..."

„Lotte ..."

Lotte zwang sich dazu, einen Schluck von dem heißen, widerlich bitteren Tee zu nehmen, und starrte in die dampfende Tasse.

„Weißt du, Otto", sie fühlte sich zittrig, aber etwas ruhiger, „Lisbeth hat mir eine Platte zu Weihnachten geschenkt. *Tristan und Isolde*. Ihr einziges Thema ist die Liebe und der Tod. Liebe und Tod sind eins, untrennbar, unauflöslich verbunden. Erst der Tod macht die Liebe vollkommen: *„Lass den Tag dem Tode weichen ..."*

Sie flüsterte es fast.

„Lotte, das Leben ist keine Oper ..."

Lotte ließ sich nicht beirren und sprach weiter mit erstickter Stimme, während sie die Teetasse zwischen den Händen drehte:

„Unsre Liebe?
Tristans Liebe?
Dein' und mein',
Isoldes Liebe?
Welches Todes Streichen
könnte je sie weichen? ...
Stürb' ich nun ihr,
der so gern ich sterbe,
wie könnte die Liebe

*mit mir sterben,
die ewig lebende
mit mir enden?"*

„Himmel noch mal, Lotte, sie war Friseuse und keine Isolde!", versetzte Otto und hauchte sich in die kalten Hände.

„Und", blitzte Lotte ihn an, „Friseusen haben keine solchen Gefühle? Und was wäre, Otto, wenn sie ihn trotz allem so sehr geliebt hat, dass sie seinetwegen sterben musste? Und was wäre, wenn er sie – trotz allem, was war – auch so geliebt hätte, dass er nach ihrem Tod nicht mehr leben wollte? *Stürb' ich nun ihr, der so gern ich sterbe, wie könnte die Liebe mit mir sterben ...*"

„Lotte, nun hör mir endlich zu! Was du mir da erzählst, ist allerschwülstes Wagner-Pathos. Das hier spielt in einem Frisiersalon!"

„Und, was sagt das schon?"

Sie stand abrupt auf, spürte die wehen Knochen nach dem langen, anstrengenden Spaziergang und merkte, wie sehr sie fror.

„Lass uns nach Hause fahren, Otto."

Er nickte stumm, nahm die zwei Tassen, steckte die Zeitung wieder in die Anoraktasche und ging hinüber zu dem Kiosk. Lotte sah ihm nach und ihr Zorn verrauchte. Sie sah seinen Haarschopf zwischen den Wartenden an dem Verkaufsstand und dachte:

„Wie dumm von mir."

Endlich kam er wieder. Sie lächelte ihm entgegen und er grinste.

„Na, der Kommissar kann froh sein, wenn er dir heute nicht in die Quere kommt."

Er griff nach ihrer Hand, nahm sie zwischen seine beiden Hände und sah sie an:

„Ich liebe deinen ostpreußischen Dickschädel. Deine Sturheit. Deine Intelligenz. Deine Hartnäckigkeit. Deine Intuition ..."

Lotte sah, dass die Pupillen seiner Augen in der Sonne ganz klein und schwarz waren und in der grünlichen Iris gelbe Punkte leuchteten. Sie sah, wie die weiße Atemwolke aus seinem Mund sich über ihr Gesicht ausbreitete, und roch sein Rasierwasser. Sie sah die Fältchen in seinen Mundwinkeln und um seine Augen, sie sah die dunklen Bartstoppeln über seiner Lippe. Sie spürte, wie er ihr Gesicht zwischen beide Hände nahm und es langsam ganz zu sich zog. Das weiße Licht der Sonne wurde immer gleißender und strahlender, es zündete eine Flamme unter ihren geschlossenen Lidern an und dann spürte sie seine Lippen auf ihrem Mund.

Die Zeit blieb stehen.

Die Schlittschuhfahrer auf dem Weiher erstarrten in ihren Pirouetten. Die Hunde bellten nicht mehr.

Die Eishockeyspieler ließen ihre Schläger fallen.

Nur das Eis sang noch:

„O sink hernieder,
Nacht der Liebe,
gib Vergessen,
dass ich lebe ...
Herz an Herz dir
Mund an Mund;
eines Atems
ein'ger Bund – ...
Lass mich sterben!
Nie erwachen ...
Lass den Tag
dem Tode weichen ..."

„Ich mag dich sehr, Lotte", flüsterte er und da sah sie, dass die Leute immer noch Schlittschuh liefen.

„Lass uns nach Hause fahren, Otto", erwiderte sie und wagte es nicht mehr, ihn anzusehen.

Schweigend fuhr er sie nach Hause, öffnete den Schlag und half ihr beim Aussteigen.

„Machen wir's kurz und schmerzlos, Lotte", sagte er, sah ihr in die Augen und küsste ihr die Hand.

War es das denn nicht?

Auch sie sah ihn an.

„Ich danke dir", hörte sie ihn. „Melde dich, wenn du mich brauchst."

„Ja", sagte Lotte. „Grüß Margot von mir, wenn sie wieder da ist."

„Ja", sagte Otto.

XV

Trotz allem, was an diesem Sonntagnachmittag am Dechsendorfer Weiher geschehen war, schlief Lotte die nächste Nacht erstaunlich ruhig. Sie verspürte kein schlechtes Gewissen.

Am Montag ging sie auf den Friedhof, brachte ihrem toten Karl Blumen und sagte ihm, der unter dieser schwarz glänzenden Steinplatte lag, dass dies Unerklärliche, das da am Dechsendorfer Weiher geschehen war und das sie nicht einmal für sich im Stillen beim Namen zu nennen wagte, nichts mit ihm zu tun habe und dass sie ihn immer lieben werde.

An diesem Montag las sie auch den Bericht in der Erlanger Zeitung über den Selbstmord des Tatverdächtigen Willy K. erstaunlich gleichmütig. Sie war immer noch überzeugt davon, dass er nicht der Täter war. Aber was sollte sie, Lotte Askoleit, wohnhaft in einem Altenstift, arthrose- und herzkrank, daran ändern? Sie beschloss, diese ganze schreckliche Geschichte aus ihrer Erinnerung zu streichen und endlich ihr normales Alltagsleben wieder aufzunehmen. Sollte sich dieser Kommissar um seine Toten kümmern ...

Öfter, als ihr lieb war freilich – wenn sie ihren Stiftsgenossinnen beim Mittagessen zusah, wie sie als Erstes das Fleisch auf ihren Tellern in kleine Stückchen schnitten, wenn sie sich mit ihnen in der Halle des Stifts über die Banalitäten von Fußpflege und Essensplan unterhielt –, sah sie plötzlich die gleißende Helle jenes Augenblicks vor sich, als Otto sich zu ihr gebeugt hatte, spürte, wie ihre Arme sich mit einer Gänsehaut überzogen, verlor den Gesprächsfaden und fühlte sich ertappt, wenn ihre Gesprächspartnerinnen sie forschend und verständnislos ansahen.

Öfter als ihr lieb war, dachte sie auch an Yvonne. Und an Willy.

Nach wochenlanger Pause beschloss sie, endlich wieder an Frau Dr. Graberts Französischkurs teilzunehmen.

Sie war die Letzte, die den kleinen Kursraum betrat. Frau Dr. Grabert hatte bereits mit dem Unterricht begonnen. Sie betätigte gerade den Startknopf ihres Kassettenrekorders und die Stimme von Edith Piaf ertönte aus dem Lautsprecher:

„Non, rien de rien
Non, je ne regrette rien
Ni le bien qu'on m'a fait,
Ni le mal
Tout ça m'est bien égal ..."

Frau Dr. Grabert drückte auf den Pausenknopf.

„Frau Askoleit, wir haben Sie vermisst. Ich hoffe doch sehr, Sie haben in der Zwischenzeit Ihr Französisch nicht vernachlässigt. Wollen mal sehen, ob Sie noch auf dem Laufenden sind. Übersetzen Sie doch gleich mal. Der Text liegt vor Ihnen."

Lotte sank auf ihren Stuhl, starrte den feuerroten Haarschopf von Frau Dr. Grabert an, bereute schon, dass sie gekommen war, und versuchte sich zu konzentrieren:

„Nein, nichts, gar nichts,
nein, ich bereue nichts.
Nicht das Gute,

nicht das Schlechte.
Das ist mir alles ganz egal ...
Nein, nichts, gar nichts,
nein, ich bereue nichts
bezahlt, verwischt, vergessen.
Ich scher mich nicht um gestern ..."

Sie hielt inne und sah hoch. Doch Frau Dr. Grabert hatte kein Erbarmen.

„Nein, nichts, gar nichts
Nein, ich bereue nichts.
Nicht das Gute,
nicht das Schlechte.
Das ist mir alles ganz egal ...
Nein, nichts, gar nichts,
nein, ich bereue nichts.
Denn mein Leben,
Denn meine Freuden
Heute, erst heute
beginnen sie mit DIR."

Lotte versagte die Stimme und sie spürte wieder diese Gänsehaut.

„Na, das klappt ja noch", lobte Frau Dr. Grabert.

„Ich wollte heute mit Ihnen über die Piaf sprechen. Eine ungewöhnliche Frau."

Die Kursteilnehmerinnen kannten Frau Dr. Graberts Neigung für ungewöhnliche Frauen.

„Sie hat gelebt, wie sie wollte."

Frau Dr. Grabert sah ihre lernwilligen Damen in den Wollkostümen herausfordernd an.

„Hat sich genommen, was sie wollte. Männer. Frauen. Drogen. Alles."

Frau Dr. Grabert schüttelte ihren roten Pagenkopf.

„Wussten Sie, meine Damen, dass die Piaf bei ihrer Großmutter aufgewachsen ist? In einem Freudenhaus in der Normandie."

Die Damen wussten es nicht. Es klopfte.

„Herein!", schallte die pädagogisch geschulte Stimme von Frau Dr. Grabert. In der Türe stand der Stiftsleiter.

„Kommen Sie näher!", befahl Frau Dr. Grabert.

„Wir sprachen gerade über Bordelle. Bordelle in der Normandie."

„Ach wirklich?", sagte der Stiftsleiter und trat ein.

„Ich störe ungern dabei", sagte er, „aber es geht um den Stiftsfasching."

Frau Dr. Grabert warf ihm einen vernichtenden Blick zu.

„Sie wissen doch, wir sind in diesem Hause die letzte faschingsfreie Bastion."

Der Stiftsleiter zuckte bedauernd die Achseln.

„Ich weiß, gnädige Frau, aber dieses Jahr sind wir dringend auf Ihren Beitrag zur Geselligkeit angewiesen."

„Beitrag zur Geselligkeit? Sehr schön formuliert, falls Sie damit diese albernen Büttenreden über die Qualität des Stiftsessens meinen und die peinliche Tanzerei, die sich daran anschließt. Zehn Stiftsdamen, die sich um einen hinfälligen Stiftsbewohner schlagen, um ihn zu den Klängen von ‚*Heute blau, morgen blau*' übers Parkett zu schleifen. Merci, da wenden Sie sich mal wie jedes Jahr an die Theatergruppe, den Shanty-Chor und den Skatstammtisch. Die sind ganz wild drauf, Fasching zu feiern. *Mais pas avec nous. Je regrette.*"

Frau Dr. Graberts Gesicht hatte sich gefährlich verfinstert, doch der Stiftsleiter ließ nicht locker:

„Meine liebe gnädige Frau, meine Damen, Sie sind die

geistige Elite in diesem Stift. Ich kann auf Ihre Mitwirkung in diesem Jahr nicht ..."

„Sparen Sie sich Ihre Komplimente, die Damen und ich, wir sind uns seit Jahren einig ..."

„Es darf auch gerne etwas aus dem französischen Kulturkreis sein. Vielleicht nicht gerade über normannische Bordelle. Der eine oder andere könnte Anstoß nehmen ..."

„In Frankreich der Fasching – *ça n'existe pas!*"

Frau Dr. Graberts Gesicht verriet unzweifelhaft, dass für sie das Thema beendet war.

„Wenn Sie erlauben, wenden wir uns wieder unserem Thema zu. Die Piaf. Wie gesagt, ihre Großmutter hatte in der Normandie ein Bordell."

Der Stiftsleiter starrte die roten Haare von Frau Dr. Grabert an wie ein Stier das rote Tuch, holte tief Luft und versetzte dann gefährlich leise und ruhig:

„Eine Hand wäscht die andere."

„*Manus manum lavat*", murmelte Lotte.

„Wie meinen Sie das?", blitzte Frau Dr. Grabert.

„Die Stiftsregeln verbieten es ausdrücklich, dass Personen, die nicht zum Küchenpersonal gehören, die Stiftsküche benutzen. Ich könnte großen Ärger bekommen, wenn bekannt wird, dass Sie jedes Jahr ..."

„Sie wollen mir meinen Bœuf-Bourgignon-Abend verbieten???"

Frau Dr. Grabert hatte ihren roten Kopf gesenkt und fuhr auf den Stiftsleiter zu:

„Sie wollen mich erpressen???"

Ihre Stimme klang metallisch. Sie stand jetzt wenige Zentimeter von dem Stiftsleiter entfernt und zischte ihn an:

„Nun gut, ich beuge mich der Gewalt. Ich werde mit meiner Gruppe an Ihrem verdammten Fasching mitwirken. Aber nun lassen Sie mich im Unterricht fortfahren. Guten Tag."

Sie riss die Türe auf.

„Männer!", zischte sie noch einmal. „Merken Sie sich, meine Damen, Männer machen nur Ärger."

Am selben Abend noch rief Lotte bei der Familie Kallfels an. Max war am Apparat.

„Das trifft sich gut", sagte Lotte.

„Ich muss dich etwas fragen. Meine Französischlehrerin Frau Dr. Grabert hat sich – nun sagen wir – bereit erklärt, am Stiftsfasching eine kleine Büttenrede zu halten. Wir Damen aus ihrem Kurs haben ihr unsere Unterstützung zugesagt. Kannst du mir nicht ein paar nette Witze dafür erzählen?"

„Klar", erwiderte Max. „Ist das dieses Mannweib, das immer für euch den Rotwein aus Frankreich holt? Da kenn ich 'nen coolen Spruch: ‚Männer, liebt Feministinnen, auch hässliche Frauen brauchen Liebe.'"

„Max, ich fürchte, du hast nicht ganz verstanden, was ich meine."

„Kennste den?", fragte Max.

„Kommt Kasperle ins Altersheim und schreit: ‚Seid ihr alle da?' Rufen alle Omis und Opis ganz verzückt: ‚Jaaaaa!' Sagt Kasperle: ‚Aber nicht mehr lang!'"

„Ich bin mir nicht sicher, ob die Damen darüber lachen werden."

„Na ja, ich dachte, für ein Altersheim würde der Witz ganz gut passen. Aber ich kenn auch einen harmlosen. Steht der kahle Onkel Harry vor dem Spiegel und streicht über seine Glatze. Sagt er: ‚Du Teufelskerl, fünfundsiebzig Jahre und kein graues Haar.'"

Lotte lachte:

„Ja. Ich glaube, den können wir verwenden."

„Da kommt Papa rein. Er will dich sprechen."

„Jürgen, mein Lieber, wie geht es dir, du schnaufst so?"

„Komme gerade vom Joggen, Tante Lotte. Ich muss dir was erzählen. Manni hat mir gerade verraten, was man heute bei der Obduktion von diesem Willy Keller festgestellt hat: Arteriosklerose, Kalkplaques wohin man schaut, Linksherzerweiterung. Absolut altersuntypisch. Daraufhin haben sie seine Laborwerte untersucht. Die waren verheerend, alles deutet auf Anabolikamissbrauch. Dasselbe wie damals bei dem toten Handballspieler, wenn du dich erinnerst. Anabolika?, sagte ich zu Manni. Das wundert mich nicht. Meine Tante hat mir so was schon vor Wochen erzählt. Das hat ihm ziemlich zu denken gegeben. Er will dich sprechen, sagt er."

„So – will er das", erwiderte Lotte kühl.

„Und noch etwas. Ich war inzwischen ein paar Mal trainieren in diesem *Well-fit*. Dein Willy gehörte dort quasi zum Inventar. Er hat dort nicht nur jeden Tag trainiert, sondern war so eine Art Mädchen für alles. Hat alle kleinen Reparaturen gemacht. Geräte in Stand gesetzt und so weiter. War sicher kein Problem für ihn, er war ja Feinmechaniker. Wenn du mich fragst", ergänzte Jürgen nach einer kurzen Verschnaufpause, „in diesem Laden kannst du alles bekommen, was verboten ist."

Er schnaufte wieder und Lotte hörte an seiner Stimme, dass er grinste:

„Ich habe ihnen allerdings nicht erzählt, dass ich Arzt bin."

„Oberarzt", korrigierte Lotte.

„Ich wollte einfach mal meine Ruhe haben, sonst quatscht mir jeder die Ohren voll, dessen Oma gerade Verstopfung hat. Ich habe denen erzählt, dass ich im Bereich Altbausanierung tätig bin. Im weitesten Sinne stimmt das ja auch. Habe ihnen außerdem erzählt, dass ich eine Freundin habe."

„Jürgen, wie kannst du! ... Wie geht es übrigens mit Jutta?"

„Alles bestens. Sie hat jetzt beschlossen, eine Ausbildung als Heilpraktikerin zu machen."

„Das kann sie dir doch nicht antun. Ich meine, du bist Oberarzt, wie sieht das denn aus ..."

„Lass sie mal machen, Tante Lotte. Ich bin froh, dass sie wieder da ist. Sehr froh sogar. Also, ich habe denen erzählt, ich habe eine Freundin und muss mich in Form bringen. Der Muskelaufbau gehe mir zu langsam. Ob man da nicht etwas machen könnte. Sicher, sagte die Chefin. Es gäbe da ‚spezielle Eiweißpräparate', nicht ganz billig, aber wirkungsvoll. Ich sagte, ich hätte ja von solchen medizinischen Sachen keine Ahnung, wäre aber sehr daran interessiert und würde es mich auch was kosten lassen. Die Chefin sagte, sie macht mir in den nächsten Tagen einen Vorschlag ... Moment mal, da kommt Lisbeth."

Lotte merkte, wie Jürgen die Hand auf die Muschel legte, trotzdem hörte sie gedämpft, wie Jürgens Stimme an Schärfe gewann:

„Lisbeth, wo willst du schon wieder so spät hin?"

„Zu 'ner Freundin. Ich schlaf heute bei der", hörte Lotte Lisbeth durchs Telefon lügen.

„Jürgen! Jürgen!", rief Lotte ins Telefon. „Hörst du mich noch?"

Nein, er hörte sie nicht mehr. Die Auseinandersetzung im Hintergrund wurde immer lauter. Ganz sanft legte Lotte den Hörer auf die Gabel.

Lotte hatte in all den vielen Jahren noch nie an einem Stiftsfasching teilgenommen und war sich daher sehr unsicher hinsichtlich des geforderten Grades an Verkleidung.

Im Französischkurs hatte man kurzfristig erwogen, geschlossen mit Baskenmütze und Ringelhemd aufzutreten. Der Vorschlag war aber sofort mit großer Mehrheit verworfen worden. Frau Dr. Grabert hatte erklärt, es sei schon schlimm genug, wenn man zu dieser blödsinnigen Veranstaltung überhaupt erscheinen müsse, und alle weiteren Zugeständnisse verbitte sie sich.

So hatte sich Lotte für ein normales Wollkleid entschieden und als Tribut an die närrische Saison eine etwas verdrückte weiße Papierchrysantheme am Schalkragen ihres Kleides befestigt.

Beim Eintreten in den Festsaal sah sie, dass die anderen Gruppen alle geschlossen maskiert aufgelaufen waren: Der Shanty-Chor trug orangefarbene Perücken und Clownskostüme. Die Damen der Bastelgruppe hatten alle schwarze Sonnenbrillen auf und kleine, bunte Papphütchen sehr schräg und keck auf den frisch gelegten grauen Locken sitzen. Und die Kegelgruppe hatte sich für Zwergenzipfelmützchen und falsche Bärte entschieden. Sogar der Stiftsleiter war maskiert. Er hatte sich rote Herzen auf die Backen gemalt und trug ein Tirolerhütchen zu dem grauen Anzug, den er immer anhatte.

Das in Ehren ergraute Organisationskomitee des Stiftsfaschings hatte den ganzen Saal mit Girlanden und Luftschlangen dekoriert und dabei auch das Kruzifix an der Stirnseite des Saales nicht ausgespart, wie der Stiftsleiter indigniert registrierte. Doch nun war es zu spät, das Kruzifix hing zu hoch an der Wand, als dass man ohne Leiter und allzu großes Aufsehen die Luftschlangen von den Armen des Gekreuzigten noch hätte entfernen können.

Auf den bunt dekorierten Tischen standen schon große Teller, auf denen sich Berge von Faschingskrapfen türmten. Das Kaffeegeschirr freilich war noch nicht eingedeckt. Die Erfahrungen vieler Jahre hatten nämlich gelehrt, dass allzu viele undisziplinierte Närrinnen und Narren sich schon vor der Zeit auf Kaffee und Krapfen stürzten und die heiteren Darbietungen der Büttenredner dann im allgemeinen Tellergeklapper untergingen. So hatte man sich in den letzten Jahren auf ein straffes närrisches Programm geeinigt:

1. Büttenreden.
2. Kaffeetrinken/Krapfenessen.
3. Tanz/Geselligkeit.
4. Ende zuverlässig achtzehn Uhr (wegen des Küchenpersonals).

Lotte entdeckte ihre Französischgruppe an einem der langen Tische. Neben Frau Dr. Grabert war noch ein einzelner Platz frei. Lotte setzte sich. Frau Dr. Grabert war gänzlich unmaskiert. Ihr Gesicht ließ nichts Gutes ahnen. Sie hatte sich im Vorfeld des Stiftsfaschings geweigert, sich von den Damen ihres Kurses bei der Abfassung ihrer Büttenrede helfen zu lassen, und nur mehrfach düstere Andeutungen gemacht, die „Erpressung" durch den Stiftsleiter werde nicht ohne Folgen bleiben. Lotte sah auch aus diesem Grund der Veranstaltung mit gemischten Gefühlen entgegen.

Dann ging es los. Einer der wenigen anwesenden Herren, ein pensionierter Diplomingenieur, der im wirklichen Leben seinerzeit für das erste Kernkraftwerk in Burundi verantwortlich gezeichnet hatte, betätigte mehrere Schalter an der großen Musikanlage und dann lief das erste Faschingslied vom Band:

„Am Rosenmontag bin ich geboren, am Rosenmontag in Mainz am Rhein."

An einigen Tischen wurde bereits verhalten geschunkelt.

Nun schritt der Stiftsleiter an das Rednerpult, das heute aus gegebenem Anlass mit Luftschlangen und einer Traube von Luftballons dekoriert war, begrüßte die Närrinnen und Narren, betonte, dass Humor und Lebensfreude keine Frage des Alters seien, wünschte ein paar heitere und unbeschwerte Stunden, nahm sein Tirolerhütchen vom Kopf, schwenkte es etwas ungelenk und forderte dazu auf, den Ehrengast des heutigen Nachmittags, den Kulturbeauftragten einer der großen Volksparteien, mit einem dreifach kräftigen „Helau" zu begrüßen.

„Den kenn ich doch", murmelte Lotte.

Das „Helau" klang noch etwas dünn, aber der Kulturbeauftragte verbreitete sofort eine routinierte Fröhlichkeit, erzählte einen Witz, an den sich etliche noch vom letzten und vorletzten Jahr erinnern konnten. (Ja, das Langzeitgedächtnis funktionierte noch ausgezeichnet, damit hatte der Kulturbeauftragte nicht gerechnet.) Der sprach inzwischen weiter. Bezeichnete diesen Stiftsfasching als ein Stück fränkischer Brauchtumspflege, nannte ihn einen Farbtupfer im grauen Alltag (was der Stiftsleiter weniger gelungen fand), wünschte ebenfalls ein paar heitere und unbeschwerte Stunden und erklärte seine große Vorfreude auf den zu erwartenden „bunten Strauß" von närrischen Darbietungen.

„Jetzt wird er gleich sagen, dass er untröstlich ist, aber noch einen wichtigen Termin hat", flüsterte Lotte ihrer Nachbarin zur Rechten, einer langnasigen, stillen Pfarrerswitwe, zu, die Lotte darauf verständnislos anschaute.

Aber Lotte hatte sich geirrt. Denn der Kulturbeauftragte erklärte gerade, dieses Jahr sei es ihm gelungen, eine ganz besondere Überraschung mitzubringen. Er habe doch tatsächlich die Prinzengarde des *Carneval-Clubs* für einen Auftritt im Stift begeistern können!!! Der Diplomingenieur am Mischpult klatschte frenetisch, bis er merkte, dass er der Einzige war.

„Und hiiiier sind sie!", rief der Kulturbeauftragte, „die bildhübschen Gardemädchen des *Carneval-Clubs!!!"*

Der Diplomingenieur wandte kein Auge von der Eingangstüre, während er seine Hebel betätigte und Marschklänge erschollen. Die Türe flog auf. Eine Reihe von wippenden Beinen in grün-goldenen Lackstiefeln wurde sichtbar. Der Diplomingenieur drehte die Musik lauter. Die Beine wirbelten durch die Luft, auf und ab, rechts und links, hin und her. Zwanzig Gardemädchen in kürzestmöglichen grünen, strassbesetzten Röckchen marschierten im Stechschritt durch den Mittelgang, schwenkten die Arme im millimetergenauen Gleichtakt bis über die Köpfe, rissen bei jedem Schritt die Knie fast bis vors Gesicht und lächelten dazu so entspannt und fröhlich, dass all die arthrosegeplagten Damen in den Zuschauerreihen sich vornahmen, die geplante Hüftoperation nicht weiter hinauszuschieben.

Der Diplomingenieur am Mischpult begann, im Takt der Marschmusik mitzuklatschen. Bald klatschte der ganze Saal, während die Mädchen lächelnd, winkend und wirbelnd durch den Saal nach vorne zogen. Nur Frau Dr. Grabert, links neben Lotte, saß stumm, mit finsterer Miene. Lotte hörte, wie sie etwas von sexistischem Militarismus schnaubte. Dann nahmen die Gardemädchen vor dem dekorierten Pult Aufstellung und begannen mit ihrer Vorführung. In atemberaubendem Tempo flogen ihre langen, dünn bestrumpften Beine vor dem Publikum hin und her, wirbelten die Arme in den dunkelgrünen Uniformjäckchen durch die Luft. Immer schneller, immer schneller im Takt der Marschmusik. Winkende Arme, fliegende Röcke, tanzende Stiefelpaare.

Schließlich war die Marschmusik zu Ende. Die Mädchen hatten gerötete Gesichter. Dem Diplomingenieur blieb nicht verborgen, dass sich ihre wohlgeformten Busen unter ihren engen Uniformjacken atemlos hoben und senkten.

Der Kulturbeauftragte bedankte sich bei jeder von ihnen mit einem Küsschen, der Diplomingenieur blickte mit kaum verhohlenem Neid, der Vertreter der Presse machte eine Serie von Bildern mit dem küssenden Kulturbeauftragten und den Gardemädchen und dann erklärte der Kulturbeauftragte, er sei untröstlich, an diesem wunderschönen Faschingssamstag dem „bunten Strauß" von Darbietungen nicht weiter beiwohnen zu können, aber er habe noch einen wichtigen Termin (in der Tat, am Faschingssamstag machte er jedes Jahr mit seiner Saunarunde einen „kleinen Zug durch die Gemeinde"). Alle Närrinnen und Narren lade er herzlich zum großen Brucker Faschingszug am morgigen Sonntag ein. Und wer nicht kommen könne, brauche nicht traurig zu sein, denn am elften Elften fange schon der nächste Fasching an!

Dann nahm der Kulturbeauftragte eines der Gardemädchen des *Carneval*-Clubs in den Arm und setzte sich an die Spitze der Truppe, die nun zu den Klängen eines letzten Marschtanzes winkend zwischen den einzelnen Tischreihen hindurch paradierte, um die närrischen Seniorinnen und Senioren mit Konfetti, Bonbons und ihren langen, gut geformten Beinen zu erfreuen.

Lotte sah die Garde auf sich zukommen. Frau Dr. Grabert neben ihr schnaubte und drehte ostentativ den Rücken in die Richtung der fröhlich lächelnden

Mädchen. Die Pfarrerswitwe auf Lottes anderer Seite hielt sich wegen der lauten Marschmusik die Ohren zu.

Das erste Mädchen marschierte jetzt am Arm des Kulturreferenten an den Damen des Französischkurses vorbei. Lotte sah das dunkelgrüne Gardekostüm, die glitzernden Lackstiefel, die endlos langen Beine, den wippenden Rock, die dunkelgrüne Uniformjacke, den schwenkenden Arm des ersten Gardemädchens direkt neben sich. Die Knöpfe an seiner Uniformjacke und am Revers des Ärmels waren groß und dunkelgrün. Sie hatten einen Goldrand und trugen in der Mitte zwei große, ineinander verschlungene goldene Cs.

Das Mädchen lächelte Lotte an, warf ihr ein paar Bonbons zu und schon war sie vorbei.

Lotte starrte das nächste Mädchen an und das übernächste. Alle hatten sie die gleichen großen, grünen Knöpfe mit den goldenen Cs an ihren Jacken. Alle zwanzig. Lotte sah nur noch winkende Arme mit grün-goldenen Knöpfen.

Die Marschmusik spielte, die Faschingsgesellschaft klatschte und schunkelte, langsam bewegte sich der fröhliche Zug zwischen den Stuhlreihen hindurch Richtung Ausgang. Jemand öffnete die Saaltür und die Gardemädchen samt dem Kulturreferenten verschwanden auf dem Flur, die Türe wurde wieder geschlossen, der Diplomingenieur fuhr den Musikregler herunter.

„E-i-j-nen Moment", flüsterte Lotte, „lassen Sie mich e-i-j-nen Moment hinaus!"

Ihr Stuhl war zwischen dem von Frau Dr. Grabert und dem der Pfarrerswitwe eingeklemmt. Sie fingerte nach ihrem Stock und der Handtasche, die Papierchrysantheme löste sich und fiel zu Boden.

„Sie wollen doch nicht etwa kneifen?", zischte Frau Dr. Grabert.

„Natürlich nicht, Frau Dr. Grabert. Es ist nur ... ich muss ..."

Der Stiftsleiter trat ans Rednerpult, um noch einmal dem (inzwischen verschwundenen) Kulturreferenten und den reizenden Gardemädchen zu danken und um den ersten launigen Beitrag der Bastelgruppe anzusagen.

Lottes Stuhl quietschte beim Aufstehen, einige Närrinnen und Narren sahen sie missbilligend an, denn vorne marschierten gerade die Mitglieder der Bastelgruppe mit ihren schräg sitzenden Papierhütchen auf, um gemeinsam einen „heiteren Stimmungscocktail" zu präsentieren.

Lotte hastete zum Ausgang, nahm kaum noch die ersten Lacher im Saal über die gelungene Vorführung der Bastelgruppe wahr und schloss von außen die große Saaltüre.

Der Kulturreferent war nicht mehr zu sehen. Die Mädchen hatten sich schon ihre Mäntel übergeworfen, um zum nächsten Auftritt zu hasten. Fast alle waren schon Richtung Ausgang unterwegs. Nur eine stand noch im Flur und schnaubte in ein Tempotaschentuch. Sie hatte ihre Uniformjacke ausgezogen. Lotte sah kleine Schweißperlen auf ihrer Stirn, eine dicke Schicht bräunliche Schminke und feuchte, verschwitzte Haare. Die kurze weiße Bluse, die sie unter ihrer Uniformjacke trug, klebte an ihrem Körper.

„Verze-i-j-en Sie", sagte Lotte. „Das war ein wundervoller Auftritt."

Das Mädchen schnäuzte sich immer noch.

„Ein wunderbarer Auftritt. Und die Kostüme! Was bedeuten die beiden goldenen Cs auf Ihren schönen Knöpfen?"

„*Carneval-Club* natürlich", erwiderte das Mädchen

mit heiserer Stimme und knüllte das gebrauchte Papiertaschentuch zusammen.

„Natürlich, wie dumm von mir!", versetzte Lotte. „Sie müssen verzeihen, ich interessiere mich normalerweise nicht so sehr für den Fasching. Ich habe noch nie von Ihrem Club gehört."

„Das macht nichts", schniefte das Mädchen, „so lange gibt's uns auch noch nicht."

Sie sah nervös ihren davon eilenden Kolleginnen hinterher.

„Shit, das ist heute wieder eine Hetze, Sie machen sich keine Vorstellungen, was bei uns in den letzten Faschingstagen los ist. Und das mit fast neununddreißig Grad Fieber ..."

Sie fingerte das gebrauchte Tempotaschentuch wieder auseinander und schnäuzte sich noch einmal hinein.

„Aber ich muss trotzdem noch mal. Wo kann ich denn hier ganz schnell für kleine Mädchen gehen?"

Sie sah Lotte mit geröteten, fieberglänzenden Augen an.

„Gleich da vorne ist die Damentoilette. Soll ich so lange auf ihre Uniformjacke und den Mantel aufpassen?"

Das Mädchen lächelte zustimmend, rief: „Bin gleich wieder da!", und eilte schniefend Richtung Toilette.

Lotte sah sich um. Niemand war auf dem Gang zu sehen. Sie überlegte nur eine Sekunde lang, dann öffnete sie mit fliegenden Fingern ihre Handtasche, wühlte zwischen Geldbörse, Tablettenröhrchen und all dem übrigen Kram, sah sich noch einmal nervös um, fand endlich, was sie suchte, förderte ein kleines, altmodisches Taschenmesser zu Tage, das einst ihrem Karl gehört hatte, und klappte eine winzige Schere aus.

Lottes Hände zitterten. Sie nahm die Jacke in die Hand und suchte mit einem Blick das Innenfutter ab, aber da war nirgends ein Ersatzknopf angenäht. Da blieb nur eines:

„Am wenigsten fällt es am Ärmel auf", murmelte sie, hielt mit der einen Hand die rechte Ärmelstulpe fest und schnitt mit der anderen einen der vier grün-goldenen Knöpfe ab, die da aufgereiht waren.

Sie hatte die Schere noch nicht ganz eingeklappt, da hörte sie vorne die Toilettentüre gehen und die schnellen Stiefelschritte des Mädchens. Lotte ließ so schnell es ging Schere und Knopf in ihrer Jackentasche verschwinden.

„Shit, ich bin viel zu spät, die anderen sind alle schon weg. Ich muss los."

Das Mädchen fuhr sich mit dem Handballen über die gerötete Nase. Lotte hielt ihr die Uniformjacke hin, das Mädchen schlüpfte hinein und begann damit, die Knöpfe am Revers zu schließen.

„Wie viele Auftritte haben Sie denn im Fasching?", fragte Lotte.

„Keine Ahnung. Das sind zig Auftritte."

„Und der erste Faschingsauftritt findet immer am elften Elften statt?"

Das Mädchen nieste wieder. Ihre Augen waren trüb und klein. Sie nickte.

„Klar, die Auftaktveranstaltung ist immer am elften Elften."

„Und sie findet ... lassen Sie mich raten ... immer im Redoutensaal statt, so gegen ... achtzehn Uhr ..."

„Genau", sagte das Mädchen. „Ich dachte, Sie interessieren sich nicht für den Fasching?"

Sie hatte die lange Reihe der Uniformknöpfe endlich geschlossen und griff nach ihrem Mantel.

„Also dann ..."

„Einen Moment noch", bat Lotte.

Sie wühlte noch einmal in ihrer Tasche und drückte

dem Mädchen zwei Hustenbonbons und ihr umhäkeltes Taschentuch in die Hand.

„Sie sollten sich schonen. Versprechen Sie mir, dass Sie sich ins Bett legen. Quarkumschläge sind gut gegen das Fieber."

„Danke", schniefte das Mädchen, „wenn der Fasching rum ist, tue ich das."

„Ich danke Ihnen", murmelte Lotte und sah dem Mädchen nach. Ihr offener Mantel wehte um ihre dünn bestrumpften Beine mit den grün-goldenen Lackstiefeln. Sie war schon fast am Ausgang.

Lotte stand und tastete nach dem Knopf. Sie holte ihn aus der Jackentasche und drehte ihn zwischen den Fingern. Grün-gold mit zwei verschlungenen Cs. Ein Faschingsknopf ...

Die Saaltüre öffnete sich und der Knopf glitt wieder in die Tasche.

Es war die Pfarrerswitwe:

„Es ist einfach unerträglich laut da drin. Warum muss dieser Mann die Anlage so aufdrehen? Der will sich doch nur wichtig machen!"

„Das ist merkwürdig", unterbrach Lotte sie geistesabwesend.

„Der Martinstag ist der elfte November. Natürlich weiß ich das. Aber ich habe mir nie überlegt, dass am elften November auch der Fasching anfängt."

Die Pfarrerswitwe starrte Lotte nur verständnislos an.

„Entschuldigen Sie mich", fuhr Lotte atemlos fort.

„Ist es Ihnen auch zu laut?", triumphierte die Pfarrerswitwe.

„Wir sollten uns doch beschweren!"

„Nein", sagte Lotte, „ich muss ganz dringend telefonieren."

Als Erstes rief sie den Kommissar an.

Dann rief sie Otto an.

„Ich muss morgen auf den Faschingszug, Otto", sagte sie ohne Begrüßung.

„Helau!!!", tönte Otto. „Was ist in dich gefahren, Lotte?"

„Könnt ihr beide mitkommen, Margot und du?"

„Margot ist bei ihrem befreundeten Hausfrauenklub im Rheinland", versetzte Otto. „Sie feiert Karneval. Du musst mit mir vorlieb nehmen. Soll ich meine Pappnase aufsetzen? Seit wann bist du so vergnügungssüchtig?"

„Ich brauche dich, Otto."

Lotte versuchte, sich nicht aus dem Konzept bringen zu lassen.

„Ich weiß jetzt, wo ich den Mörder suchen muss. Er ist Mitglied im *Carneval-Club* und trägt eine grün-goldene Uniform. Wusstest du, dass der Fasching an Martini anfängt?"

„Ich dachte am elften Elften", versetzte Otto gut gelaunt.

„Eben", erwiderte Lotte.

XVI

Otto bremste. Die Linksabbiegerampel auf der vierspurigen Paul-Gossen-Straße zeigte Rot.

„Die Neumühle", sagte Lotte und sah hinüber über die träge braune Regnitz, die kahlen Bäume am Fluss, die schneeweißen, eisigen Felder, bis zu der einzelnen, rötlichen Gebäudegruppe, die in der fahlen Wintersonne lag.

„Erinnerst du dich?"

„An unseren Dichterfürsten? Oder an Margots Gurkenhäppchen?", schmunzelte Otto.

„An die Heimfahrt, meine ich. An unseren Beinahe-Unfall und an Yvonnes gelbes Auto. Sie hat dort etwas gesehen, was nicht für sie bestimmt war. Zwei Tage später war sie tot. Und ich habe dort auch etwas gesehen ..."

Hinter ihnen hupte es ungeduldig. Sie bogen in eine Wohnstraße ein, die sich regnitzaufwärts zog und in der sich heute die parkenden Autos der Festzugsbesucher dicht an dicht auf dem Gehsteig drängten. Endlich fanden sie eine Lücke. Otto parkte ein und Lotte ärgerte sich, wie unbeholfen sie wieder beim Aussteigen war.

Was war nur in sie gefahren? Sie hatte trotz der Minusgrade keinen Wollhut auf, trug den teuren Seidenschal und dünne Seidenstrümpfe und hatte statt der Winterstiefel ihre guten Schuhe mit den halbhohen Absätzen an.

Sie hatte Otto seit jenem Winterspaziergang nicht mehr gesehen und heute schien es ihr, als habe sie von diesem Sonntag nur geträumt. Er benahm sich wie immer. Aber das tat sie ja auch.

Sie schlängelten sich auf dem Gehsteig zwischen Jägerzäunen und parkenden Autos hindurch. Die kleinen Gartentümpel in den Vorgärten waren zugefroren. Wo der Schatten lag, war es bitterkalt. Aber auf den Rabatten, die die tief stehende Wintersonne erreichte, hatte der Schnee schon Narben. Dort öffneten sich die ersten sonnengelben Winterlinge zum Licht und staksige Christrosen mit ihrem matten, rosig überhauchten Elfenbeinweiß konkurrierten mit dem eisigen Weiß der Schneeflächen.

Ein paar bunt kostümierte Besucher des Faschingszuges überholten sie lachend.

„Wie war euer Stiftsfasching gestern Nachmittag?", fragte Otto.

„Ich habe nur den Anfang mitbekommen, bis die Prinzengarde ihren Auftritt hatte und ich diese grün-goldenen Knöpfe gesehen habe. Den Auftritt von Frau Dr. Grabert habe ich leider verpasst. Es war so, wie ich befürchtet hatte. Es gab einen Skandal."

„Ach wirklich?", lachte Otto amüsiert. „Wie schön. Erzähl!"

„Sie hat sich ein paar Kandidaten nach vorne geholt, unter anderem unseren Stiftsleiter, und hat ein Quiz zum Thema Frankreich veranstaltet. Es gab ein Kopf-an-Kopf-Rennen. Erst die letzte Frage hat die Entscheidung gebracht."

Otto sah Lotte erwartungsvoll an. Er hatte den Kragen seines Anoraks hochgeschlagen und seine Augen blitzten vor Vergnügen.

„Nun, es ging darum, wo Edith Piaf aufgewachsen ist. Der Stiftsleiter wusste es. Die anderen nicht."

„Und wo ist sie aufgewachsen?"

„Nun, ... es war ..., es war ... in einem Freudenhaus in der Normandie."

Otto lachte schallend:

„Hat ein ungewöhnliches Wissen, euer Stiftsleiter. Und dann?"

„Der Hauptpreis war eine Flasche mit französischem Cognac, von Frau Dr. Grabert spendiert. Sie behauptete, dass es in Frankreich an Fasching üblich sei, den Hauptpreis an Ort und Stelle zu konsumieren. Nun ja. Was blieb ihm anderes übrig? Etwas später hat er sich dann erboten, mit Frau Dr. Grabert auf der Bühne Cancan zu tanzen. Sie hat abgelehnt. Da hat er es alleine getan. Dass sie ihre guten Beziehungen zur Stiftsküche dazu genutzt hat, die Hälfte der Faschingskrapfen mit Dijon-Senf zu füllen, hat er schon nicht mehr mitbekommen. Man musste ihn hinaustragen. Ich fürchte, ein Beitrag der Französischgruppe kommt nächstes Jahr nicht mehr in Betracht."

Otto wollte sich ausschütteln vor Lachen. Lotte lachte aus Höflichkeit ein wenig mit. Das Gehen in ihren guten Schuhen fiel ihr schwer. Sie spürte, wie jetzt schon die Kälte an ihren Beinen hochkroch, und tastete zum zehnten Mal nach dem Knopf in ihrer Manteltasche. Wieder wurden sie von ein paar Maskierten überholt.

Otto bemerkte Lottes schweigende Anspannung und legte ganz leicht die Hand auf ihren Arm:

„Mach dir keine Sorgen, Lotte! Wird schon schief gehen. Der Kommissar ist ja auch da. Wo werden wir ihn treffen?"

„Er sagte, er wartet an der Bäckerei direkt neben der Brucker Kirche auf uns. Der Zug soll so gegen halb vier dort ankommen."

Otto sah auf die Uhr. Es war noch genug Zeit.

Sie hatten das Ende der Wohnstraße erreicht, überquerten die Verbindungsstraße, die von jeher vom alten Bruck über die Regnitz führte, und dann waren es nur noch wenige hundert Meter bis zum alten Ortskern.

Sie waren noch nicht an dem Platz angekommen, da hörten sie schon das Summen und Brummen einer vielhundertköpfigen Menschenmenge. Von irgendwoher dudelte Stimmungsmusik aus einem Lautsprecher. Kleine Cowboys mit rot gefrorenen Nasen sausten an ihnen vorbei und knallten aus ihren Plastikrevolvern, eine Gruppe Erwachsener stand am Straßenrand, schon aufgekratzt vom Alkohol, und prostete sich mit Piccolosektflaschen zu. Jemand aus der Gruppe rief Lotte und Otto ein beschwipstes „Helau" entgegen. „Grüß Gott", erwiderte Lotte und Otto nahm gut gelaunt einen Schluck aus der Sektflasche, die man ihm entgegenhielt.

Dann waren sie am Marktplatz. Rund um die alte Dorflinde war der Platz mit Seilen abgesperrt, denn hier sollte der Faschingszug sein Ziel erreichen. Hinter den Absperrungen drängten sich die Zuschauer. Kleine Prinzessinnen in Anoraks hopsten ungeduldig auf der Stelle, Zauberlehrlinge pusteten Luftschlangen über das Absperrseil auf die Straße, die Erwachsenen wärmten sich am Glühwein, die Damen tauschten Faschings-Schminktipps aus und die Herren diskutierten das Ergebnis des letzten Club-Heimspiels.

Einige Anwohner hatten die Fenster ihrer Fachwerk- und Sandsteinhäuser mit Luftballons und Girlanden geschmückt, andere lehnten auf Sofakissen in den offenen Fenstern und gewährten den Zuschauern einen Blick auf schwere, rustikale Wohnzimmereinrichtungen.

Sogar der ehrwürdige Spitzhelm der gotischen Pfarrkirche mit den vier Wachttürmchen war dem Faschingstreiben nicht entgangen. Von seiner Spitze hing ein langes Seil, an dessen Ende eine lebensecht wirkende Geiß, das Symboltier des Brucker Faschings, befestigt war.

Lotte und Otto schoben sich zwischen den Wartenden an der Kirche vorbei bis zur Bäckerei. Eine große Theke mit Krapfen war im Freien aufgebaut. Auf blanken Alublechen rollte der Nachschub aus der Backstube, ein Lehrling stand an der Theke mit einem Puderzuckersieb und ließ einen feinen Zuckerschnee auf die fast noch warmen Krapfen rieseln.

Otto reihte sich in die Schlange der Wartenden ein und kehrte mit zwei braunen, kugelrunden, weiß beschneiten Krapfen zurück. Lotte atmete den Puderzucker beim Hineinbeißen ein und musste niesen. Das Hiffenmark schmeckte süß und klebrig.

Sie sah sich um. Wo war der Kommissar? Sie merkte, wie sich ihr Magen zusammenkrampfte. Er hatte doch versprochen zu kommen. Neben ihr stand jemand in Jeansjacke und Cowboyhut, ein paar Luftschlangen um den Hals, und rief schon einmal probeweise: „Helau!" Zwei Polizisten in Uniform gingen vorbei. Der eine hatte den Abdruck von einem Paar roter Lippen auf der Wange. Waren das Maskierte oder echte Polizisten? Sie sah Otto Hilfe suchend an. Doch der beobachtete gerade amüsiert, wie zwei hübsche, dunkel geschminkte Zigeunerinnen auf der anderen Straßenseite einen der Ordnungshüter in Verlegenheit brachten.

Jemand stieß Lotte von hinten an. Sie drehte sich um und sah einen Mann vor sich, der eine runde Taucherbrille vor den Augen trug, von der seitlich ein Schnorchel aufragte. Von seinem Gesicht war so gut wie nichts zu erkennen. Lottes Blick wanderte nach unten. Er trug ein Paar enge Leggings und hatte Taucherflossen über seine Schuhe gezogen. Es waren dicke, grün-orange gemusterte Laufschuhe, die ihm etwas Salamanderhaftes gaben. Lotte lächelte. Gott sei Dank. Er war da.

Die Kälte kroch ihr langsam bis unter die Achseln. Die Musik dröhnte. Seltsam. Es machte ihr nichts aus. Denn hinter ihr stand ja der Taucher. Und neben ihr, neben ihr, ja da stand er. Jemand hatte ihm eine Luftschlange ins Gesicht gepustet und die hatte er sich nun über seinen Anorakkragen gelegt. Die Lachfältchen in seinen Augenwinkeln kräuselten sich. Er pfiff eines der Faschingslieder aus dem Lautsprecher mit und schien nicht zu frieren. Gelegentlich warf er ihr einen aufmunternden Blick zu.

Lotte sah auf die Uhr. Es konnte nicht mehr lange dauern.

Die Kinder schlüpften immer wieder unter der Absperrung durch, liefen zur Mitte der Straße und reckten erwartungsvoll die Hälse.

Endlich krähte ein Junge mit sich überschlagender Stimme:

„Mamamama, etz kummt errr!"

Tatsächlich, in der Zuschauermenge entstand Bewegung, alle Blicke gingen in eine Richtung, eine dumpfe, amorphe Welle von Lautsprechermusik, Trompeten, Samba-Rasseln und Trommeldröhnen rollte heran und dann tauchte die Zugspitze endlich auf.

Ein bunt dekorierter Traktor fuhr langsam voraus. An der Motorhaube war ein riesiges, selbst gemaltes Schild befestigt:

„Willkommen auf dem Brucker Faschingszug!"

Oben auf dem Führerstand saß der Zugleiter und heizte mit sich überschlagender Stimme den Zuschauern ein:

„Und hiiiiaa kommt er! Der Bruggääär Faschingszuuuuuch!"

Er machte eine kurze Pause, um der Menge Gelegenheit zu einem enthusiastischen „Helau!" zu geben, und fuhr dann fort:

„Väärzich Jahrä Bruggäääär Faschingszuch! Väärzich Jahrä Schbaß und Frohsinn! Helau!"

Er machte wieder eine Pause.

„Und wie immä an der Schbitze – unserä Bollidigä!"

Die Menge johlte. Denn jetzt tauchte ein Einradfahrer auf. Er trug ein Zirkusdirektorenkostüm und kurvte auf seinem Einrad mit seitlich ausgestreckten Händen elegante Bögen auf den Asphalt.

„Unsä Siggggi!", dröhnte es von dem Traktor an der Zugspitze.

„Mein Gott, das ist ja der Herr Oberbürgermeister", murmelte Lotte. „Hoffentlich fällt er nicht um."

Aber „unsä Siggggi" fiel nicht um. Er hatte die letzten zwei Wochen zur Verwunderung aller Fraktionen auf den langen Fluren des Rathauses vor dem großen Sitzungssaal das Einradfahren geübt. Zwei Stadtratskolleginnen und seine Sekretärin hatten ihm Hilfestellung gegeben.

Dann kam der nächste Wagen mit einer hoch aufgebauten Tribüne. Darauf stand die ganze übrige Politprominenz. Einige winkten gequält. Das hier gehörte zum Geschäft. Die nächste Wahl nahte unweigerlich. Wer wollte da nicht lustig und volksnah sein? Am Mikrofon stand ein Mann.

„Mein Gott, das ist ja schon wieder der Kulturbeauftragte", sagte Lotte.

Er sah schlecht aus. Der letzte Abend war hart gewesen, bis in den frühen Morgen. Der Kulturbeauftragte hatte daraufhin beim Blick in den Spiegel überlegt, ob das Saunieren tatsächlich so gesund sei. Aber zu solchen Gedanken war im Moment keine Zeit. Man hatte ihm ein Mikrofon in die Hand gedrückt, nun musste er singen.

Er sang: *„Ich hab ein knall-ro-tes Gummiboot"* und die anderen Politiker stimmten ein: *„Mit diesem Gummiboot fahrn wir hinaus."*

Das Publikum johlte.

„*Und erst im Abendrot ...*", krächzte der Kulturbeauftragte, „*... kommen wir nach Haus*", schmetterte die übrige Prominenz.

„Scheiße. Nächstes Jahr hau ich zu Fasching mit meiner Saunarunde nach Teneriffa ab", raunte der Kulturbeauftragte seinem Nachbarn auf der Tribüne zu, juchzte dann wieder ein überlautes „Helau!" in das Mikrofon und begann von neuem:

„*Ich hab ein knall-ro-tes Gummiboot ...*"

Dann ging es Schlag auf Schlag. Auf dem Doppeldeckerbus einer örtlichen Brauerei rollte eine Blaskapelle vorbei. Freibiermarken regneten auf die Zuschauer herunter.

Aus einem LKW, auf den Kuhhörner montiert waren, dröhnte Westernmusik. Jemand schwenkte eine Whiskeyflasche aus dem heruntergelassenen Seitenfenster.

Susi, das Glücksschwein, wurde von ein paar Hexen in fränkischer Tracht vorbeigetrieben. Susi quiekte verstört und die Hexen warfen Hände voll Bonbons ins Publikum. Die maskierten Kinder wühlten sich zwischen den Beinen der Erwachsenen hindurch, um möglichst noch die letzten Bonbons vom Pflaster zu klauben und in die mitgebrachten Stoffbeutel zu verstauen.

Dann wurde den fröstelnden Zuschauern ordentlich eingeheizt. Eine Sambaschule ließ die kahlen Äste der Brucker Linde vibrieren. Trillerpfeifen, Trommeln, Bongos. Ein mitreißender, stählerner Rhythmus. Mädchen mit walnussbrauner Samthaut rollten die Hüften, schienen nicht zu frieren, trugen den Kopf mit dem riesigen Federschmuck wie Königinnen, ließen die Pailletten auf den knappen Tops klirren. Mancher schräge Blick der männlichen Zuschauer am Rande traf da die fränkische Gattin, die gerade hingebungsvoll an einem Bratwurstbrötchen kaute.

Das Kontrastprogramm folgte auf dem Fuß. Der Männerstammtisch „Die Almdudler" hatte sich entschlossen, ebenfalls seinen Beitrag zum gnadenlosen Frohsinn zu liefern, und stapfte geschlossen mit Dirndlkleidern und blonden Zöpfen, die Maßkrüge in der Hand, hinter den Sambatänzerinnen her, immer wieder ein entschlossenes „Helau" und „Prost" ins Publikum rufend. Doch irgendwie schien der Funke nicht so recht überzuspringen.

Aber dann kam der erste Prinzenwagen. Gardemädchen in Blau-Weiß schwenkten in bekannter Manier die Beine, die Prinzessin der Gaßhenker winkte huldvoll vom Wagen, der Prinz neben ihr rief ein dröhnendes „Bruck a' Gaß!" ins Mikrofon und die Zuschauer antworteten gutmütig im Chor: „Bruck a' Gaß!"

Dann folgte ein Prunkwagen, dessen Bedeutung sich den Zuschauern nicht ganz erschloss. Auf dem Hänger hinter dem Traktor war ein langer Biertisch aufgebaut, auf dem mehrere leere und halb volle Bierkästen standen. Auf den Bänken zu beiden Seiten saß ein Dutzend junger Männer mit glasigen Blicken und arbeitete sich zügig und ungerührt vom Getriebe um sie herum durch die noch verbliebenen Getränkevorräte.

Der Zug stockte einen Moment. Durch die abrupte Bewegung fiel einer der Trinkenden von der Bierbank und drohte vom Hänger auf die Straße zu stürzen. Die anderen halfen ihm wieder auf, wobei sie gutturale Laute ausstießen, die sich anhörten wie „Hock-di-noooo" und „Geh-zu-geh-fooddd".

Als Nächstes nahte ein Spielmannszug aus dem Umland. Die Mitglieder hatten sich alle die Gesichter gelb geschminkt und trugen Chinesenhüte. Der Mann am Schellenbaum gab gerade den Einsatz für das nächste Lied *„Wir wollen unsern alten Kaiser Wilhelm wieder haben"*. Der Mann an der Pauke nickte im Takt.

Aber die Klänge des Spielmannszuges wurden fast übertönt vom Lautsprecher, der vom nächsten Wagen dröhnte. Das Markgrafenpaar des zweiten Faschingsvereins nahte. Rot-weiß gekleidete Gardemädchen flitzten von einer Ecke der Absperrung zur anderen und küssten die Ordner, die die Seile hielten. Vom Wagen des Markgrafenpaares schallte es: *„Tanzn die Waggerli in Rot und Weiß, wird euch allen höllisch heiß!"*

Der Markgraf machte gerade die große Konfettikanone einsatzbereit. Mit einem dumpfen „Wumm" ergoss sich ein Regen von bunten Konfettischnipseln auch über Lotte und Otto. Die Markgräfin warf Chipstüten und kleine Blumensträuße vom Wagen. Otto fing einen und reichte ihn Lotte. Die nahm die Blumen ohne sichtliche Regung, drehte sich zu dem Taucher um und sah ihn fragend an.

Der beugte sich zu ihr und murmelte:

„Der *Carneval-Club* kommt erst im letzten Drittel. Geduld."

Lotte nickte schweigend und wandte sich wieder dem Geschehen auf der Straße zu, sah den Leiterwagen mit den Zwergenkindern aus dem Brucker Kindergarten, sah den LKW der Club-Fans und hörte ihre Rufe „Acht neun zehn, unser Glubbb wird niemals undergehn!"

Dann kam wieder eine Kapelle und spielte *„Anton aus Tirol"*. Der Anführer hatte ein Mikrofon umhängen und schrie so laut er konnte ins Publikum:

„Un etz volle Bauer: Anton! Anton!"

„Anton! Anton!", antwortete das Publikum.

Lotte hörte es kaum. Denn dort, noch ein ganzes Stück weit entfernt, sah sie ein grün-goldenes großes Narrenschiff langsam die Straße heranrollen. Etwas erhöht stand ein Paar, darum herum eine Gruppe von Leuten. Die Funktionäre des *Carneval-Clubs* und ihr Prinzenpaar.

„Otto, sie kommen ..."

„Ruhig Lotte, ruhig."

Lottes Hände umklammerten mit der Rechten ihren Stock und das Blumensträußchen, mit der Linken Ottos Arm.

Sie sah das Prinzenpaar. Die Prinzessin trug ein rosafarbenes Kleid mit einem Reifrock darunter. Sie hatte etwas Teigiges, Wohlgenährtes an sich. Das üppige, glänzende Kleid mit den Pailletten verstärkte noch den Eindruck eines amerikanischen Marshmellows. Über ihrem Kleid trug sie einen grün-goldenen Samtumhang. Der Prinz neben ihr sah hager und übernächtigt aus, als wäre er in den letzten Nächten der närrischen Saison zu oft unter die Räder seines Prunkwagens gekommen. Er stand oben auf seinem Narrenschiff und sang ins Mikrofon:

„Die Hände zum Himmel, kommt lasst uns fröhlich sein."

Alle schienen das Lied zu kennen, streckten bereitwillig die Hände hoch und sangen mit:

„Wir klatschen in die Hände, denn keiner ist allein!"

Das Prinzenpaar winkte. Das große, grün-goldene Narrenschiff kam immer näher. Rund um die beiden herum die Mitglieder des Elferrats, die Hofdamen, der Vorstand. Alle hatten sie grün-goldene Uniformen an und Orden an der Brust.

Da sah Lotte ihn.

Auch er trug eine grün-goldene Uniform. Er stand direkt hinter der Prinzessin, winkte in die Runde und warf kleine, zellophanverpackte Tütchen unter die Zuschauer.

„Da ist er. Der Mann von der Neumühle. Direkt hinter der Prinzessin." Ihre Stimme war fast tonlos.

„Wen meinst du? Doch nicht den mit der goldenen Brille?"

Lotte nickte.

Ottos Augenbrauen hatten sich zusammengezogen. Er sah Lotte an und wiederholte:

„Den mit der goldenen Brille. Bist du dir sicher?"

„Natürlich bin ich mir sicher, Otto. Ganz sicher. Das war er."

„Das kann nicht sein, Lotte. Das ist doch Karl-Heinz. Karl-Heinz Hönig. Den kenne ich schon seit Jahren. Sponsert seit dieser Saison den *EHV*. Unseren Handballverein."

„Sponsert den Handballverein", murmelte Lotte. „Warum hast du mir das nie erzählt?"

„Was hätte es denn da zu erzählen gegeben?"

Eines der kleinen zellophanverpackten Päckchen kam auf sie zugeflogen. Otto riss die Hand hoch, fing es auf und reichte es Lotte. Es war ein eingeschweißter, u-förmiger, offensichtlich hohler Keks. Auf der Verpackung war ein Aufkleber angebracht:

„Vitalis – wir kochen für Sie!"

„Richtig, das hat er mir erzählt. Ihm gehören diese neuen Imbissläden. Scheinen gut zu laufen."

„Wem sagst du das", murmelte Lotte.

Das grün-goldene Narrenschiff war jetzt direkt vor ihnen. Die rosige Prinzessin winkte. Der Mann hinter ihr winkte auch, grüßte, nickte jovial. Warf seine Kekse. Obwohl die Prinzessin auf einem Podest stand, war er genauso groß wie sie.

Lotte drehte den verpackten Keks in den Händen und reichte ihn dann an Otto weiter.

„Ein chinesischer Glückskeks, Lotte."

Er biss hinein, der trockene, nur schwach süßliche Keks splitterte auseinander. Otto zog einen winzigen Zettel heraus und reichte ihn Lotte.

Sie las: *„Dein Glück wächst wie der Mond."*

„Ich werde es brauchen können", dachte sie.

Das Narrenschiff war jetzt direkt vor der Kirche zum Stehen gekommen.

Einer der grün-goldenen Prinzenbegleiter klappte seitlich ein Türchen auf. Jemand lehnte eine Tretleiter an das Schiff, der Prinz kletterte als Erster heraus, reichte der Marshmellow-Prinzessin die Hand, die raffte ihre rosa Röcke und stieg etwas unbeholfen auf die Leiter. Lotte sah, dass sie unter ihrem Rüschenkleid dicke schwarze Winterstiefel trug.

Dann kletterten all die Hofdamen und die uniformierten Elferräte aus dem Schiff. Auch der Mann mit der Goldbrille sprang mit einem Satz auf die Straße. Man sammelte sich zum Abschluss-Auftritt. Das leere Narrenschiff setzte sich langsam wieder in Bewegung, folgte den anderen leeren Prunkwagen zum Sammelplatz.

Die beiden anderen Prinzenpaare mit ihrem Hofstaat waren schon da, hatten sich vor dem Spielmannszug mit den Chinesenhüten aufgebaut, schunkelten und sangen:

„Wir ziehen los mit ganz großen Schritten und Erwin fasst der Heidi von hinten an die ... Schultern. Das hebt die Stimmung, ja da kommt Freude auf ..."

Die Marshmellow-Prinzessin mit ihren Winterstiefeln nahm Kurs auf das Grüppchen der Politiker, die sich hinter den beiden Prinzenpaaren verschanzt hatten und mit unfrohem Gesichtsausdruck auf das Treiben schauten. Der Kulturbeauftragte war gerade dabei, sich von seinen Parteifreunden wegen eines wichtigen Termins zu verabschieden, aber zu spät. Die Prinzessin hatte ihn schon am Wickel, holte ihn aus seiner Deckung heraus und zwang ihn, begleitet von der Schadenfreude seiner Parteigenossen, in vorderster Front mit ihr und ihrem übernächtigten Prinzen eine Polonaise über den Platz anzuführen. Der Kulturbeauftragte machte gute Miene zum bösen Spiel und tat wie befohlen. Er legte der Prinzessin die Hände von hinten auf die ... Schultern und trottete hinter ihr in Schlangenlinien über den Marktplatz, während in seinem Rücken die Schlange der Polonaise tanzenden Narren immer länger wurde.

„Komm!", sagte Otto. „Wollen wir uns an ihn heranmachen?"

Lotte nickte stumm.

Otto bahnte sich einen Weg durch die Menge, Lotte versuchte, sich dicht hinter ihm zu halten. Einmal drehte sie sich um. Der Mann mit der Taucherbrille folgte ihnen.

Jetzt waren sie ganz nahe an der Chinesen-Kapelle. Der Mann mit der Goldbrille wandte ihnen den Rücken zu. Er hatte den Arm um eine unmaskierte junge, schwarzhaarige Frau gelegt. Man sah von hinten, wie er mit der linken Hand den Nacken seiner Begleiterin kraulte. Er trug einen dicken Siegelring am kleinen Finger, wiegte sich im Takt der Polonaise und versuchte offensichtlich gerade, seine Begleiterin zu überreden, sich der tanzenden Schlange auf dem Marktplatz anzuschließen.

Otto legte ihm von hinten die Hand auf die Schulter.

„So eine Überraschung", sagte er. „Karl-Heinz, du hier! Ich wusste gar nicht, dass du auch im Faschingsverein bist!"

Karl-Heinz ließ seine Begleiterin los und drehte sich um:

„Ha, Otto! Ich grüße dich! Du weißt doch, dass ich ein alter Vereinsmeier bin!"

Er streckte Otto seine Rechte entgegen, legte ihm die andere Hand mit dem Siegelring auf die Schulter und fügte, ohne eine Reaktion abzuwarten, hinzu:

„Und – dir geht's gut? Das freut mich."

Lotte schien er gar nicht wahrzunehmen. Doch da sagte Otto schon:

„Karl-Heinz, darf ich dir eine gute Freundin von mir vorstellen? Frau Askoleit."

Karl-Heinz grinste Otto süffisant an und streckte dann auch Lotte seine Rechte entgegen.

„Helau!", dröhnte er. „Sehr erfreut. Hönig mein Name. Hönig wie König."

Er lachte wieder laut. Sein Händedruck war fest. Er schenkte Lotte nur einen kurzen, desinteressierten Blick und wendete sich dann wieder Otto zu:

„Wie hat dir unser neuer Prunkwagen gefallen? Mein Entwurf. Gut, was?"

„Jedenfalls besser als eure Prinzessin, wenn ich ehrlich bin", grinste Otto.

Karl-Heinz lachte wieder dröhnend.

„Tja, wenn man nicht alles selbst in die Hand nimmt."

Er gab seiner Begleiterin, die ihnen immer noch den Rücken zuwandte, einen kleinen Schubs.

„Nächstes Jahr machst du es, Schnucki."

Schnucki drehte sich widerwillig um. Und Karl-Heinz Hönig legte wieder in einer Besitz ergreifenden Geste den Arm um sie:

„Das ist Ulla. Eine gute Freundin von mir."

Er grinste, machte eine Pause und sah Otto an.

„Wie findest du sie?"

„Charmant, wirklich charmant", Otto ergriff Ullas Rechte und deutete einen Handkuss an. Über Ullas Gesicht flog ein Lächeln.

„Hallo", sagte sie. „Ich mag aber nicht Faschingsprinzessin werden."

Jetzt streckte sie auch Lotte die Hand hin. Karl-Heinz begann inzwischen wieder damit, die dunklen Haare in ihrem Nacken zu kraulen. Ulla stand immer noch und hielt Lotte die Rechte entgegen, doch Lotte schien nicht zu reagieren. Endlich gab sie sich einen Ruck und reichte Ulla ebenfalls die Hand.

„Wir kennen uns schon", murmelte sie. „Aus Ihrem Fitnessstudio. Ich war kurz vor Weihnachten da. Ich bin Lotte."

„Hallo Lotte!", Ulla stutzte einen Moment.

„Ich wusste im Moment nicht, dass wir uns kennen. Jetzt erinnere ich mich. Und, hast du es dir überlegt? Du solltest es mal im *Well-fit* probieren. Du, ich mach dir einen super Trainingsplan. Ehrlich."

„Danke Ulla, ich werde es mir überlegen", murmelte Lotte und sah aus den Augenwinkeln, dass Otto sie anstarrte.

Inzwischen war die Chinesen-Kapelle mit ihrer Polonaise Blankenese am Ende angekommen und setzte zum diesjährigen Faschingsohrwurm an. Die rosafarbene Prinzessin bugsierte den Kulturbeauftragten zwischen sich und den abgekämpften Faschingsprinzen in die erste Reihe vor die Musikkapelle und zwang ihn dazu, seine Hände gen Himmel zu recken, während er sich weit fort mit seiner Saunarunde nach Teneriffa wünschte.

Aber nun kam er wieder, der Ohrwurm des Jahres: *„Die Hände zum Himmel, kommt lasst uns fröhlich sein."*

Auch Karl-Heinz Hönig reckte sofort die Arme nach oben ...

... und Lotte sah, was sie eigentlich schon gewusst hatte.

Sie sah, dass an seinem linken Uniformärmel ein Knopf fehlte.

Hönig machte eine ausladende Geste, mit der er Ulla, Otto und Lotte zum Mitmachen aufforderte, aber keiner der drei reagierte. Lotte merkte, dass sie zitterte.

Sie sah ihn klatschen, schunkeln, die Hände zum Himmel recken, gut gelaunt, jovial und selbstgewiss. Arme, arme Yvonne.

Schließlich fasste sie sich ein Herz:

„Ich war oft in einem Ihrer Läden, Herr Hönig."

Sie musste fast schreien, damit er sie verstand. Er neigte seinen Oberkörper ein wenig in ihre Richtung, zum Zeichen, dass er ihr zuhörte, schwenkte dabei aber weiter seine Hände zur Musik.

„Fast hätten wir uns bei der Einweihung Ihrer zehnten Filiale gesehen. Aber leider war ich an jenem Morgen in Eile. Sonst hätten wir uns damals schon kennen gelernt."

Karl-Heinz Hönig nickte wohlwollend, klatschte in die Hände und sang:

„*... und keiner ist allein ...*"

„Vielleicht wäre dann manches anders gekommen", murmelte Lotte für sich.

Laut fügte sie hinzu:

„Wie gesagt, ich war sehr oft im *Vitalis*. Und da ist mir etwas Unangenehmes aufgefallen. Etwas, was Sie als Inhaber unbedingt wissen müssen."

Karl-Heinz Hönig schwenkte die Arme und rief in Lottes Richtung:

„Ach was? Na, dann kommen Sie doch mal bei mir vorbei und wir besprechen das. Ich lade Sie zum Essen ein!"

„Ich fürchte, so viel Zeit hat es nicht. Es ist wirklich wichtig. Ich muss Sie *jetzt* sprechen."

Die Hand mit dem Siegelring sank herunter.

„So wichtig? Was sollte so wichtig sein?"

„Unregelmäßigkeiten", log Lotte.

„Es gibt Unregelmäßigkeiten in Ihren Filialen, von denen Sie als Inhaber nichts ahnen."

„Geld?", schrie Hönig gegen die Musik.

„Bescheißt mich da einer?" Seine Stimme klang drohend. „Erzählen Sie!"

„Die Musik!", schrie Lotte. „Hier ist es so laut. Ich bin jetzt schon ganz heiser."

„Dann kommen Sie!" schrie Hönig. „Ich will wissen, wer mich bescheißt!"

Lotte umkrampfte den Blumenstrauß, von dem sie jetzt erst merkte, dass sie ihn immer noch in der einen Hand hatte. Die andere tastete zur Manteltasche. Ja, er war noch da, der Knopf.

„Gehen wir dort rüber."

Hönig machte eine Kopfbewegung zur Kirche.

„Ich komme mit." Otto fasste Lotte am Ellenbogen.

„Nein, Otto", wehrte sie ab. „Lass mich ein paar Minuten mit Herrn Hönig alleine sprechen."

Der bugsierte sich schon durch die feiernden Gardemädchen, Faschingsfunktionäre, Politiker und Zuschauer Richtung Kirche.

Lotte folgte ihm. Sie zog ihren Schal enger. Ihr war eiskalt.

Jetzt hatte Hönig schon das eiserne Tor zum Kirchenareal erreicht. Es war nur angelehnt. Er drückte es auf, betrat den aufgelassenen Friedhof, drehte sich um und wartete auf sie.

Auch hier dröhnte noch die Musik. Lotte sah nach rechts. Sah die steinerne Nische an der Kirchenwand. Unter dem spitzbogigen Dach drei schlafende Jünger, einen steinernen Christus am Ölberg knien. Der steinerne Jesus sah aus seiner Nische hinaus auf die schunkelnden Prinzenpaare.

„Und?", sagte Hönig. „Schießen Sie los. Ich hasse es, wenn einer meint, er kann mir auf der Nase herumtanzen. Wo ist das Problem?"

„Yvonne ist das Problem. Yvonne Winter. Sie kennen sie ja. Vielmehr, Sie kannten sie."

Hönigs Gesicht war völlig ausdruckslos.

„Winter? Winter? Und die arbeitet in meinem Betrieb? Wissen Sie, ich habe so viele Mitarbeiter. Man kann nicht alle kennen."

Lotte ließ sich nicht beirren:

„Sie machte Schwierigkeiten, nicht wahr?"

„Ich weiß wirklich nicht, was Sie meinen."

Sein Gesicht verriet nichts.

Lotte dachte: „Wenn er wirklich nicht wüsste, was ich meine, würde er sich jetzt auf dem Absatz umdrehen und in seiner schönen gold-grünen Uniform wieder auf den Platz gehen und weiterschunkeln."

Aber das tat er nicht. Im Gegenteil. Er ging neben ihr an dem alten Gotteshaus entlang, am buckligen, spätgotischen Hauptportal vorbei und bog mit ihr um die Ecke. Jetzt waren sie allein, auf dem schmalen Grünstreifen zwischen den Sandsteinquadern der Kirche und der alten Wehrmauer, hinter die sich einst die Bauern flüchteten. Hier war es fast still.

Hönig blieb stehen und sah sie an:

„Ich dachte, wir reden vom Geschäft und nicht von irgendwelchen Damen, die ich absolut nicht kenne."

„Wir reden ja gerade von Ihren Geschäften. Allerdings von den inoffiziellen."

Er reagierte nicht.

„Anabolika", fuhr Lotte fort. „Damit kann man viel Geld verdienen, nicht wahr? Viel mehr als mit Frühlingsrollen und indischem Lammcurry. Man kann es im Fitnessstudio Ihrer Freundin verkaufen. Man kann es auch an Handballer verkaufen, die Angst haben, einmal nicht in Bestform zu sein, und nicht ahnen, dass sie mit ihrem Leben spielen. – Und Willy Keller hat Ihnen dabei geholfen. Er hat das Zeug selbst genommen, weil er sich stark fühlen wollte und attraktiv. Und er hat Ihnen geholfen, es zu lagern, zu transportieren, zu verkaufen. *Auri sacra fames* – der fluchwürdige Hunger nach Gold hat Sie getrieben, Herr Hönig."

Karl-Heinz Hönig fuhr sich mit der Linken durch die Haare. Sein Siegelring blitzte. Lotte sah wieder den fehlenden Knopf.

„Sie reden Unfug, völligen Unfug", knurrte er. Aber er blieb.

„Aber dann wurde Yvonne schwanger. Wahrscheinlich hatte sie schon lange geahnt, dass ihr Freund krumme Geschäfte machte. Sie merkte auch, dass er sich körperlich veränderte, dass es ihm nicht gut ging. Einmal ist er sogar zusammengebrochen. Erst wusste sie wohl nicht, warum. Aber dann las sie die Zeitungsberichte über den toten russischen Handballspieler und dass er auch Verbindungen zum *Well-fit* hatte. Da hat sie es wahrscheinlich geahnt: Anabolika! Tödlich gefährliches Zeug. Und nun, wo sie schwanger war, wollte sie Ordnung in ihr Leben bringen. Für sich und für Willy. Vor allem aber für ihr ungeborenes Kind. Sie ist Willy hinterher gefahren und hat Sie beide beim Verladen der Medikamente auf der Neumühle beobachtet. Sie wusste, dass ihr Freund ein schwacher Mensch ist und deshalb hat sie für sich alleine beschlossen, in seinem Leben aufzuräumen. Also hat sie bei Ihnen angerufen. Sie hat erzählt, dass sie von Willys Geschäften weiß, und damit gedroht, dass sie zur Polizei geht, wenn Sie ihn nicht in Ruhe lassen. Daraufhin haben Sie sich mit ihr verabredet. Am Martinstag. Im Schlossgarten. Kurz zuvor waren Sie noch auf der Neumühle und haben Ihr Lager geräumt und all die Pakete mit Medikamenten verschwinden lassen. Dabei habe ich Sie beobachtet. Wo heben Sie das Zeug denn jetzt auf?"

Karl-Heinz Hönig sah sie an. Die Augen hatte er ein wenig zusammengekniffen. Sie hatten ein verschwommenes Blau. Lotte umkrampfte die Blumen in ihrer Hand.

„Das ist doch alles Quatsch", sagte Hönig. „Dieser Willy Keller hat das Mädchen umgebracht. Er war eifersüchtig. Das stand in der Zeitung. Die Polizei hat ihn geschnappt und dann hat er sich aufgehängt."

„Er hat sich umgebracht, weil er in seinem tiefsten Inneren geahnt hat, dass Yvonne wegen seiner krummen Geschäfte sterben musste. Insofern ist er mitschuldig an dieser ganzen Geschichte. Aber *Sie*, Herr Hönig, haben ihr am Eingang zum Schlossgarten aufgelauert. Mit einer Fahrradkette."

Lotte hörte, wie Hönig die Luft tief durch die Nasenlöcher einsog, und sah, wie sich sein Oberkörper hob. Er blickte sich um. Es war niemand da.

„Kommen Sie!", sagte er. Er begann mit großen Schritten ein Stück weiter um die Kirche zu laufen. Lotte zögerte.

Er blieb stehen und wiederholte:

„Kommen Sie!"

Lotte wich ein Stück zurück. Und noch ein Stück. Jetzt hatte sie wieder die eiserne Eingangstür zum Kirchhof im Auge. Da stand der Taucher. Und neben ihm Otto. Der Taucher machte ihr ein Zeichen.

„Los, kommen Sie!", hörte sie es noch einmal.

„Es muss sein, ja, lieber Gott, es muss sein", dachte Lotte und folgte ihm.

Sie lief über das Gras an der Kirche, sah ein paar vergessene alte Grabsteine und dachte: „Ja, es muss sein!"

Jetzt war sie auf der Rückseite der Kirche angekommen. Hönig stand und wartete ungeduldig auf sie. Er machte eine Kopfbewegung zu einem schmalen alten

Haus, halb Stein-, halb Fachwerkbau, das das Kirchenareal nach rückwärts begrenzte.

Hönig ging direkt darauf zu, drückte die Klinke, eine niedrige Holztüre öffnete sich quietschend. Er hielt die Türe für Lotte auf. Sie trat ein und sah sich um.

Es war ein niedriger, tonnengewölbter Steinbau. Nur wenig größer als ihr Wohnzimmer. Im Dämmer des fast fensterlosen Raumes erkannte sie links und rechts je ein paar Stühle an der Wand, vorne einen kleinen Altar, darüber das Bild eines flammenumzüngelten Pfingst-Christus.

Sie hörte das Knarren der Holztüre. Hönig hatte sie von innen geschlossen und sich dagegen gelehnt.

„Wissen Sie, wo wir hier sind?"

Seine Stimme klang hohl in dem fast leeren Raum. Er sah sie mit einem kleinen, herablassenden Lächeln im Mundwinkel an.

Lotte schüttelte den Kopf. Er stand vor ihr, fast zwei Kopf größer.

„Das ist das alte Beinhaus. Hier lagen die Toten. Wenn man ihre Knochen wieder aus der Erde gewühlt hatte, wenn man Platz für neue Leichen brauchte, dann hat man sie hierher gebracht."

Er machte eine Pause.

„Hier wurden sie gestapelt."

Er deutete mit den Händen bis zur Decke:

„Knochen über Knochen, Schädelknochen, Oberschenkelknochen, Handknochen – Kinder, Frauen, Männer. Riechen Sie noch den Moder?"

Lotte schluckte.

„Und darüber", Hönig deutete mit dem Finger zur Decke und Lotte folgte seinem Blick, „darüber hat der Totengräber gewohnt."

„Ziemlich viele Tote hier", murmelte Lotte.

„So, und nun erzählen Sie mir, wie Sie auf diese absurde Geschichte gekommen sind, mich so zu verdächtigen!"

„Der Knopf", sagte Lotte. „Der Knopf an Ihrer Uniform fehlt!"

Hönig senkte mit einem Ruck den Blick und überprüfte im Bruchteil eines Augenblicks die grün-goldene Knopfreihe vom Revers über seinen Bauch abwärts. Dann sah er wieder hoch. Lotte sah in seinen Augen das triumphierende Blitzen:

„Sie bluffen! Schluss jetzt mit dem Quatsch!"

„Nein, nicht vorne. Sehen Sie sich Ihre Ärmelstulpen an!"

Hönig hob erst den rechten Arm mit den vier Knöpfen an der Stulpe, dann den linken Arm.

„Ach", sagte er. Und nach einer Sekunde: „Na und?"

„Nun", Lotte versuchte das Zittern in ihrer Stimme zu beherrschen, „ich habe ihn gefunden."

Hönig sah sie mit einem verschleierten Blick an.

„Erinnern Sie sich?", fuhr sie fort. „Als Sie hinter dem Tor zum Schlossgarten standen und auf Yvonne gewartet haben, trugen Sie diese Faschingsuniform. Denn es war ja der elfte Elfte – Faschingsanfang. Und Sie mussten gleich noch zur Auftaktveranstaltung in den Redoutensaal – nur ein paar Schritte quer durch den Schlossgarten, vorbei an dem Gebüsch, wo man die Fahrradkette gefunden hat. Sie haben Yvonne von hinten angefallen, ihr die Fahrradkette über den Kopf geworfen und dabei ist Ihr Knopf am Ärmel abgegangen."

Hönig schien etwas sagen zu wollen, aber dann presste er die Lippen zu einer dünnen Linie zusammen.

„Ich ...", log Lotte mit rauer Stimme, „... ich habe ihn kurze Zeit später dort gefunden."

„Und wo ist er jetzt?", stieß Hönig hervor.

Lotte machte eine instinktive Bewegung zu ihrer Manteltasche.

Mit einem Satz fuhr Hönig auf sie zu, packte ihr Handgelenk, stieß sie ein Stück in den dunklen Raum hinein, in einer halben Drehung sah sie den flammenden Christus, hörte ihren Stock zu Boden scheppern, hielt aus irgendeinem unerklärlichen Grund den kleinen Blumenstrauß weiter umklammert und fühlte den brennenden Griff, mit dem er ihr Handgelenk umspannte:

„Sie haben ihn dabei! Los, zeigen Sie her!"

In dieser Sekunde quietschte die Türe. Beide fuhren sie herum, starrten im diffusen Dämmer wie gebannt auf die langsam sich öffnende Holztüre. Der Taucher stand im hereinfallenden Winterlicht. Er hatte immer noch seine Brille auf und die Flossen an den Füßen.

Es schien, als mache er eine Bewegung auf Lotte zu, doch die schüttelte mit einer winzigen Andeutung den Kopf.

„Helau", nuschelte der Taucher. Er hatte eine Luftschlange über seinem Tauchschnorchel hängen. Dann fügte er hinzu:

„Tschulligung, ich suche das Pissoir."

Er blieb in der Türe stehen und sah die beiden an.

„Pissen Sie doch, wo Sie wollen!", fauchte Hönig und packte Lotte fester am Handgelenk:

„Kommen Sie!"

Er zog sie an dem Taucher vorbei. Lotte sah hinter den leicht beschlagenen Gläsern der Taucherbrille die Augen des Kommissars. Nickte er ihr zu? Wo war Otto?

Hönig riss sie weiter, sie taumelte aus dem Beinhaus, über den Rasen zu einer schmalen Türe, die auf irgendeine abschüssige, enge Gasse mündete.

Hönig stieß sie nach links, zog sie weiter. Der schmale Weg führte steil abwärts, hinunter zur Regnitz. Jetzt war es nur noch ein beinhart gefrorener Feldweg, bewachsen mit glitschigem, reifgrauem Gras.

Sie taumelte, stolperte, glitt schließlich auf ihren guten Schuhen aus, wollte ihren Stock fester fassen, merkte, dass er fort war, fort, im Beinhaus lag er, sie schwankte, drohte zu stürzen, bekam die Latte eines Gartenzaunes am Wegrand zu fassen, krallte sich fest, wurde wieder hochgerissen, weitergerissen, merkte kaum den Holzsplitter, der sich tief in ihre Handfläche bohrte, umklammerte mit der anderen noch immer den Blumenstrauß, wurde am Arm gepackt, stolperte weiter, atemlos, gedankenlos, weiter abwärts, taumelnd weiter, gezogen, gezerrt, bis hinunter zum Fluss.

Endlich blieb er stehen.

Sie atmete pfeifend, das Herz raste.

Sein Gesicht war direkt über ihr, sie spürte seinen schweren Atem, sah die zusammengezogenen Augen und die angespannten Kaumuskeln an seinem Unterkiefer:

„Geben Sie den Knopf her! Los, Schluss mit dem Quatsch!"

Ehe sie reagieren konnte, packte er sie am Kragen ihres Mantels, riss die beiden Enden ihres Schals heraus und zog sie gegeneinander nach außen ... Die Panik traf Lotte wie ein Beil. Sie spürte die Enge an ihrem Hals. Würgend. Immer enger. Den Druck auf ihrem Kehlkopf. Den Schal wie ein Seil. Sie merkte, wie ihre Finger sich öffneten, wie der Blumenstrauß ihr entglitt. „Yvonne, Yvonne", dachte sie. „So ist das Sterben", dachte sie. „Sterben. Sterben. Es ist nicht schwer. Luft! Luft! O Gott, es ist schwer. Luft! Luft!" Sie hatte das Gefühl, ihre Augäpfel sprängen aus den Höhlen.

Jemand stöhnte.

War sie das?

Tanzende Lichtblitze vor ihren Augen.

Dann ließ der stählerne Druck um ihren Hals plötzlich nach. Sie spürte eine Hand in ihrer Manteltasche. Sie japste, hustete, taumelte gegen den Holzzaun. Sah Hönig stehen, wie festgefroren. Auf seiner ausgestreckten Hand lag der Knopf. Gold und grün. Lotte würgte. Sie sah den Goldrand seiner Brille blitzen. Die Hand schloss sich wieder über dem Knopf. Sie sah seine weit ausholende Bewegung. Da war das Wasser, glucksend und braun. Es schoss vorüber. Der Knopf beschrieb einen hohen Bogen, schien einen Moment am höchsten Punkt zu verharren und trudelte dann nach unten. Es gab nicht einmal ein Geräusch, nicht einmal einen Reflex auf dem Wasser. Er verschwand einfach lautlos in dem wirbelnden Braun.

Hönig wandte sich wieder Lotte zu. Seine Pupillen waren ganz eng:

„Den findet keiner mehr, das schwör ich Ihnen!"

Sie versuchte sich hochzureißen, wollte rennen, weg, weg. Aber er griff schon wieder nach den Enden ihres Schals, drehte sie gegeneinander. Diese Enge, diese schreckliche Enge. Otto! Otto! Die Blitze der goldenen Brille, die Blitze der goldenen Uniformknöpfe, sie schienen vor ihren Augen immer größer zu werden, zu splittern, Wirbel zu schlagen, auseinander zu springen. Luft! Luft!

Hönig zog sie immer näher ans Wasser.

Wo war der Stock? Ihr Stock! Jetzt waren es nur noch zwei Schritte, ein feuchter, glitschiger Rutsch.

Sie keuchte pfeifend, krallte sich mit all ihrer Kraft mit beiden Händen in seine Uniformjacke. Dann wurde ihr schwarz vor Augen.

Sie hatte das Gefühl, im Zeitlupentempo zu fallen. War sie noch im Fallen?

War sie schon im Wasser?
Komisch, es war gar nicht kalt.
Es platschte nur, platschte.
Das Platschen kam immer näher.
Waren das die Weidenäste, die ins Wasser hingen, während sie vorbeitrieb?
Komisch, es war gar nicht kalt.
War sie noch im Fallen?
Sie öffnete die Augen und sah in eine Taucherbrille. Und in Ottos Gesicht.
„Lotte!"
Die Stimme musste von unter dem Wasser kommen, denn sie war ganz weit weg.
„Lotte!"
Aber sein Gesicht, Ottos Gesicht, kam näher.
Die Taucherbrille verschwand.
Sie hörte eine Stimme. Es war die Stimme des Kommissars. Sie sagte:
„Herr Hönig, Sie sind verhaftet. Wegen Mordes an Yvonne Winter. Es war der falsche Knopf, den Sie da eben ins Wasser geworfen haben. Der Knopf vom Tatort ist dieser hier."
Aber das war alles nicht wichtig.
Wichtig war Otto, der neben ihr kniete.
Ottos Gesicht, seine besorgten Augen mit den Fältchen darum, seine Hand auf ihrer Wange, seine Lippen auf ihrer Stirn.
„Sie haben ihn", flüsterte Lotte.
„Hauptsache, dir geht es gut", flüsterte Otto.
„Sie haben ihn", wiederholte Lotte. Ihre Stimme war heiser und kaum verständlich.
„Ja, Lotte, sie haben ihn."
Vorsichtig half er ihr auf. Sie sah Hönig stehen. Hönig und den Kommissar. Er hatte seine Flossen ausgezogen

und die Taucherbrille achtlos ins Gras geworfen. Hönig trug Handschellen.

„Gib mir den Strauß bitte!", flüsterte Lotte.

Otto bückte sich zur Erde und reichte ihr den kleinen Strauß. Sie nahm ihn und ging mühsam noch einen Schritt dichter ans Wasser. Otto war neben ihr. Er hatte den Arm um sie gelegt.

„Siehst du", sagte Lotte, „sie hat es für ihn getan. Für ihn und für ihr Kind. Es war doch Liebe."

„Stürb' ich nun ihr,
der so gern ich sterbe,
wie könnte die Liebe
mit mir sterben,
die ewig lebende
mit mir enden?", flüsterte Lotte.

„Ja, es war Liebe", murmelte Otto.

Dann sah er ihr in die Augen. „Ja, Lotte. Liebe."

Lotte nahm den Strauß und warf ihn, so weit sie konnte, über das Wasser. Einen Moment schien er am höchsten Punkt über dem Fluss zu schweben, dann taumelte er langsam nach unten, sank auf die Wellen, schwebte auf dem Wasser und tanzte auf den Strudeln und tanzte immer weiter und weiter abwärts und kreiselte und wirbelte und tanzte einen letzten Tanz für Yvonne und für die Liebe.

Kennen Sie auch den ersten Erlanger Stadtkrimi?

Ines Schäfer
Der steinerne Markgraf

€ 9,90
ISBN 3-924158-40-1

Erschienen im Fahner Verlag, Lauf.
Erhältlich in allen Buchhandlungen.

Wenige Tage vor Beginn der Bergkirchweih wird aus der Schwabach die Leiche eines Studenten geborgen. War es Unfall oder Mord?

Diese Frage lässt Lotte Askoleit nicht mehr los. Zielstrebig verfolgt sie die Spuren dieser mysteriösen Geschichte, deren Schauplätze auf dem „Berg", im Schlossgarten mit dem steinernen Denkmal des Markgrafen, in der Universität und im Erlanger Markgrafentheater eine geeignete Bühne für fachverliebte Professoren, Angehörige der „Firma", Rad fahrende Politiker und gestresste Klinikärzte abgeben.

Und kennen Sie den dritten Teil der Erlanger Stadtkrimis?

Ines Schäfer
Regnitzgold

€ 9,90
ISBN 3-924158-74-6

Erschienen im Fahner Verlag, Lauf.
Erhältlich in allen Buchhandlungen.

Es wird Frühling in Erlangen und Lotte Askoleit gerät in einen fürchterlichen Verdacht. Ist sie mitverantwortlich für den Tod des Hilfshausmeisters in ihrem Seniorenstift? Schon bald zeigt sich, dass sein Tod erst der Beginn einer mörderischen Kette von Vergiftungsfällen ist. Jedes Mal findet sich das tödliche Gift in einer harmlosen Flasche Bier und das versetzt nach und nach die ganze Stadt in panische Angst.

Lotte Askoleit, die alte, eigenwillige Heldin in Ines Schäfers Stadtkrimis, ist inzwischen für viele Erlanger eine gute Bekannte, ebenso wie ihr Neffe, der Oberarzt, und seine Familie. Bereits zum dritten Mal ist Lotte dem Verbrechen auf der Spur, diesmal zwischen Büchenbach und Tennenlohe, zwischen dem Redoutensaal und der Gruft der „Erlanger Markgräfin" in der Neustädter Kirche.

Kennen Sie auch den 4. Teil der Erlanger Stadtkrimis?

Ines Schäfer
Hugenottenblut

€ 11,80
ISBN 3-924158-88-6

Erschienen im Fahner Verlag, Lauf
Erhältlich in allen Buchhandlungen.

Ein heißer Augusttag. Der große Erlanger Stadtbrand liegt genau dreihundert Jahre zurück, da scheinen sich die Ereignisse zu wiederholen. Ist das mehr als ein Zufall?

Die Stadt soll ein neues Shopping-Center bekommen und ausgerechnet der größte Gegner des Projekts gerät in das Visier eines unbekannten Täters. Will man ihn zum Schweigen bringen?

Ein Mord geschieht an einer der spektakulärsten Stellen im Herzen der Stadt. Gibt es Zusammenhänge?

Lotte Askoleit, die alte, eigenwillige Heldin der Erlanger Stadtkrimis, macht sich auch dieses Mal ihre eigenen Gedanken über die tödlichen Geschehnisse.